D1732060

JOACHIM KUROPKA
STREITBARER HISTORIKER UND
ENGAGIERTER GESCHICHTSVERMITTLER

HERAUSGEGEBEN VON
MARIA ANNA ZUMHOLZ UND MICHAEL HIRSCHFELD

SCHRIFTEN DES INSTITUTS FÜR REGIONALGESCHICHTE
UND KATHOLIZISMUS-FORSCHUNG

HERAUSGEGEBEN VON MICHAEL HIRSCHFELD
UND MARIA ANNA ZUMHOLZ,

Bd. 1

MARIA ANNA ZUMHOLZ
MICHAEL HIRSCHFELD (HRSG.)

STREITBARER HISTORIKER UND
ENGAGIERTER GESCHICHTSVERMITTLER

FEST- UND GEDENKSCHRIFT
ZUM 80. GEBURTSTAG

Aschendorff Verlag

Bibliografische Information der Deutschen Bibliothek
Die Deutsche Bibliothek verzeichnet diese Publikation in der
Deutschen Nationalbibliografie; detaillierte bibliografische Daten
sind im Internet über <http://dnb.ddb.de> abrufbar.

© 2021 Aschendorff Verlag GmbH & Co. KG, Münster

www.aschendorff-buchverlag.de

Titelfoto: Andreas Kathe

Printed in Germany

Gedruckt auf säurefreiem, alterungsbeständigem Papier ∞
ISBN 978-3-402-24794-5

JOACHIM KUROPKA

* 20. SEPTEMBER 1941 IN NAMSLAU/SCHLESIEN
† 22. FEBRUAR 2021 IN BORKEN/WESTFALEN

INHALTSVERZEICHNIS

MARIA ANNA ZUMHOLZ UND MICHAEL HIRSCHFELD

Vorwort..9

I. BIOGRAPHIE 11

MICHAEL HIRSCHFELD

Joachim Kuropka – Ein „Leben mit und in der Geschichte" 12

II. WISSENSCHAFT 89

MARIA ANNA ZUMHOLZ (BEARB.)

II.1 Schriftenverzeichnis 1972–2021 90

II.2 Herausgeber/Mitherausgeber von Reihen/

Reihenbänden 149

II.3 Promotionen und Habilitationen...159

II.4 Mitgliedschaft und Tätigkeit in wissenschaftlichen

Vereinigungen 163

III. ARBEITEN IM TEAM..165

MARIA ANNA ZUMHOLZ (BEARB.)

III.1 Tagungen 166

III.2 Ausstellungen 179

III.2.1 Die Kreuzkampfausstellung 180

Exkurs: Eine Studienfahrt nach Rom 184

III.2.2 Die Galen-Ausstellung 190

III.3 Die Arbeitsstelle Katholizismus- und
Widerstandsforschung 197

IV. KOMMUNIKATION 225

MARIA ANNA ZUMHOLZ (BEARB.)

IV.1 Vorträge und Interviews 226

IV.2 Radio und Fernsehen 254

V. HOCHSCHULPOLITIK 257

WILFRIED KÜRSCHNER

V. Im Einsatz für die Universität in Vechta. Mit Auszügen aus
Joachim Kuropkas Abschiedsrede vom 27. Oktober 2006 258

ABKÜRZUNGSVERZEICHNIS 309

AUTORENVERZEICHNIS 311

VORWORT

Am 20. September 2021 hätte Joachim Kuropka sein 80. Lebensjahr vollenden können. Schüler und Freunde des langjährigen Professors für Neueste Geschichte an der Universität Vechta hatten geplant, ihm zu diesem Anlass eine Festschrift zu widmen, so wie Joachim Kuropka in den vergangenen zwei Jahrzehnten zu allen runden wie auch halbrunden Geburtstagen stets mit einer Festgabe gewürdigt worden ist. Dieses Mal sollten nicht die Forschungsfelder des zu Ehrenden, sondern Facetten seines reichhaltigen Wirkens in Wissenschaft und Hochschulpolitik im Mittelpunkt stehen.

Aber mitten aus seinem aktiven Ruhestand heraus ist Joachim Kuropka am 22. Februar 2021 gestorben. Aus dem Dank ist nun Gedenken, aus der Festschrift eine Gedenkschrift geworden. Auch in ihr wird der ursprüngliche Plan umgesetzt, erstmalig die Früchte aus mehr als einem halben Jahrhundert engagierter Beschäftigung mit Geschichte zusammenzutragen. Der durch Brüche gekennzeichnete Lebensweg seiner Kindheit und Jugend, der aus der Heimat Schlesien durch die Flucht am Ende des Zweiten Weltkriegs über Oberfranken nach Münster in Westfalen und schließlich nach Vechta im Oldenburger Münsterland führte, hat den Historiker Kuropka nachhaltig geprägt. Dieser Aspekt wird ebenso nachgezeichnet wie der Weg zu einem anerkannten Wissenschaftler, der seit 1970 an der heutigen Universität Vechta, im Oldenburger Münsterland und darüber hinaus sowie im deutschen Katholizismus in vielerlei Hinsicht Impulse gesetzt hat:

– In der Transformation von Heimatgeschichte in eine überregional beachtete Landes- und Regionalgeschichte.

– In der Verankerung des Kreuzkampfes von 1936 als international beachtetes Phänomen des Widersetzens einer katholischen Region gegen die nationalsozialistische Ideologie.

– In der Erforschung der Person von Bischof Clemens August Kardinal von Galen insbesondere hinsichtlich seines politischen Standpunktes und seiner Rezeptionsgeschichte und letztlich der wissenschaftlichen Grundlegung für die Seligsprechung Galens 2005.

– In der Beleuchtung der Grenzen des katholischen Milieus im Übergang von der Weimarer Republik zur NS-Zeit.

– Im hochschulpolitischen Kampf für den Erhalt und Ausbau des Hochschulstandortes Vechta.

Beredten Ausdruck fand dieses Wirken in der engagierten Mitarbeit in universitären Gremien, in der Beteiligung an tagespolitischen Diskussionen, in zahlreichen Vorträgen vor einem breiten geschichtsinteressierten Publikum und nicht zuletzt in der Gründung der Arbeitsstelle Katholizismus- und Widerstandsforschung an der Universität Vechta. Joachim Kuropka präsentierte sich in der Öffentlichkeit als streitbarer Historiker und engagierter Geschichtsvermittler.

Diese Form von zeitnaher „Historikerbiographie" bietet eine erste Bilanz des Lebens und Wirkens von Joachim Kuropka. Sie liefert Anregungen, sein Werk zu bewahren und fortzusetzen, historisch-kritisch, wie es im Sinne des Verstorbenen gewesen wäre. Einen ersten Schritt soll das in Erinnerung an diesen wichtigen Impulsgeber der Landesgeschichte und kirchlichen Zeitgeschichte gegründete Institut für Regionalgeschichte und Katholizismusforschung in Vechta darstellen.

Für die Überlassung von Fotos danken wir Andreas Kathe, der als Journalist das Wirken von Joachim Kuropka immer aufmerksam begleitet und in zahlreichen Zeitungsartikeln dokumentiert hat und seinem Sohn Stephan Kathe, Gabriele Henneberg und dem Heimatbund für das Oldenburger Münsterland, Sabrina Tabeling und der Heimatbibliothek Vechta, Franz-Josef Luzak vom Universitätsarchiv Vechta und Karl-Erich Tilkorn. Bedanken möchten wir uns weiterhin bei Silke Haunfelder und Dr. Dirk F. Paßmann vom Verlag Aschendorff, die uns in vielfältiger Weise unterstützt haben. Ein besonderer Dank gilt Marianne Böker geb. Kuropka, die Familienfotos und Aufzeichnungen ihres Vater zur Verfügung gestellt hat. Und last not least möchten wir nicht unerwähnt lassen, dass Wilfried Kürschner dankenswerterweise äußerst sorgfältig die zeitaufwändigen Korrekturen vorgenommen hat.

Vechta, zum 20. September 2021

Maria Anna Zumholz   Michael Hirschfeld

I.   BIOGRAPHIE

MICHAEL HIRSCHFELD

JOACHIM KUROPKA – EIN „LEBEN MIT UND IN DER GESCHICHTE"

Foto: Heimatbibliothek OM, Zurborg-Archiv

JOACHIM KUROPKA – EIN „LEBEN MIT UND IN DER GESCHICHTE"

„Leben mit und in der Geschichte". Wohl kaum könnte man für eine biographische Skizze des Vechtaer Historikers Joachim Kuropka eine treffendere Überschrift finden. Dass er „mit und in der Geschichte" lebte, erfuhr schon der Besucher beim Betreten seines Dienstzimmers. Er blickte auf einen mit Papieren übermäßig bedeckten Schreibtisch und durfte sich den stets von einem Bücherstapel besetzten einzigen Besucherstuhl nach freundlicher Aufforderung selbst frei räumen. Auch in seinem Vechtaer Haus türmten sich Bücher und Papiere nicht nur in zwei Arbeitszimmern, sondern ebenso im Wohn- und Esszimmer und „quollen" wohl auch gelegentlich in den Flur hinaus, für die Familie ein gewohnter Zustand.

„Leben mit und in der Geschichte" [1]. So war vor mehr als einem Jahrzehnt ein Forschungsprojekt betitelt, in welchem eine größere Zahl prominenter deutschsprachiger Historiker des Geburtsjahrgangs 1943 nach ihrer Lebens- und Karrieregeschichte befragt wurde. Zwar gehörte Joachim Kuropka schon deshalb nicht dazu, weil er zwei Jahre älter war als die im Mittelpunkt der Studie stehenden Fachkollegen, darunter bekannte Zeithistoriker wie Bodo von Borries und Christof Dipper, Dieter Langewiesche und Horst Möller, Hagen Schulze und Hans-Ulrich Thamer, um nur einige sehr prominente Namen zu nennen. Aber die sozialen und konfessionellen Prägungen und Erfahrungen sowie die regionalen und kulturellen Bindungen, die bei der Kohorte 1943 zur Sprache kommen, lassen sich vielfach gleichermaßen als Folie für den Lebens- und Karriereweg von Joachim Kuropka aus der Kohorte 1941 verwenden. Dieser gehörte ebenso zur Generation der unmittelbaren Nachkriegskinder, die in der Zeit des „Wirtschaftswunders" ihre Jugend erlebten, denen oftmals als erste Generation ihrer Familie Abitur und Universitätsstudium offenstanden und die angesichts der Bildungsexpansion der 1960er Jahre ungeahnte berufliche Entfaltungsmöglichkeiten erhielten, von denen ihre Eltern nur hatten träumen können.

Wenn auch die großen Linien damit skizziert sind, fehlt es für die detaillierte Aufarbeitung eines solchen Lebens an Vorbildern, liegen

---

[1]   Vgl. Barbara Stambolis: Leben mit und in der Geschichte. Deutsche Historiker Jahrgang 1943, Essen 2010.

doch bislang kaum wissenschaftliche Biographien dieser Historikerge-
neration vor. Eine Ursache hierfür mag sein, dass über viele Jahre die
persönliche Komponente im Wirken von Geisteswissenschaftlern als
biographistisch abgelehnt und weitgehend ausgeklammert wurde.
Selbst das viel gescholtene und dennoch bei einem Gros der Gelehrten
praktizierte Instrument der akademischen Festschrift[2] zu besonderen
Geburtstagen wurde in den allermeisten Fällen nur verhalten genutzt,
um Lebenswege von Hochschullehrern akribisch nachzuzeichnen. Allenfalls wurde der „Historiker als Wissenschaftler und Zeitgenosse"
sehr allgemein gewürdigt, wie in einem Festschriftentitel für den bekannten Historiker und Bismarck-Biographen Lothar Gall 2006 geschehen.[3] In vielen Fällen wirft ein kurzes Vorwort der Herausgeber, meist
hervorragende Schüler, lediglich ein Schlaglicht auf die Arbeitsschwer-
punkte, gelegentlich auch auf die hervorstechenden Charakterzüge des
zu ehrenden Gelehrten. Verbreiteter ist dagegen eine angehängte Bibliographie sowie inzwischen ebenfalls ein ausführlicheres tabellarisches
Curriculum Vitae[4] sowie in Einzelfällen auch bei akademischen Feier-
stunden anlässlich von Gelehrtengeburtstagen vorgetragene Laudationes.[5]

Ein weiterer Grund für das geringe Interesse, sich an eine Historikerbiographie zu wagen, mag in der Fülle des Oeuvres der meisten Vertreter dieser Zunft liegen. Das trifft in besonderer Weise auch auf
Joachim Kuropka zu. Schon in seiner Laudatio anlässlich der Verabschiedung im Oktober 2006 hatte der Wirtschaftsprofessor Hermann

---

[2]   Vgl. dazu als Schlüsseltext und exzellente Karikatur dieses Genres Werner Zillig: Die
       Festschrift. Ein Roman, Tübingen 2004.
[3]   Vgl. Dieter Hein (Hrsg.): Historie und Leben. Der Historiker als Wissenschaftler und
       Zeitgenosse. Festschrift für Lothar Gall zum 70. Geburtstag, München 2006.
[4]   Vgl. z.B. Alwin Hanschmidt: Biographische Daten. In: Franz Bölsker/Michael Hirsch-
       feld/Wilfried Kürschner/Franz-Josef Luzak (Hrsg.): Im Anfang war Fürstenberg. Bio-
       grafisches und Erinnertes. Liber Amicorum für Alwin Hanschmidt zum 75. Geburts-
       tag, Berlin 2013, S. 77–79, oder ausführlicher Curriculum Vitae Prof. Dr. Dr. Harm
       Klueting. In: Reimund Haas (Hrsg.): Fiat voluntas tua. Theologe und Historiker –
       Priester und Professor. Festschrift zum 65. Geburtstag von Harm Klueting am 23. März
       2014, Münster 2014, S. XXXIX–LVII.
[5]   Vgl. z.B. Hans-Georg Aschoff: Laudatio für Alwin Hanschmidt, u. Wilfried Kürsch-
       ner: Laudatio auf Alwin Hanschmidt zu seinem 75. Geburtstag am 7. August 2012. In:
       Bölsker u.a. (Hrsg.): Im Anfang war Fürstenberg (wie Anm. 4), S. 53–57 u. S. 59–64.

von Laer mit Blick auf bereits damals über 6.000 veröffentlichte Druck-
seiten launig bemerkt: „Allein das Verlesen der Titel von Professor
Kuropkas Publikationen würde mehr als eine Stunde dauern. Wenn man
zudem weiß, dass er für seinen Ruhestand keineswegs den Zustand der
Ruhe einplant, darf man seinen künftigen Biographen schon ein wenig
bedauern"[6].

Inwieweit 15 Jahre später der Versuch, Joachim Kuropka eingehen-
der zu würdigen, dem Biographen zwangsläufig Mitleid einbringen
muss, sei dahingestellt. Vielmehr scheint vorab gewiss zu sein: Es lohnt
sich, dieses Historikerleben zu „besichtigen"[7]. Dabei soll im Vorfeld
deutlich gemacht werden, dass es sich um den Versuch einer wissenschaftlichen Biographie handelt, die private Aspekte in der Vita nur in-
soweit stärker berücksichtigt, wie sie für das „Leben mit und in der Geschichte" wichtig sind. Die Nähe des Biographen zu seinem Sujet mag
das Risiko einer Apologetik in sich bergen, bietet aber zugleich auch
die Chance, aufgrund jahrelanger engerer Zusammenarbeit den „ganzen
Kuropka" zu erfassen. Zudem weiß sich der Biograph ebenso wie
Joachim Kuropka der historisch-kritischen Methode verpflichtet, ist
also bemüht, sein Lebensbild auf einer möglichst breiten Quellen- und
Literaturgrundlage zu entwerfen. Dokumente der „Ego-Histoire" aus
der Feder Kuropkas liegen ohnehin lediglich mit seinen ab 2008 zu Papier gebrachten Kindheitserinnerungen vor. Es sind rein private Aufzeichnungen, die er im Untertitel gleichzeitig als „Zeitzeugenbericht
über Flucht, Vertreibung und Suche nach einem neuen Zuhause" bezeichnete und die zeitlich gesehen bis zum Abitur reichen.[8] Darüber
hinausgehende Erinnerungen über sein „Leben mit und in der Geschichte" wollte Kuropka zunächst nicht schreiben und konnte sich erst

---

[6]   Hermann von Laer: Laudatio auf Prof. Dr. Joachim Kuropka [anlässlich der Verab-
      schiedung an der Hochschule Vechta am 27.10.2006]. In: Halbjahresschrift für südost-
      europäische Geschichte, Literatur und Politik, Bd. 18, Heft 2/2006, S. 140–142, hier
      S. 141.

[7]   So in sprachlicher Anlehnung an den bekannten Titel der Autobiographie des Verle-
      gers Wolf Jobst Siedler: Ein Leben wird besichtigt. In der Welt der Eltern, Berlin 2000.

[8]   Vgl. Joachim Kuropka: Meine Erinnerungen und gleichzeitig ein Zeitzeugenbericht
      über Flucht, Vertreibung und Suche nach einem neuen Zuhause, unveröffentlichtes
      Manuskript, 66 Seiten, sukzessive zwischen 2008 und 2019 entstanden.

in seiner letzten Lebensphase mit dem Gedanken an eine wissenschaftliche Autobiographie anfreunden.[9] Zu einer Umsetzung ist es freilich nicht mehr gekommen. Wie vielen Historikern seiner Generation war ihm doch eher ein „asketischer Habitus"[10] eigen, und er selbst resümierte einmal, er sei „halt mehr der konkret sachlich orientierte Typ"[11]. Dennoch mag manchen seiner Wegbegleiter noch der Schluss der bereits erwähnten Kuropka-Laudatio von Hermann von Laer in den Ohren klingen. In launiger Anspielung auf Kuropkas Rolle im Vorfeld der Seligsprechung von Kardinal von Galen gipfelte sie in der rhetorischen Frage: „Wie soll man einen Kollegen ehren, der [...] ein großartiger Wissenschaftler und Uni-Kämpfer ist [...]? Ich sehe eigentlich nur eine einzige Möglichkeit: Die eigene Seligsprechung muss eingeleitet werden! Santo subito!"[12]

VON SCHLESIEN ÜBER FRANKEN NACH WESTFALEN:
WANDERJAHRE EINES FLÜCHTLINGSJUNGEN

Von diesem „Heiligenschein", um den humorvoll-ironischen Schlussakzent der Laudatio noch einmal aufzugreifen, war am 20. September 1941 noch nichts zu spüren, als Joachim Kuropka in Namslau das Licht der Welt erblickte, einer Kreisstadt in der damaligen preußischen Provinz Niederschlesien mit (1939) 8.200 Einwohnern, 60 Kilometer östlich der Provinzhauptstadt Breslau gelegen. Heute gehört diese Stadt als Namysłów zur Woiwodschaft Opole (Oppeln, Oberschlesien) in Polen. Er war das erste und einzige Kind des Sparkassenangestellten Martin Kuropka und seiner Frau Margarethe geborene Kopka. Der Vater war gelernter Rechtsanwaltsgehilfe und die Mutter hatte bis zur Heirat 1940 als Sekretärin des Landrats in der örtlichen Kreisverwaltung gearbeitet.[13]

---

[9]   Gegenüber dem Verfasser, der Aufzeichnungen über den wissenschaftlichen Werdegang mehrfach in Gesprächen anregte, zeigte sich Kuropka zunehmend aufgeschlossen für diese Gedanken. Am Ende fehlte ihm aber die Kraft.
[10]   Stambolis (wie Anm. 1), S. 17.
[11]   Kuropka (wie Anm. 8), S. 57.
[12]   Von Laer (wie Anm. 6), S. 142.
[13]   Vgl. Kuropka (wie Anm. 8), S. 3.

In der Namslauer Stadtpfarrkirche St. Peter und Paul wurde Joachim Kuropka von Kaplan Joseph Rimpler katholisch getauft. Sein schlesischer Geburtsort und seine katholische Identität bedeuten ihm angesichts der früh erlebten Brüche in seiner Vita zeitlebens sehr viel.[14] Gelegentlich zitierte er einen von seiner Mutter oft gebrauchten Satz: „Alles hat man uns genommen, aber unseren Glauben, den lassen wir uns nicht nehmen"[15].

Die Flucht mit der Mutter – der Vater war im Zweiten Weltkrieg zur Wehrmacht eingezogen und als Funker in Griechenland stationiert – führte den Dreijährigen im Januar 1945 bei minus 20 Grad Celsius von Namslau aus quer durch Schlesien und das damalige Reichsprotektorat Böhmen und Mähren bis an die bayerische Grenze in das Dorf Büleding im Kreis Tachau. Wie durch ein Wunder erhielten Mutter und Sohn dort am Rande des Sudetenlandes über Dritte die Information, der Vater sei nach kurzer amerikanischer Kriegsgefangenschaft auf der anderen Seite der Grenze, in Bärnau in der bayerischen Oberpfalz, gelandet.[16] Nach der glücklichen Familienzusammenführung, wohl im Juli 1945, war Mitterteich, gleichfalls in der Oberpfalz gelegen, die erste Station für die schlesische Flüchtlingsfamilie. Da ein Kriegskamerad des Vaters aus einem Dorf in Oberfranken stammte und diesem geraten hatte, er könne dorthin kommen, falls eine Rückkehr in die schlesische Heimat nicht möglich sei, entschloss sich die Familie in diesen Ort überzusiedeln.[17] Dieses Dorf Neustädtlein am Forst, damals zum Kreis Kulmbach, heute zum Kreis Bayreuth gehörig, zählte rund 250 Einwohner, die fast ausnahmslos Kleinbauern und Kleinhandwerker sowie durchweg evangelischer Konfession waren.

---

[14] Mit knapp 3500 Katholiken war Namslau eine Diasporagemeinde im stärker evangelisch geprägten Niederschlesien. Pfarrer war dort seit 1921 der Geistliche Rat Robert Stosiek. Vgl. Handbuch des Erzbistums Breslau für das Jahr 1939, Breslau o.J., S. 85.

[15] Kuropka (wie Anm. 8), S. 39.

[16] Vgl. auch Volker Kläne: Von Galen, die Flucht und die Uni Vechta. Zum 70. Geburtstag von Prof. Dr. Joachim Kuropka. In: OV v. 20.09.2011.

[17] Vgl. Kuropka (wie Anm. 8), S. 14.

Erster Geburtstag in Namslau mit Mutter Margarethe Kuropka geb. Kopka
Foto: Privat

Die ländliche Idylle in dem winzigen und fernab großer Verkehrs-achsen gelegenen oberfränkischen Nest, die dem Heranwachsenden viele Spielmöglichkeiten bot und noch im Alter eine besondere Anziehungskraft für ihn besaß, hatte auch eine Kehrseite. Der Vater fand dort trotz aller Bemühungen keine Arbeit und musste sich über Jahre hinweg notdürftig als Leiter der örtlichen Milchsammelstelle durchschlagen. Zwar hatte Martin Kuropka in Namslau die Verwaltungsprüfung sowohl für den mittleren als auch für den gehobenen Dienst absolviert, war aber bei der zur Kreisverwaltung gehörenden Kreissparkasse noch nicht verbeamtet gewesen, was einen beruflichen Neuanfang erschwerte. Ein kleines Zubrot verdiente er sich als Berichterstatter für die Lokalzeitung in Bayreuth, falls in Neustädtlein denn nun einmal etwas halbwegs Interessantes passierte.

Wieder vereint mit dem Vater 1946. Foto: Privat

Die Mutter erteilte Handarbeitsunterricht, so dass die Haushaltskasse wenigstens etwas gefüllt werden konnte. Quartier boten der dreiköpfi-

gen Familie, zu der bald auch noch die Großmutter Susanne Kopka hin-
zustoßen sollte, nacheinander das Wirtshaus, die Schule und schließlich
drei kleine Zimmer bei einer Familie. Erst 1950 erhielt Martin Kuropka
bei der Westfälischen Landesbausparkasse in Münster die Chance zu
einem beruflichen Neuanfang, erreichte wenige Jahre später durch
Wechsel in das Referat Wohnungsfürsorge der Oberfinanzdirektion
Münster den lang ersehnten Beamtenstatus und wurde schließlich trotz
fehlender akademischer Ausbildung in den Höheren Dienst übernom-
men. Als Referatsleiter im Rang eines Oberregierungsrates trat er
schließlich in den Ruhestand und hatte damit eine beachtliche, wenn
auch späte Karriere vorzuweisen, welche auch die anfänglich prekäre
materielle Situation der Familie dahingehend erheblich verbesserte,
dass 1964 in Münster ein Reihenendhaus als Eigenheim am Teigelkamp
in der Nähe des Schiffahrter Dammes erbaut werden konnte.[18]

Im März 1951 war der „Familiennachzug" samt der Großmutter
Susanne Kopka nach Münster erfolgt. Für Kuropka und mehr noch für
seine Eltern war dieser Wechsel vom Dorf in die Provinzialhauptstadt
Westfalens eine Art Kulturschock, unterschied sich die westfälische
Mentalität doch weitaus stärker als die oberfränkische von den aus
Schlesien gewohnten Gepflogenheiten. „So richtig dazugehört haben
wir in Münster als Vertriebene, damals Flüchtlinge genannt, nicht"[19],
erinnerte er sich noch im Alter an so manche Situation, in der seine
Eltern erfahren mussten, dass sie eben doch nur Bürger zweiter Klasse
und keine Einheimischen, schon lange keine Paohlbürger, waren, wie
man in Westfalen die Ureinheimischen und zugleich vor Ort den Ton
angebenden Kreise nennt. „Bei mir war das schon eher gegeben, eben
durch Schule und vor allem durch den ND", relativierte Kuropka diesen
Eindruck.

Der ND, das war der 1919 gegründete Bund Neudeutschland. Diese
katholische Schülergemeinschaft für Angehörige höherer Bildungsan-
stalten verband Elemente der Jugendbewegung mit dem Streben nach
intensiver persönlicher Auseinandersetzung mit dem christlichen Glauben und war für die katholische Bildungselite vielfach eine wichtige
Prägestätte, wie sich auch aus den biographischen Interviews mit den

---

[18]   Vgl. ebd., S. 54.
[19]   Ebd., S. 65– 66. Hier auch das folgende Zitat.

Historikern des Jahrgangs 1943 ablesen lässt.[20] Vor allem aber vermittelte sie durch die Jesuiten als geistliche Leiter nachhaltige intellektuelle Impulse, die in Kuropkas zwar bildungsaffinem, aber eben nicht akademischem Elternhaus nicht geliefert werden konnten. Darüber hinaus boten die sommerlichen Lager die Möglichkeit, Freundschaften mit Gleichaltrigen zu vertiefen, vor allem aber in Zeiten, in denen ein Familienurlaub keineswegs zur Selbstverständlichkeit gehörte, von zuhause wegzukommen und etwas von der Welt zu sehen. Dabei konnte durchaus auch körperlich mit angepackt werden, wie bei einem Einsatz mit dem Internationalen Bauorden, bei dem es gemeinsam mit belgischen und niederländischen Jungen um Mithilfe beim Bau von Reihenhäusern für Vertriebene in Friedrichshafen am Bodensee ging.[21] Die ND-Aktivitäten gaben Joachim Kuropka in besonderer Weise das Gefühl der Beheimatung. Zudem eröffnete das katholische Münster nach den Jahren in der katholischen Diaspora Oberfrankens, wo nur alle 14 Tage oder drei Wochen in einer Baracke in einem Nachbardorf die heilige Messe besucht werden konnte, die ein neun Kilometer entfernt lebender sudetendeutscher Priester zelebrierte, Gelegenheit zum sonntäglichen Kirchgang der Familie, ganz abgesehen von den üblichen kirchlichen Passageriten wie Erstkommunion und Firmung. Auch die Borromäus-Bücherei der Pfarrei war ein Anziehungspunkt. Dort gab es nach dem Hochamt am Sonntag Karl-May-Bände auszuleihen, übrigens eine durchaus geschätzte Lektüre der Historiker jener Generation in ihrer Jugend.[22]

Für Joachim Kuropka war es zwar selbstverständlich, nach dem 1961 am Ratsgymnasium in Münster abgelegten Abitur ein Studium aufzunehmen. Dazu in eine andere Stadt zu gehen, hätte aber das elterliche Budget überstiegen. Außerdem resümierte er später selbst, „im Ganzen haben wir sehr gut zusammengelebt, auch sehr vertrauensvoll"[23]. So absolvierte er das Studium der Geschichte, Germanistik und Politikwissenschaften an der Westfälischen Wilhelms-Universität in

---

[20] Vgl. Stambolis (wie Anm. 1), S. 76.
[21] Vgl. Kuropka (wie Anm. 8), S. 62.
[22] Vgl. ebd., S. 52. Stambolis (wie Anm. 1), S. 95.
[23] Ebd., S. 13.

Joachim Kuropka (links) im ND-Lager. Foto: Privat

Münster, auch ohne das seinerzeit vielfach übliche Außensemester an einer anderen deutschen Universität. Auch das anschließende Referendariat konnte der angehende Gymnasiallehrer in erreichbarer Nähe des elterlichen Hauses, am Gymnasium Laurentianum in Warendorf, ableisten und war nach eigenem Bekunden gern Lehrer, ohne zunächst eine wissenschaftliche Karriere in Betracht zu ziehen.

Einsatz für Politik und Lokalgeschichte in Münster

Durch sein Engagement in der Jungen Union während des Studiums wurde Joachim Kuropka als sachkundiger Bürger in den Kulturausschuss der Stadt Münster berufen. Einer beabsichtigten Bewerbung um ein Ratsmandat erteilte er allerdings angesichts des beruflichen Wechsels nach Vechta eine Absage. Aber auch dort engagierte er sich weiterhin im Kreisvorstand der CDU.[24]

---

[24] U.a. gab er den Band „Um den Karren wieder aus dem Dreck zu holen…". 50 Jahre Christlich Demokratische Union im Landkreis Vechta, Vechta 1995, heraus.

Private Examensfeier mit Freund Karl-Erich Tilkorn. Foto: Privat

Gute Kontakte entstanden in Münster vor allem zum Direktor des Stadtarchivs, Dr. Helmut Lahrkamp, sowie zum Leiter des Stadtmuseums, Hans Galen. 1978 hoben alle drei gemeinsam die Reihe „Geschichte original am Beispiel der Stadt Münster" aus der Taufe. Dabei handelte es sich um Sammelmappen mit ausgewählten Bildern und Dokumenten zu einem bestimmten Ereignis oder einer Epoche der Stadtgeschichte, denen ein Textheft zur Erläuterung beigelegt war. Kuropka

wirkte an diesem über zwei Jahrzehnte hinweg realisierten Projekt mit
insgesamt 22 Ausgaben nicht nur als Mitherausgeber, sondern auch als
Autor zu den Themenschwerpunkten 1933 und 1945 mit.[25] Als Kärr-
nerarbeit für die historische Forschung zur neuesten Geschichte von
Münster ist seine umfangreiche Edition von geheimen und vertrauli-
chen Berichten über die politische und gesellschaftliche Situation der
westfälischen Provinzhauptstadt zwischen 1924 und 1944 zu bewer-
ten.[26] Gerade aufgrund der Ausweitung auf Quellen verschiedenster
Provenienz, in der sich die jahrelange engagierte Sammelarbeit Kuropkas zeigte, konnte hier ein multiperspektivischer Zugriff auf die Thematik geboten werden. Vor allem stand er bedingt durch diese Edition
so intensiv im Stoff, dass es nur folgerichtig erschien, ihm das Kapitel
über die NS-Zeit in der 1993 anlässlich der 1200-Jahrfeier erschienenen
dreibändigen Münsteraner Stadtgeschichte zu übertragen.[27] Damit lag
erstmals eine konzise Gesamtdarstellung zur NS-Herrschaft in Münster
vor, die – wie Joachim Kuropka in seiner nicht untypischen konfronta-
tiven Art betonte – quellenbasiert war, während „materialistisch orientierte Historiker bestrebt [seien], eine bestimmte Interpretation der Entwicklung zu popularisieren, die Bürgertum und Kirche in Münster für
den Faschismus haftbar machen will"[28]. Münster blieb durchgehend ein
wichtiger Bezugspunkt für Kuropka, bis zu der Tatsache, dass er sich
im Ruhestand in einem Anbau seines Elternhauses einen Zweitwohnsitz
einrichtete und immer wieder gern als Rückzugsort in einer belastenden
persönlichen Situation nutzte.

Als sich 1973 die Chance bot, eine Assistentenstelle an der Pädagogischen Hochschule in Münster anzunehmen, griff er zu. Die PH Münster war damals ähnlich wie in Niedersachsen als PH Westfalen-Lippe
in einem Verbund mit den übrigen Ausbildungsstätten für Grund-,

---

[25] Vgl. Joachim Kuropka: Die Machtergreifung der Nationalsozialisten (Geschichte ori-
       ginal – am Beispiel der Stadt Münster 2), Münster 1978 (4. Aufl. 1981); 1945/1946 –
       Ende und Neubeginn (Geschichte original – am Beispiel der Stadt Münster 15), Müns-
       ter 1987. Alle Ausgaben dieser Reihe sind in diesem Band auf den Seiten 151–153
       aufgelistet.
[26] Vgl. Joachim Kuropka (Bearb.): Meldungen aus Münster 1924–1944, Münster 1992.
[27] Vgl. Joachim Kuropka: Münster in der nationalsozialistischen Zeit. In: Franz-Josef Ja-
       kobi (Hrsg.): Geschichte der Stadt Münster, Bd. 2, Münster 1993 (²1994), S. 285–330.
[28] Ebd., S. 329.

Haupt- und Realschullehrer im westfälisch-lippischen Teil des Bundes-
landes zusammengefasst, bevor sie 1980 in die Westfälische Wilhelms-
Universität integriert wurde. Kuropka traf an der PH in Münster mit
Franz-Josef Jakobi, später Leiter des Stadtarchivs in Münster, Karl
Teppe, später Direktor des Westfälischen Instituts für Regionalgeschichte (WIR), heutiges LWL-Institut für westfälische Regionalgeschichte, in Münster, Wilhelm Ribhegge und nicht zuletzt mit dem Mediävisten Bernd Ulrich Hucker, dessen Weg auf eine Professur in
Vechta er Ende der 1980er Jahre ebnen sollte, wissenschaftlich ambiti-
onierte Mitstreiter aus seiner Generation.[29]

III. Schüler des Sozialhistorikers Gerhard A. Ritter

Vor allem war er seinem Doktorvater wieder näher gerückt: Gerhard
A. Ritter (1929-2015), einer der führenden jüngeren Sozialhistoriker in
der Bundesrepublik, war auf den agilen Studenten aufmerksam geworden und hatte ihm am Ende seines Studiums mit Blick auf seinen oberschlesischen Nachnamen eine Staatsexamensarbeit über die britische
Politik im Kontext der Volksabstimmung im Raum Allenstein/Marien-
werder nach dem Ersten Weltkrieg vorgeschlagen.[30] Mit einer Analyse
des britischen Deutschlandbilds während des Ersten Weltkriegs griff
Kuropka dann für seine Dissertation ein außenpolitisch akzentuiertes
Thema auf dem Feld der eher traditionellen Politikgeschichte heraus
und widmete sich nicht etwa der von Ritter favorisierten Sozialgeschichte. Im Nachgang zur Fischer-Kontroverse der beginnenden
1960er Jahre über die Kriegsschuldfrage stellte der Erste Weltkrieg in
den 1970er Jahren noch immer ein zentrales Feld der zeitgeschichtlichen Forschung dar. Schwerpunkte lagen inzwischen in der Erforschung der politischen Mechanismen im Kaiserreich ebenso wie in der
Sozial- und Wirtschaftsgeschichte. Die Rezeptionsgeschichte hingegen
erwies sich als weitgehend unbeackertes Feld, und genau hier setzte

---

[29] Vgl. z.B. Pädagogische Hochschule Westfalen-Lippe: Forschungsbericht 1974–1976,
      Münster 1977, hier S. 149–167.
[30] Vgl. Joachim Kuropka: Heimat zwischen Deutschland, Polen und Europa, Münster
      2017, S. 8.

Kuropkas Untersuchung ein. Für seine Dissertation zog der junge Nachwuchshistoriker nicht nur die einschlägigen Quellen im Public Record Office in London für die Jahre 1917 und 1918 heran, sondern transformierte den bislang angewendeten, umgangssprachlichen Begriff der „Lagebeschreibung" auch gleichzeitig auf eine andere Ebene, so dass nun griffig und durchaus modern gewendet vom Image des Deutschen Reichs die Rede war.[31] Letzteres war am Ende des Ersten Weltkriegs – so Kuropkas differenziertes Fazit – „von einer ziemlichen Unsicherheit in der Beurteilung geprägt. Man laviert, bestimmt von dem Wunsch nach größtmöglichem Gewinn aus dem Waffenstillstand und der Furcht vor dem Bolschewismus, [...]"[32]. Obwohl sein Doktorvater inzwischen von Münster auf einen Lehrstuhl nach München gewechselt war, konnte Kuropka seine Dissertation 1976 noch in Münster einreichen. Dass er Gerhard A. Ritter mit seiner quellenbasierten Studie durchaus zu überzeugen wusste, mag man daran erkennen, dass die Druckfassung 1978 im bekannten Verlag Duncker und Humblot erschien und auch Resonanz in der Fachwelt erzielte. In der „Historischen Zeitschrift", damals wie heute das renommierteste Organ der Zunft, attestierte der Mannheimer Historiker Gottfried Niedhart Kuropkas akademischem Gesellenstück, ein Desiderat aufgegriffen zu haben und fand es „prinzipiell zu begrüßen, dass der Vf. mit seiner von G. A. Ritter betreuten Dissertation diesen Gegenstand [...] angepackt hat"[33]. Und für „Das Historisch-Politische Buch" bescheinigte mit Andreas Hillgruber einer der seiner Zeit führenden bundesdeutschen Zeithistoriker, dass „der Informationsgehalt der Studie [...} hinsichtlich der in ihr enthaltenen Einzelheiten sehr groß"[34] sei. Gleichwohl blieb nicht zuletzt wegen der durchaus unterschiedlichen parteipolitischen Ausrichtung der Kontakt zwischen Schüler und Lehrer eher höflich und formal und fand auch

---

[31] Vgl. Joachim Kuropka: Vorwort (vom August 1978). In: Ders.: Image und Intervention. Innere Lage Deutschlands und britische Beeinflussungsstrategien in der Entscheidungsphase des Ersten Weltkriegs (Historische Studien, Bd. 14), Berlin 1978, S. 7–8.

[32] Ebd., S. 294.

[33] Gottfried Niedhart: Rezension zu Joachim Kuropka: Image und Intervention. In: Historische Zeitschrift, Bd. 230 (1980), S. 480–481, hier S. 481.

[34] Andreas Hillgruber: Rezension zu Joachim Kuropka: Image und Intervention. In: Das Historisch-Politische Buch, Bd. XXVII (1979), S. 195.

später keine Fortsetzung, während andere Schüler Ritters zu Öffentlichkeitshistorikern von erheblicher Breitenwirkung für das Fach avancierten. Hier ist an erster Stelle der mit Kuropka gleichaltrige, ebenfalls aus dem Osten, aus Böhmen, stammende Jürgen Kocka zu nennen, der schon Ende der 1960er Jahre mit einer bei Ritter entstandenen unternehmensgeschichtlichen Studie den Grundstein für eine Karriere an der Reformuniversität Bielefeld gelegt hatte, wo er neben Hans-Ulrich Wehler zum Haupt der „Bielefelder Schule" wurde. Während Kocka auf die in der Zunft so wichtigen Netzwerke der akademischen „scientific community" zurückgreifen konnte und zu seinem 80. Geburtstag als „Historiker seiner Generation"[35] apostrophiert wurde, blieben Kuropka solche Beziehungsnetze verwehrt, weil er dem linksliberalen „mainstream" in den 1970er und 1980er Jahren nicht zu folgen bereit war. Geradlinig, wie er als Konservativer war, erfüllte ihn dies keineswegs mit Bitterkeit, lediglich gegenüber den Historikertagen bewahrte er eine nachhaltige Distanz, stellten sie für ihn doch ein Kartell dar, zu dem ein akademischer Außenseiter wie er keinen Zugang fand. Eine Einladung, dort in einer Sektion zu sprechen, gehörte für ihn folgerichtig in das Reich der Utopie.

VECHTA UND DAS OLDENBURGER MÜNSTERLAND ALS ENDGÜLTIGE ZWEITE HEIMAT UND WISSENSCHAFTLICHES EXPERIMENTIERFELD IN DER REGIONALGESCHICHTE

Eine wirkliche Identifikation mit seiner zweiten Heimat erlebte Joachim Kuropka aber erst in Vechta, wo der junge Studienassessor erstmals 1970 eine Stelle als Wissenschaftlicher Assistent erhielt. Nach der 1977 erfolgten Heirat mit der aus Minden stammenden Lehrerin Kornelia Pals erfolgte der Umzug in die Kleinstadt, wo die Familie 1984 ein eigenes Haus am Kiefernweg im Stadtsüden bauen konnte und die beiden Töchter Marianne und Christiane zur Welt kamen. 2006 blickte Joachim Kuropka dankbar auf „drei intensiv gelebte Jahrzehnte in Vechta, im Oldenburger Münsterland, im Oldenburgischen, an dieser

---

[35] Jörn Leonhard: Bürger und Arbeiter, dies ist eure Geschichte. Der Historiker seiner Generation: Jürgen Kocka zum achtzigsten Geburtstag. In: FAZ v. 19.04.2021, S. 11.

Universität, natürlich nicht ohne Krisen und Konflikte"[36] zurück. Deutlich wird diese Beheimatung nicht zuletzt dadurch, dass er seine Eltern auf dem katholischen Friedhof in Vechta beisetzen ließ und dort selbst seine letzte Ruhestätte finden wollte. Es war wohl auch der Genius Loci dieser Stadt in ihrer Verankerung zwischen dem aus der Jugend und dem Studium vertrauten Münster und Oldenburg, zwischen Westfalen und Niedersachsen, der Kuropka nachhaltig faszinierte. „Niedersachsen – nicht erdverwachsen. Oldenburg zwischen Niedersachsen-Konstruktion und Westfalen 1930-1975" lautete dann auch das Thema seiner Abschiedsvorlesung, die er 2006 vor sehr zahlreichen Gästen in der Großen Aula der Hochschule Vechta hielt.[37]

Die Wertschätzung für das Kleine, vermeintlich Geringe zeigt sich gerade in der Hinwendung zur Regional- und Lokalgeschichte des Oldenburger Münsterlandes. In Vechta hatte der Großherzog von Oldenburg seit 1830 die Ausbildung der katholischen Volksschullehrer zunächst in einer sogenannten Normalschule, später Lehrerseminar, konzentriert. Im Zuge der Akademisierung der Volksschullehrerausbildung war daraus zunächst in der Weimarer Republik ein Pädagogischer Lehrgang und schließlich 1946 eine Pädagogische Akademie (ab Ende 1947 Pädagogische Hochschule, PH) hervorgegangen, die ihren konfessionellen Charakter im Niedersachsen-Konkordat 1965 hatte bewahren können und trotz vieler Anfeindungen seit Beginn der 1960er Jahre neue Gebäude erhalten hatte. Der zeit seines Lebens bekennende Katholik Kuropka passte zu der damals gerade als Abteilung Vechta der neu gegründeten Pädagogischen Hochschule Niedersachsen eingegliederten weiterhin katholischen Einrichtung und konnte die soeben fertiggestellte Autobahn 1 (Hansalinie) gewinnbringend nutzen, um von seinem Wohnort Münster nach Vechta zu pendeln und nicht umziehen zu müssen. Der Lehrkörper bestand damals, wie er später gern erzählte, im

---

[36] Joachim Kuropka: Dank [anlässlich der Feier zur Verabschiedung an der Hochschule Vechta am 27.10.2006], S. 4. Manuskript im Besitz des Verf.

[37] Veröffentlicht unter dem Titel: Joachim Kuropka: Niedersachsen – nicht erdverwachsen. Oldenburg zwischen Niedersachsen-Konstruktion und Westfalen 1930–1975. In: Ders. (Hrsg.): Regionale Geschichtskultur. Phänomene – Projekte – Probleme aus Niedersachsen, Westfalen, Tschechien, Lettland, Ungarn, Rumänien und Polen, Berlin 2010, S. 13–34.

Vechtaer Universitätsschriften, Bd. 16, Cloppenburg 1996, 383 Seiten

Wesentlichen aus aufgestiegenen Volksschullehrern, die noch ein Universitätsstudium und eine Promotion angehängt hatten, oft aber zugleich passende Praxiserfahrungen als Dorfschullehrer mitbrachten. Das galt auch für seinen Chef, Professor Dr. Wilhelm Münter, einen gebürtigen Niederrheiner, der zwar ursprünglich ein Universitätsstudium begonnen hatte, nach der Rückkehr aus Kriegsdienst und Gefangenschaft jedoch die kurze Ausbildung an einer Pädagogischen Hochschule vorgezogen hatte, um alsbald als Lehrer seine Familie ernähren zu können. Nebenher hatte er mit einer geschichtsdidaktischen Arbeit an der Universität Münster den Dr. phil. erworben und war mit dieser Vita und seiner katholischen Konfession 1954 zum Lehrbeauftragten, ein Jahr darauf zum Dozenten und 1962 schließlich zum Professor für Didaktik des Geschichtsunterrichts an der PH Vechta ernannt worden.[38] Nachdem sein Vorgänger Paul Franken nach nur kurzem Gastspiel in Vechta zum Leiter der Bundeszentrale für den Heimatdienst (heute Bundeszentrale für politische Bildung) in Bonn avanciert war,[39] hatte Münter das Fach im Grunde in Vechta erst etablieren müssen. Durch die Folgen einer Kriegsverwundung, denen er im Juni 1974 erliegen sollte, gesundheitlich geschwächt und durch zusätzliche Aufgaben in der Selbstverwaltung der Hochschule, unter anderem als Rektor im Jahr 1968/69, gebunden, blieb ihm kaum Freiraum für eigene Veröffentlichungen. Überhaupt erstreckten sich seine wenigen Publikationen ausschließlich auf das Gebiet der Geschichtsdidaktik im Bereich der Volks- bzw. Hauptschule.[40]

Die traditionelle Studentenschaft in Vechta bestand aus Bildungsaufsteigern aus kleinbäuerlichen bzw. kleinbürgerlichen Verhältnissen

---

[38] Vgl. zur Vita Münters Alwin Hanschmidt: Einführung. In: Ders. (Hrsg.): Schriftenverzeichnis Wilhelm Münter, Vechta 1980, S. 3–5.

[39] Vgl. Stephen Schröder: Dr. Paul Franken (1903–1984). Ein katholischer Akademiker in den rheinischen Widerstandskreisen. In: Historisch-Politische Mitteilungen, Bd. 17 (2010), S. 175–203.

[40] Neben der überarbeiteten und erweiterten Fassung seiner 1954 vorgelegten, zunächst unpublizierten Dissertation über „Die Schüleraktivität im Geschichtsunterricht" (Geschichtsunterricht und Schüleraktivität mit besonderer Berücksichtigung der Volksschule, Ratingen 1965) legte Münter lediglich eine weitere Monographie, ebenfalls mit didaktischem Schwerpunkt, vor: Zeitgemäßer Geschichtsunterricht. Grundsätze, Ziele und Lehrpläne für die Hauptschule, München 1967.

– Töchter aus Akademikerhaushalten einmal ausgenommen – des ländlichen katholischen Lebensraums in Südoldenburg, dem Emsland und dem Osnabrücker Land. Gerade im Kontext der 1968er Bewegung war hier einerseits „die Welt noch in Ordnung", andererseits ein Fehlen eines universitären Bewusstseins zu verzeichnen. Von Ausnahmen einmal abgesehen konnte von einer wissenschaftlichen Forschung nicht die Rede sein. Gleichwohl wirkte die fachdidaktische Grundprägung bei Joachim Kuropka dauerhaft nach.[41] Der Traditionslinie des „Deutschen Instituts für Wissenschaftliche Pädagogik" in Münster, aus der Wilhelm Münter kam, blieb auch Kuropka verbunden. Über viele Jahre nahm er engagiert an den in dessen Nachfolge stehenden „Münsterschen Gesprächen für wissenschaftliche Pädagogik" als Referent und Vorstandsmitglied teil und publizierte in deren Schriften, ja fungierte zeitweise auch als deren Mitherausgeber, bis es in den 1990er Jahren zum Bruch mit den Veranstaltern kam.

Die gewisse Weltläufigkeit und Aufbruchsstimmung der Münsteraner Jahre, die mit der Ausdifferenzierung des Hochschulwesens und der Akademisierung der Volksschullehrerausbildung zeitlich einherging, verflüchtigte sich 1977 mit der Rückkehr an die Hochschule Vechta als Akademischer Rat. Ohne eine Habilitation anzustreben, gelang Joachim Kuropka 1982 die Überleitung seiner Stelle in eine Professur für (Neuere und Neueste) Geschichte. Ideengebend wirkte in diesen Jahren auch der Kontakt mit seinem Assistentenkollegen im Fach Geographie, Hans-Wilhelm Windhorst. Als dieser zu Raumfragen der Region forschte und Ergebnisse für ein breites Publikum im „Jahrbuch für das Oldenburger Münsterland" zugänglich machte, eiferte Kuropka auf seinem Fachgebiet mit der Veröffentlichung seiner Erkenntnisse über den Neubeginn des politischen Lebens im Kreis Vechta 1945 nach. Während Windhorst seinen Aufsatz seiner Doktormutter Angelika Sievers widmete, setzte Kuropka eine Widmung für Wilhelm Münter darüber.[42] Durch die regionale Aspekte thematisierenden Veröffentlichun-

---

41 Vgl. die fachdidaktischen Veröffentlichungen in seiner Bibliographie (wie Anm. 38).

42 Vgl. Hans-Wilhelm Windhorst: Agrarstrukturelle Wandlungen im Oldenburger Münsterland. In: Jahrbuch für das Oldenburger Münsterland, Bd. 22 (1973), S. 110–127, hier die Widmung für „Frau Prof. Dr. A. Sievers zum 60. Geburtstag" auf S. 110, u. Joachim Kuropka: Die Gründung politischer Parteien 1945/46 im Kreis Vechta. Ein

gen seines Kollegen Windhorst sei er erst auf den Gedanken gekommen, die bisher primär als Domäne heimatkundlich aktiver Lehrer geltenden regionalen Periodika für die Publikation von Aufsätzen zu nutzen, gab er einmal zum Besten.[43]

Insgesamt war dieser Gedanke nicht ganz neu, hatten doch mit dem Biologen und Dominikaner Oswald Rohling[44] sowie der Geographin Angelika Sievers[45] bereits seit den 1950er Jahren Vechtaer Hochschulprofessoren beispielsweise im „Heimatkalender für das Oldenburger Münsterland", der seit 1969 zum „Jahrbuch" ausgebaut worden war, veröffentlicht. Der Historiker Wilhelm Münter dagegen hatte keine Zugänge zu regionalgeschichtlichen Themen entwickelt und war dem Kreis um den Vechtaer Hochschulbibliothekar und promovierten Mediävisten Wilhelm Hanisch ferngeblieben, der sich ab 1972 als „Geschichtsausschuss" regelmäßig traf, um der historischen Forschung zum Oldenburger Münsterland neue Impulse zu verleihen.[46]

Diese prinzipielle Distanz galt anfänglich im Übrigen auch für Münters seit 1975 amtierenden Nachfolger am Universitätsstandort Vechta, den Westfalen Alwin Hanschmidt, obgleich dieser durch seine Dissertation über den münsterschen Minister und Generalvikar Franz von Fürstenberg bereits den Grundstein für einen Themenschwerpunkt in der Landesgeschichte der Frühen Neuzeit gelegt hatte und auf diesem Feld produktiv war.[47] Dass sowohl Hanschmidt als auch Kuropka erst

---

Beitrag zur politischen Frühgeschichte der Nachkriegszeit in Südoldenburg. In: Jahrbuch für das Oldenburger Münsterland 1974, S. 81–101, hier die Widmung „Herrn Prof. Dr. W. Münter zum 60. Geburtstag" auf S. 81.

[43] So Joachim Kuropka verschiedentlich in Gesprächen mit dem Verf.

[44] Vgl. Michael Hirschfeld: Prof. Dr. Oswald Rohling OP (1908–1974). Ein Dominikaner als Hochschullehrer in Vechta. In. Jahrbuch für das Oldenburger Münsterland, Bd. 64 (2015), S. 332–348.

[45] Vgl. Horst-Alfons Meißner: Ein Leben für die Geographie in Lehre und Forschung. Angelika Sievers zum 100. Geburtstag. In: Jahrbuch für das Oldenburger Münsterland, Bd. 62 (2013), S. 350–362.

[46] Vgl. Michael Hirschfeld: Vom geschlossenen Kreis ausgesuchter Heimatforscher zur offenen Vermittlungsinstanz für Regionalgeschichte. Bausteine aus der Arbeit des Geschichtsausschusses. In: Ders. (Hrsg.): Im Einsatz für die Heimat. 100 Jahre Heimatbund für das Oldenburger Münsterland 1919–2019, Cloppenburg 2019, S. 194–207.

[47] Vgl. Alwin Hanschmidt: Franz von Fürstenberg als Staatsmann. Die Politik des Münsterschen Ministers 1762–1780, Münster 1969; Wilfried Reininghaus: Alwin Hanschmidt (7. August 1937–16. Januar 2020). In: Westfälische Forschungen 70 (2020), S. 329–334.

um 1980 Mitglieder im Geschichtsausschuss wurden und dass es dann noch einige Jahre dauerte, bevor sie als Referenten für einen der monatlich organisierten „Historischen Nachmittage" herangezogen wurden[48], mag durch ein starkes Verharren der führenden Persönlichkeiten im Heimatbund für das Oldenburger Münsterland auf den lokalen Eigenheiten zu erklären sein. Möglicherweise spielte auch die Disziplin eine Rolle, die Hanisch von den in den ersten Jahren etwa 40 Ausschussmitgliedern bezüglich einer regelmäßigen Teilnahme an den Veranstaltungen verlangte. Kein Problem hätte Kuropka hingegen sicherlich mit der Maßgabe gehabt, als Mitglied auch selbst einen Vortrag zu halten. Mit dem Schwinden von interessierten Nachwuchskräften der Heimatforschung aus dem Kreis der Lehrerschaft ging dann parallel eine Professionalisierung der Arbeit im Geschichtsausschuss einher. Das war die eine Seite der Medaille. Die andere Seite lag in der Annäherung der Hochschullehrer an die zuvor von der Fachwissenschaft vernachlässigte, weil geringschätzig betrachtete lokale bzw. regionale Geschichtsforschung. Für Kuropka kam erschwerend hinzu, dass ihm eine Identifikation mit Westfalen oder Südoldenburg – wie bereits erwähnt – nicht in die Wiege gelegt war.

BUCHERFOLGE ALS BILDUNGSHISTORIKER UND QUELLENEDITOR

Einen ersten Anlass, um sich mit einer Buchveröffentlichung in die landesgeschichtliche Forschung einzubringen, bot für den aufstrebenden Historiker Joachim Kuropka die 150-Jahrfeier des Beginns der Lehrerbildung in Vechta 1980. Erstmals wurden Geschichte und Entwicklung seiner Wirkungsstätte „Von der Normalschule zur Universität"[49] umfassend aufgearbeitet. Anhand dieses stattlichen Bandes lassen sich drei für seine weitere Publikationstätigkeit charakteristische Beobachtungen machen. Erstens das Gespür für Desiderate der Landes- und Regionalgeschichte, gab es doch bisher keine Gesamtdarstellung der Geschichte der Lehrerbildung in Vechta. Zweitens ein multisektora-

---

[48] Vgl. Hirschfeld (wie Anm. 46), S. 201.
[49] Vgl. Alwin Hanschmidt/Joachim Kuropka (Hrsg.): Von der Normalschule zur Universität. 150 Jahre Lehrerbildung in Vechta 1830–1980, Bad Heilbrunn/Obb. 1980.

ler Ansatz, der nicht allein auf Daten und Fakten der porträtierten Einrichtung reduziert blieb. „Die kombinierte Darstellung von Bildungsgeschichte, dem Wandel religiöser Bewusstseinsinhalte und politischer Geschichte verleiht diesem Buch seinen besonderen Reiz", konstatierte deshalb auch der am Staatsarchiv Oldenburg tätige Archivar Dr. Friedrich-Wilhelm Schaer anerkennend.[50] Drittens schließlich verstand Kuropka es, Kollegen aus benachbarten Disziplinen zu motivieren, ihre Spezialkenntnisse einzubringen. So steuerten beispielsweise der Religionspädagoge Karl Josef Lesch und der Germanist Eberhard Ockel historische Längsschnitte durch die Ausbildung von Religions- bzw. Deutschlehrern in Vechta bei. Der Wirtschaftswissenschaftler Hermann von Laer, mit dem Kuropka auch persönlich eine langjährige Freundschaft verband, übernahm ein Kapitel der Gesamtdarstellung.

Zwar blieb die Geschichte der Vechtaer Lehrerbildung das einzige gemeinsam mit dem jahrzehntelang parallel in Vechta wirkenden Kollegen Alwin Hanschmidt herausgegebene Buch. Doch trotz der an manchen Stellen spürbaren Mentalitätsunterschiede zwischen dem bedächtig agierenden, stets auf Ausgleich bedachten introvertierten Westfalen Hanschmidt und dem agilen, sein Gegenüber zuweilen provozierenden extrovertierten Schlesier Kuropka ließ sich über die folgenden Jahrzehnte eine von gegenseitiger Achtung bestimmte kollegiale Zusammenarbeit fortsetzen, die sich auch in der Herausgeberschaft von Festschriften für den jeweiligen Kollegen manifestierte.

Noch größere Breitenwirkung ging von einem Vortrag „Zur historischen Identität des Oldenburger Münsterlandes" aus, den Kuropka auf dem 62. Niedersachsentag 1981 in Vechta hielt. Darin skizzierte er nicht nur pointiert die Entwicklung der Region seit dem Übergang von Münster zu Oldenburg 1803, sondern kritisierte auch deren geringe Wahrnehmung im 1946 gebildeten Bundesland Niedersachsen. Gleichzeitig konstatierte Kuropka für das Oldenburger Münsterland, dass gerade „die über Jahrhunderte währende politische Randlage seine Eigen-

---

[50] Friedrich-Wilhelm Schaer: Rezension zu: Alwin Hanschmidt/Joachim Kuropka (Hrsg.): Von der Normalschule zur Universität. In: Oldenburger Jahrbuch, Bd. 81 (1981), S. 216–217, hier S. 217.

Übergabe der von Joachim Kuropka und Franz Bölsker herausgegebenen Festschrift zum 70. Geburtstag Alwin Hanschmidts in Anwesenheit der Präsidentin der damaligen Hochschule Vechta, Frau Prof. Dr. Marianne Assenmacher, und aller Autoren in der Katholischen Akademie Stapelfeld am 7. September 2007. Foto: Andreas Kathe

entwicklung begünstigt und seine religiös-kulturelle Andersartigkeit in einem toleranten Staatswesen zur Ausbildung eines Eigenbewusstseins geführt"[51] habe. Als weiteres Spezifikum führte der „zugereiste" Hochschullehrer der Bevölkerung in den Kreisen Cloppenburg und Vechta vor Augen, dass „man im wahrsten Sinne des Wortes miteinander verwandt [sei], familiäre, politische, kirchliche, öffentliche, private Verbindungen durchdringen sich, sind eben ‚vernetzt'"[52]. Angesichts der weit verbreiteten Klischees über eine wirtschaftlich rückständige Region, die mit einem als ebenso rückständig empfundenen Katholizismus gleichgesetzt wurde und inzwischen auch in ökologischer Hinsicht bedingt durch die Massentierhaltung kritisch beurteilt wurde, mussten solche Akzente den Einheimischen wie Balsam in den Ohren erscheinen.

---

[51] Joachim Kuropka: Zur historischen Identität des Oldenburger Münsterlandes, 2., durchgesehene Aufl. Münster 1987, S. 64 u. 68.

[52] Ebd., S. 69.

Mit reicher Bebilderung für ein breites Publikum aufbereitet, wurde diese Schrift sicherlich nicht zuletzt wegen der – wie es ein Rezensent bewundernd ausdrückte – „eindrucksvoll dargestellte[n] Identität dieser historischen Landschaft bis zur Gegenwart"[53] ein Erfolg und erlebte nach wenigen Jahren eine zweite Auflage. Darüber hinaus stellte sie für Kuropka gewissermaßen eine weitere Eintrittskarte in die Wahrnehmung als Regionalhistoriker dar, war sie doch auf Anregung des Heimatbundes für das Oldenburger Münsterland für die breitere Öffentlichkeit aufgearbeitet worden, dessen „Jahrbuch für das Oldenburger Münsterland" sich Kuropka über Jahrzehnte als Autor zu zeitgeschichtlichen Themen verbunden fühlte. Jedenfalls wandten sich bald nach Erscheinen Elternvertreter von Vechtaer Gymnasien in Sorge um eine Vernachlässigung lokaler Bezüge im schulischen Geschichtsunterricht an den Vechtaer Hochschullehrer. „Auf Anregung von Elternvertretern" – wie es ausdrücklich im Impressum heißt – rief Kuropka daher 1983 die Schriftenreihe „Dokumente und Materialien zur Geschichte des Oldenburger Münsterlandes" ins Leben. Angeregt durch das im Kontext des 50-jährigen Gedenkens an Hitlers „Machtergreifung" 1933 in der Bundesrepublik gewachsene öffentliche Interesse an der NS-Zeit legte er erstmals eine kommentierte Quellensammlung zum Widerstand gegen den Nationalsozialismus in der Region im Druck vor, für die er den Slogan der katholischen Zentrumspartei „Für Wahrheit, Recht und Freiheit" als aussagekräftigen Titel wählte. Zwar wies Kuropka eingangs darauf hin, es gehe „nicht darum zu zeigen, daß die Menschen in dieser Region besonders viel oder besonders wenig Widerstand geleistet haben"[54]. Jedoch regte er die Leser klar dazu an, „den damals aufgebrachten Mut in der Auseinandersetzung mit einem System nicht zu vergessen, das in allen Lebensbereichen allein bestimmend sein wollte". Das war eine Anspielung auf den Kreuzkampf 1936, der bereits zu diesem Zeitpunkt Kuropkas besonderes Interesse als regionales Spezifikum auf sich gezogen hatte.

---

[53] So Hans-Joachim Behr: Rezension zu Joachim Kuropka: Zur historischen Identität des Oldenburger Münsterlandes. In: Oldenburger Jahrbuch, Bd. 83 (1983), S. 276–277, hier S. 277.

[54] Joachim Kuropka: Für Wahrheit, Recht und Freiheit – gegen den Nationalsozialismus, Vechta 1983, S. 10. Das folgende Zitat ebd., S. 11.

Zwei weitere Quellenbände – im Nachgang zu einer zwischenzeitlich erfolgten Verankerung der Landes- und Lokalgeschichte im schulischen Geschichtsunterricht der weiterführenden Schulen in Niedersachsen – bezeichnete Kuropka als konkreten Beitrag zur praktischen
Umsetzung regionalgeschichtlicher Themen im Oldenburger Münsterland.[55] Der eine Band stammt von dem Realschullehrer Rudolf Willenborg, der sich über Jahrzehnte intensiv mit der Schulpolitik in der Region im Nationalsozialismus beschäftigte und der neben Heinz Plagemann ein freundschaftlich verbundener Wegbegleiter war. Der andere
griff Quellen zur jüdischen Geschichte der Region auf und war von Realschullehrer Werner Teuber bearbeitet worden. Beide Autoren ergänz-
ten überdies über viele Jahre hinweg das Lehrangebot des Faches Geschichte als Lehrbeauftragte, die den Studierenden aus dem Schulalltag
manche Praxisbezüge vermitteln konnten. Werner Teuber konnte zudem mit Hilfe eines Stipendiums der Ernst Strassmann Stiftung (in der
SPD-nahen Friedrich-Ebert-Stiftung) Ende 1994 eine Dissertation über
„Jüdische Viehhändler in Ostfriesland und auf dem Hümmling 1871-
1942" abschließen. Kuropka selbst fungierte dagegen über Jahrzehnte
als Vertrauensdozent der CDU-nahen Konrad-Adenauer-Stiftung
(KAS) und beteiligte sich auch bis zuletzt als Referent an Bildungsver-
anstaltungen von deren regionalen Hermann-Ehlers-Bildungswerk
Oldenburg, aber auch der KAS selbst.

DURCHBRUCH ALS REGIONALHISTORIKER UND KATHOLIZISMUS-EXPERTE DURCH KREUZKAMPF-FORSCHUNG

Der Durchbruch als Landeshistoriker und Katholizismusexperte zugleich gelang Kuropka mit der Aufarbeitung des sogenannten Kreuzkampfes, des Massenprotestes gegen die im November 1936 vom
oldenburgischen Minister der Kirchen und Schulen verordnete Entfer-
nung der Kreuze (und Lutherbilder) aus den katholischen (bzw. evangelischen) Volksschulen. Die Rücknahme dieses Erlasses nach drei
Wochen andauernder Protestaktionen aus allen Teilen der Bevölkerung

---

[55] Vgl. Joachim Kuropka: Vorwort. In: Rudolf Willenborg: Die Schule muß bedingungs-
los nationalsozialistisch sein. Erziehung und Unterricht im Dritten Reich, Vechta 1986,
S. 7–8, hier S. 7. Hier wird Bezug genommen auf neue Rahmenrichtlinien des Fachs
Geschichte in Hauptschule, Realschule und Gymnasium aus den Jahren 1983–1985.

Südoldenburgs durch den NS-Gauleiter Carl Röver deutete Kuropka als singuläres Ereignis eines erfolgreichen Massenprotests gegen das herrschende Regime, als die einzige Volkserhebung gegen den Nationalsozialismus, die zwar letztlich nicht erfolgreich gewesen sei, aber ein im In- und Ausland stark beachtetes Zeichen gesetzt habe. Kuropka erkannte zu Recht, dass dieses Ereignis in der Retrospektive geeignet war, ein breites öffentliches Interesse zu erlangen und das Image der Region zu heben. Auch hier bot ein Jubiläum, die 50-jährige Wiederkehr des Kreuzkampfes im November 1986, für ihn die passende Gelegenheit, die wissenschaftliche Aufarbeitung voranzutreiben. Mit Hilfe eines Teams aus Lehrern und Studenten wertete er das relevante Quellenmaterial aus und rief die Bevölkerung dazu auf, Fotos und Dokumente zur Verfügung zu stellen.[56]

In einem Blockseminar in der Heimvolkshochschule (heute Katholische Akademie) in Stapelfeld wurde dann im Juli 1986 die Konzeption der Ausstellung und eines wissenschaftlichen Begleitbandes gemeinsam mit allen Beteiligten erstellt. Eine solche Form von Teamwork war zu diesem Zeitpunkt schon etwas Besonderes, erregte es doch nicht unerhebliche Aufmerksamkeit in der regionalen Presse.[57] Dass gelegentlich die unterschiedliche Qualität von Studenten oder Lehrern gefertigter Aufsätze in Rezensionen moniert wurde, störte Kuropka nicht sonderlich. „Soll doch erst einmal jemand Studierende motivieren, mitzutun und ihnen die Möglichkeit geben, unter eigenem Namen etwas zu veröffentlichen, und soll doch jemand erst einmal im aktiven Dienst stehende Lehrer motivieren, die Zusatzbelastung eigener Forschung auf sich zu nehmen und in einem solchen Projekt zu publizieren!"[58]

---

[56] Vgl. Der „Kreuzkampf" wird aufgearbeitet. Vechtaer Forscher suchen Informationen. In: OV v. 29.01.1986.

[57] Vgl. Die Kreuzkampf-Ausstellung nimmt Gestalt an. Seminar in Stapelfeld beendet. Forschungsgruppe um Professor Kuropka erarbeitete eine Dokumentation. In: MT v. 17.07.1986.

[58] Joachim Kuropka: Kreuzkampf-Forschung im Rückblick: Volkserhebung ohne Widerstand? In: Maria Anna Zumholz (Hrsg.): Katholisches Milieu und Widerstand. Der Kreuzkampf im Oldenburger Land im Kontext des nationalsozialistischen Herrschaftsgefüges, Berlin 2012, S. 139–150, hier S. 143.

Joachim Kuropka führt den Apostolischen Nuntius Erzbischof Josip Uhač (3. von links) und den Bischof von Regensburg Manfred Müller (4. von links) in der Aula der Universitätsabteilung Vechta durch die Kreuzkampfausstellung. Foto: Heimatbibliothek OM, Zurborg-Archiv

Diese Sätze waren nicht als Rechtfertigung oder gar als Verteidigung zu verstehen: Sie geben Einblick in das Alleinstellungsmerkmal, das dem Kreuzkampf-Projekt auch hinsichtlich der Zusammensetzung der Mitarbeiter innewohnte. Umso mehr freute ihn, wenn Fachkollegen dieses Bemühen zu würdigen wussten, wie zum Beispiel der Eichstätter Historiker Heinz Hürten, der Kuropka 1993 eine „bewundernswerte Fähigkeit [zusprach], […] außerhalb enger Zunftgrenzen stehende Historiker zu selbständigen Forschungen anzuregen und zu einem Team zusammenzubringen, das die Fachwelt mit neuen, solide erarbeiteten Ergebnissen überrascht"[59]. In einer späteren Würdigung seines Schaffens fasste der spätere Oldenburger Staatsarchivdirektor Gerd Steinwascher diesen Zug Kuropkas treffend dahingehend zusammen, er sei „zugleich

---

[59] Hürten schrieb diese Sätze mit Blick auf das Kreuzkampf-Buch in seiner Rezension von Joachim Kuropka (Hrsg.): Clemens August Graf von Galen. Neue Forschungen zum Leben und Wirken des Bischofs von Münster, Münster 1992, 2. Aufl. 1993. In: Rheinische Vierteljahrsblätter, Jg. 57 (1993), S. 463–464, hier S. 463.

Pädagoge, also von dem Wunsch beseelt, die Ergebnisse seiner Arbeit einer breiteren Öffentlichkeit bekannt zu machen"[60].

Unter der Schirmherrschaft des damaligen Bundestagspräsidenten Philipp Jenninger, dessen Mitwirkung der heimische Bundestagsabgeordnete Manfred Carstens vermittelt hatte, wurde die mehr als 50 Schautafeln umfassende Kreuzkampf-Ausstellung am 20. November 1986 im Museumsdorf Cloppenburg eröffnet.[61] Kuropka war in diesem Kontext nicht nur „als einer der besten Kenner der jüngsten Geschichte Südoldenburgs"[62] gewürdigt worden, er wurde auch zum viel gefragten Referenten, nicht zuletzt bei der jeweiligen Eröffnung der an zehn verschiedenen Orten gezeigten Dokumentation.[63] Hervorzuheben ist die Ausstellungseröffnung in der Großen Aula der Universität Vechta in Gegenwart des Apostolischen Nuntius Erzbischof Josip Uhač im März 1987.

Ein besonderes Gemeinschaftserlebnis für alle Beteiligten wurde schließlich eine Rom-Reise im Mai 1987, in deren Rahmen Joachim Kuropka ein Exemplar des Aufsatz-Bandes „Zur Sache – das Kreuz!" persönlich an Papst Johannes Paul II. auf dem Petersplatz überreichen konnte.[64] Im März 1988 konnte die Ausstellung in der Niedersächsischen Landesvertretung in der damaligen Bundeshauptstadt Bonn gezeigt werden, wo Kuropka vor 200 Gästen, darunter erneut Bundestagspräsident Jenninger, zur Eröffnung sprach. Die Lokalpresse konstatierte

---

[60]   Gerd Steinwascher: Laudationes auf Prof. Dr. Alwin Hanschmidt und Prof. Dr. Joachim Kuropka anlässlich der Verleihung der Ehrentafel des Heimatbundes für das Oldenburger Münsterland am 16.05.2003, S. 8. Ungedrucktes Manuskript im Besitz des Verf.

[61]   Vgl. z.B. „Kreuzkampf": Kein Sieg, aber ein Aufbäumen gegen Nazis. Bundestagspräsident bei Ausstellungseröffnung. In: NWZ v. 21.11.1986.

[62]   So in dem Artikel Vortrags- und Diskussionsabend mit Prof. Dr. Joachim Kuropka. In: MT v. 10.11.1986.

[63]   Einen Überblick für die erste Phase der Ausstellung gibt: Irmgard gr. Austing: Zur Sache – das Kreuz! Eine Dokumentation. In: Jahrbuch für das Oldenburger Münsterland 1988, S. 357–372.

[64]   Vgl. Kreuzkampf-Forschungsgruppe beim Papst. In: Kirche+Leben (Oldenburg) v. 17.05.1987; Der Heilige Vater dankte für Buch: „Zur Sache – Das Kreuz!". Ergebnisse des Forschungsprojekts in Rom überreicht. In: Kirche+Leben (Oldenburg) v. 12.07.1987; Papst Johannes Paul II. lobte die Arbeitsgruppe der Universität Vechta. In: OV v. 02.07.1987.

daraufhin eine „Ungewöhnliche Resonanz in Bonn auf die Ereignisse 1936 im Oldenburger Münsterland"[65].

Ebenso erzielte der Aufsatzband eine beträchtliche Resonanz in der Fachwelt. Der Münchner Historiker Walter Ziegler sprach von einem „interessanten und in seiner Konzeption beachtenswerten"[66] Werk und hob insbesondere die Einbindung der lokalen Ereignisse in den größeren politischen und gesellschaftlichen Kontext hervor. Er hielt „dieses erste große und moderne geschichtliche Werk über die Kämpfe zwischen Christen und den Nazis um das Symbol Kreuz [für eine] über Oldenburg hinaus lesenswerte und in vielerlei Hinsicht anregende Lektüre"[67]. Schon 1987 musste eine zweite Auflage erfolgen und innerhalb weniger Jahre erschienen rund 30 Rezensionen[68], unter anderem auch in mehreren überregionalen Zeitungen wie „Die Welt" und „Das Parlament"[69] sowie nicht zuletzt in der FAZ, in der Jasper von Altenbockum dem Sammelband attestierte, „nicht nur eine wissenschaftliche Lücke" zu schließen. „Die ergreifende Dramatik eines Aufstands, dessen Folgen für viele Beteiligte zur Tragödie wurden, wird engagiert nachgezeichnet"[70]. Bereits im unmittelbaren Nachgang zur Ausstellungseröffnung in Cloppenburg im November 1986 hatte der FAZ-Redakteur anerkennend geschrieben: „Die Arbeit einer Gruppe von Historikern, Lehrern und Studenten unter der Leitung des Historikers Joachim Kuropka gibt den Geschehnissen […] einen neuen Stellenwert im Zusammenhang des nationalsozialistischen Machtausbaus"[71].

Gelegentlich wurde Joachim Kuropka und seinem Team primär von grundsätzlich kirchenkritischen Rezensenten eine apologetische Tendenz bei der Bewertung des Kreuzkampfes unterstellt. So bezeichnete der evangelische Religionspädagoge Folkert Rickers beispielsweise

---

[65] So die Schlagzeile in der OV v. 11.03.1988.

[66] Walter Ziegler: Rezension zu Joachim Kuropka (Hrsg.): Zur Sache – das Kreuz! In: Theologische Revue, 87. Jg. (1991), Sp. 133–135, hier Sp. 133.

[67] Ebd., Sp. 134.

[68] Vgl. Liste der Rezensionen des Bandes Zur Sache – das Kreuz! Dokumentation Institut für Regionalgeschichte und Katholizismusforschung (IRK).

[69] Vgl. Die Welt v. 11.03.1988 (Eberhard Nitschke); Das Parlament v. 11./18.3.1988.

[70] Jasper von Altenbockum: Der Kreuzkampf. Der Volksaufstand im Münsterland. In: FAZ v. 04.08.1987.

[71] Jasper von Altenbockum: Kreuzkampf. Ein Cloppenburger Fall. In: FAZ v. 05.12.1986.

den Band als „Buch des Triumphes und das Spiegelbild einer trium-
phierenden Kirche"[72]. Gleichzeitig scheint es auf ihn nicht ohne Eindruck geblieben zu sein, hätte er ihm doch sonst nicht einen 20 Seiten
starken Aufsatz gewidmet. Dass der „Erfolg der Katholiken" gegen Hitler nicht so recht in die überkommenen Interpretationsstränge einer
vielfach preußisch und antikatholisch geprägten Historikerzunft passte,
stellt die Rezension von Herbert Obenaus unter Beweis. Er machte sein
Unbehagen an dem von Kuropka zur Kennzeichnung verwendeten Begriff „Volkserhebung" fest, den er als deutlich überzogen empfand. Indem er dem Kreuzkampf bescheinigte, „keiner Aufwertung durch große
Worte"[73] zu bedürfen, wertete er dessen Relevanz gleichzeitig ab. Der
Münsteraner Historiker Erich Kosthorst urteilte dagegen sehr abwä-
gend: „Wenn J. Kuropka und seine Mitautoren ihn [den Kreuzkampf.
Anm. d. Verf.] [...] positiv würdigen, so hüten sie sich gleichwohl vor
unsachgemäßer Überschätzung."[74] Und sein Kollege Heinz Hürten aus
Eichstätt befand gar, der Band verdiene, „den Arbeiten des Instituts für
Zeitgeschichte zum Verhalten der bayerischen Bevölkerung unter na-
tionalsozialistischer Herrschaft an die Seite gestellt zu werden"[75].

GALEN-FORSCHUNG ALS SPEZIALGEBIET

Der Erfolg des Kreuzkampf-Projektes ließ Kuropka schon 1988 ein
weiteres anstoßen: Die Beschäftigung mit dem Leben und Wirken von
Bischof Clemens August Kardinal von Galen. [76] Die erste Begegnung
mit dem „Löwen von Münster" geht in den Sommer 1950 zurück, als

---

[72] Folkert Rickers: Von der Macht des Symbols. Ein historisches Lehrstück über das Wi-
     derstehen in schwerer Zeit. Religionspädagogische Anmerkungen zum „Kreuzkampf"
     in Oldenburg (1936) und zu seiner Darstellung durch eine Forschergruppe aus Vechta
     (1986). In: Jahrbuch der Religionspädagogik, Bd. 5 (1988), S. 149–168, hier S. 168.

[73] Herbert Obenaus: Rezension zu: Kuropka: Zur Sache – das Kreuz! In: Osnabrücker
     Mitteilungen, Bd. 94 (1989), S. 264–266, hier S. 266.

[74] Erich Kosthorst: Rezension zu Joachim Kuropka (Hrsg.): Zur Sache – das Kreuz! In:
     Internationale Schulbuchforschung 3/1987, S. 307–309, hier S. 308.

[75] Heinz Hürten: Rezension zu Joachim Kuropka (Hrsg.): Zur Sache –das Kreuz! In: Zeit-
     schrift für Bayerische Landesgeschichte, Bd. 51 (1988), S. 665–667, hier S. 667.

[76] Vgl. Joachim Kuropka: Vorwort. In: Ders. (Hrsg.): Clemens August Graf von Galen.
     (wie Anm. 59), S. 7–9, wo die Entstehungsgenese des Projekts in groben Zügen nach-
     gezeichnet wird.

der Grundschüler mit seiner Mutter erstmals den in Münster arbeitenden Vater besuchte. Der Vater erzählte, da „habe es diesen Bischof gegeben, den die Münsteraner für einen Heiligen hielten, was den jungen
Achim Kuropka stark beeindruckte"[77]. Es gelang Kuropka, beträchtliche Summen für die Finanzierung des Galen-Forschungsprojektes einzuwerben: 240.000 DM steuerte die Stiftung Niedersachsen bei, je
100.000 DM die Kreise Vechta und Cloppenburg.[78] Die Eröffnung der
Ausstellung und das gleichzeitige Erscheinen eines wissenschaftlichen
Aufsatzbandes sowie eines Bildkatalogs sollten ursprünglich zum
50. Jahrestag von dessen berühmten Predigten 1941 erfolgen, verzögerten sich allerdings letztlich auf Juni 1992.[79] Dafür konnte Kuropka
durch Vermittlung des mit ihm befreundeten Vechtaer Landtagsabgeordneten und Landrats Clemens-August Krapp erreichen, dass die Galen-Ausstellung mit dem Titel „Clemens August Graf von Galen 1878-
1946. Ein großer Niedersachse" an durchaus prominenter Stelle, in der
Wandelhalle des Niedersächsischen Landtags in Hannover, durch
Landtagspräsident Horst Milde eröffnet wurde.[80] Sehr passend interpretierte in der Retrospektive Gerd Steinwascher diese Form der Ausstellungsinszenierung mit der Bemerkung: „Joachim Kuropka sucht also
als Historiker die Außenwirkung, ihn dürstet geradezu nach politischer
Pädagogik"[81].

Als „Löwe von Münster" in der unmittelbaren Nachkriegszeit zur
zentralen Figur des katholischen Widerstands gegen die NS-Ideologie
stilisiert, hatte dieses Bild von Clemens August Graf von Galen in den
vergangenen Jahrzehnten Risse bekommen. Aufmerken ließen Kuropka insbesondere kleinere Beiträge des renommierten katholischen

---

[77] Kuropka (wie Anm. 8), S. 48.

[78] Vgl. die entsprechende Berichte in der Lokalpresse: Wanderausstellung über zentrale
      Figur des Widerstandes. Das Wirken von Clemens August Graf von Galen steht im
      Mittelpunkt. In: OV v. 19.12.1990; Für Ausstellung: 240 000 Mark von der Stiftung
      Niedersachsen. In: OV v. 31.01.1991.

[79] Vgl. dazu Maria Anna Zumholz: Clemens August Graf von Galen. Ein Forschungs-
      und Ausstellungsprojekt im Institut für Geschichte und historische Landesforschung
      an der Universität Vechta. In: Heimatblätter der OV, 71. Jg (1992), S. 22–23.

[80] Vgl. u.a. Hannover zeigt eine Galen-Ausstellung. In: Westfälische Nachrichten v.
      09.06.1992; Ausstellung über Kardinal von Galen in Hannover. In: Hessische Nieder-
      sächsische Allgemeine 127 v. 10.06.1992.

[81] Steinwascher (wie Anm. 60), S. 8.

Historikers Rudolf Morsey von der Deutschen Hochschule für Verwaltungswissenschaften in Speyer, denen zufolge Galen sich in der Weimarer Republik als Monarchist mit deutlichen Sympathien für den politisch in der Deutschnationalen Volkspartei (DNVP) verankerten Rechtskatholizismus verstanden habe und deshalb dem Erstarken des Nationalsozialismus zumindest anfänglich durchaus mit Sympathie gegenübergestanden habe. Durch akribische Recherchen in verschiedensten Archiven gelang es Kuropka, diese Galen-Interpretation zu widerlegen, indem er das Bild eines publizistisch durchaus aktiven, wenn auch kritischen Anhängers der Zentrumspartei zeichnete, der die Gefahren der nationalsozialistischen Ideologie sehr früh erkannte und ihnen zu begegnen versuchte. Zudem verwies er auf die internationale Reputation Galens nach Kriegsende 1945, als er in der Wahrnehmung des Auslands zu den wenigen „guten Deutschen" gezählt habe. Außerdem konnte Joachim Kuropka für sich reklamieren, erstmals den „ganzen Galen"[82] in den Blick genommen zu haben, also auch den Prägungen in Kindheit und Jugend nachgegangen zu sein.

Der Mauerfall 1989 und die anschließende deutsche Wiedervereinigung spielten dabei gut ins Konzept, gelang es doch, aus den Akten des Ministeriums für Staatssicherheit, vor allem aber des Zentralen Staatsarchivs der DDR, damals als Zwischenarchiv in Dahlwitz-Hoppegarten bei Berlin untergebracht, bisher nicht zugängliche Akten und Dokumente einzubeziehen. Heinz Hürten, einer der bedeutendsten Katholizismusforscher der Zeit, urteilte dann auch, der Band sei „durch seine Ergebnisse und vielleicht noch mehr durch die Impulse, die er vermittelt, für jede künftige Auseinandersetzung mit Person und Wirken des münsterschen Bischofs Galen unverzichtbar"[83]. Besonders pointiert fasste der Historiker und Journalist Andreas Kathe die Essenz des Bandes zusammen in dem Satz „Galen gehört in die Reihe der kirchlichen Widerstandskämpfer"[84]. Die 84 Schautafeln umfassende Ausstellung

---

[82]   Kuropka: Vorwort. In: Ders. (Hrsg.): Clemens August Graf von Galen (wie Anm. 59), S. 7–9, hier S. 9.

[83]   Heinz Hürten: Rezension zu Kuropka (Hrsg.): Clemens August Graf von Galen (wie Anm. 59). In: Rheinische Vierteljahrsblätter 57 (1993), S, 463–464, hier S. 464.

[84]   Andreas Kathe: Rezension zu Kuropka (Hrsg.): Clemens August Graf von Galen (wie Anm. 59). In: Jahrbuch für das Oldenburger Münsterland 1994, S. 508–510, hier S. 510.

wurde im Anschluss unter anderem im Gymnasium Antonianum in Vechta, in Dinklage, Löningen und Cloppenburg, in der Lübecker Marienkirche sowie anlässlich der 1200-Jahrfeier 1993 in Münster und schließlich 1994 im Berliner Abgeordnetenhaus gezeigt.

Als Kuropka im März 1996 zum 50. Todestag Galens unter dem Motto „50 Jahre Galen-Forschung" in bewährter Kooperation mit der Katholischen Akademie Stapelfeld dort zu einem „Kardinal-von-Galen-Symposion" einlud, konnte er sich nicht zuletzt wegen der Gewinnung prominenter internationaler Referenten aus Großbritannien und den USA einer nach wie vor großen öffentlichen Aufmerksamkeit für das Thema erfreuen. Dies belegen auch Grußworte des Heiligen Stuhls sowie von Bundespräsident Roman Herzog und von Bundeskanzler Helmut Kohl.[85] Akzentuiert wurden hier Aspekte des Neubeginns 1945, die Kuropka auch in den Mittelpunkt eines 1998 herausgegebene Sammelbandes stellte, in dessen Einleitung er prononciert darauf hinwies, dass Galen „kein Mann für Klischees und Schablonen"[86] sei.

BILDUNG EINES SCHÜLERKREISES

Um die erheblichen organisatorischen Aufgaben im Kontext der Galen-Ausstellung bewältigen zu können, hatte Kuropka 1991 mit Maria Anna Zumholz eine hauptamtliche Wissenschaftliche Mitarbeiterin einstellen können. Weit über die fünfjährige Laufzeit dieses Projekts hinweg entwickelte sich daraus eine intensive und über Jahrzehnte hinweg vertrauensvolle Zusammenarbeit. Maria Anna Zumholz saß bereits zu Beginn der 1970er Jahre in seinen Lehrveranstaltungen und hatte engagiert das Kreuzkampfprojekt mitgestaltet. Eine Exkursion des Vechtaer Forschungsseminars um Joachim Kuropka in das emsländische Heede Anfang der 1990er Jahre gab für sie den Ausschlag dafür, diesen Ort umstrittener Marienerscheinungen während des Dritten Reichs in den Mittelpunkt einer Dissertation zu stellen. In ihrer 2004 erschienenen

---

[85] Vgl. Prophet und Friedensstifter. 50. Todestag Kardinal von Galens. In: OV v. 18.03.1996. Zweitägiges Von-Galen-Symposium in der Heimvolkshochschule – Brief des Papstes. In: NWZ v. 18.03.1996.

[86] Joachim Kuropka: Clemens August Graf von Galen – kein Mann für Klischees und Schablonen. Einleitung. In: Ders. (Hrsg.): Clemens August Graf von Galen. Menschenrechte – Widerstand – Euthanasie – Neubeginn, Münster 1998, S. 9–21.

Studie verortet Zumholz die Volksfrömmigkeit im Emsland im Kontext der Theorien zum katholischen Milieu.[87] Die Studie erzielte überregional positive Resonanz, Rezensionen erschienen etwa von Marc Edward Ruff in „Central European History" sowie von Martin Menke in „The Catholic Historical Review", wo es hieß: „More than the study of a particular Marian apparition, this is an excellent, detailed, and well-educated analysis of the way, in which laity, an inimical regime, and church hierarchy interacted in mid-twentieth century Germany".[88]

Eine überregionale Wirksamkeit erhielt auch die bei Kuropka Ende der 1990er Jahre entstandene Dissertation von Michael Hirschfeld, die als Pionierstudie erstmals die Milieutheorie auf die katholischen Vertriebenen nach dem Zweiten Weltkrieg übertrug.[89] Der Stuttgarter Historiker Wolfram Pyta erklärte in der FAZ als das „Hauptverdienst der Arbeit Hirschfelds, dass er mit der Argumentationsfigur einer gestörten interkulturellen Kommunikation zwischen vertriebenen Katholiken und ihren einheimische Glaubensgenossen eine anschlussfähige Erklärung dafür liefert, dass die Säkularisierung nicht abrupt Ende der sechziger Jahre in den westdeutschen Katholizismus einfiel, sondern sich durch die […] schleichende Abwendung vieler katholischer Zwangsmigranten bereits Bahn gebrochen hatte"[90]. Auch in internationalen Zeitschriften fand diese Dissertation eines Kuropka-Schülers wohlwollende Beachtung, so etwa in der US-amerikanischen „The Catholic Historical Review", die von einer „excellent and thought-provoking case study"

---

[87] Vgl. Maria Anna Zumholz: Volksfrömmigkeit und Katholisches Milieu. Marienerscheinungen in Heede 1937–1940 im Spannungsfeld von Volksfrömmigkeit, nationalsozialistischem Regime und kirchlicher Hierarchie (Schriften des Instituts für Geschichte und historische Landesforschung, Bd. 12), Cloppenburg 2004.

[88] Martin Menke: Rezension von Maria Anna Zumholz: Volksfrömmigkeit und Katholisches Milieu (wie Anm. 87). In: The Catholic Historical Review, Oktober 2007, S. 983–985, Zitat S. 984; vgl. Marc Edward Ruff: Rezension von Maria Anna Zumholz: Volksfrömmigkeit und Katholisches Milieu (wie Anm. 87). In: Central European History, Nr. 2, 2007, S. 361–363.

[89] Vgl. Michael Hirschfeld: Katholisches Milieu und Vertriebene. Eine Fallstudie am Beispiel des Oldenburger Landes 1945–1965, Köln u.a. 2002.

[90] Wolfram Pyta: Gestörte Kommunikation. Die vertriebenen Katholiken in den oldenburgischen Kirchengemeinden 1945 bis 1965. Rezension von: Michael Hirschfeld: Katholisches Milieu und Vertriebene. In: FAZ v. 11.03.2003.

sprach und ergänzte: „It will serve as model für case studies of the decline of the Catholic milieu in other regions of Germany"[91].

Kuropka gelang es 2003 schließlich, die Stelle eines Wissenschaftlichen Mitarbeiters im Fach Geschichte an der Hochschule Vechta zu reaktivieren und mit Hirschfeld zu besetzen, der ihm in den letzten aktiven Dienstjahren zur Seite stand und vornehmlich die Forschungen auf den Feldern der Regionalgeschichte und kirchlichen Zeitgeschichte aufgriff. Sowohl Michael Hirschfeld als auch Maria Anna Zumholz, die weiterhin mehrfach über längere Zeiträume als Wissenschaftliche Mitarbeiterin bzw. Wissenschaftliche Hilfskraft in Projekten beschäftigt war, ermöglichte er mit der Habilitation, die 2011 bzw. 2017 abgeschlossen wurde, den Schritt von „Gesellen" zu „Meistern" in dieser akademischen Zunft.

Joachim Kuropka, Michael Hirschfeld und der damalige Vizepräsident für Forschung und Nachwuchsförderung, Martin Winter, anlässlich der Antrittsvorlesung von Michael Hirschfeld. Foto: Stephan Kathe

---

[91]   Martin Menke: Rezension zu Michael Hirschfeld: Katholisches Milieu und Vertriebene. In: The Catholic Historical Review, April 2005, S. 390–392.

Michael Hirschfeld und Maria Anna Zumholz griffen in ihrer zweiten Qualifikationsschrift jeweils für die öffentliche historische Diskussion durchaus relevante Themen auf: Hirschfeld analysierte das Verhältnis von Staat und katholischer Kirche im Kaiserreich in Folge des
Kulturkampfs am Beispiel der Bischofsernennungen unter Hinzuzie-
hung inzwischen zugänglicher vatikanischer Quellen und bürstete damit die bislang weitgehend vorherrschende staatstragend preußisch ge-
sinnte deutsche Geschichtsschreibung zu diesem Feld gegen den
Strich.[92] Zumholz widmete sich dem vermeintlichen Bildungsdefizit
katholischer Mädchen vom Lande am Beispiel des evangelischen bzw.
katholischen Bevölkerungsteils des Oldenburger Landes, das sie unter
anderem mit Blick auf die Bildungsinitiativen weiblicher Ordensge-
meinschaften im 19. Jahrhundert widerlegte.[93]

Das mit der Habilitation verbundene zweite große Buch markierte
im Übrigen einen Schritt, der Joachim Kuropka selbst versagt geblieben
war bzw. nach Erlangung der Professur 1982 auch nicht mehr nötig erschienen war. Von zwei Bewerbungen um besser dotierte Professuren
erzählte er gelegentlich, in Münster und in Eichstätt, wo ihm aber der
erste Listenplatz versagt blieb bzw. eine Zweitplatzierte vorgezogen
wurde. Gleichwohl trug sich Kuropka über viele Jahre hinweg mit
ernsthaften Überlegungen, seine zahlreichen Vorträge und Aufsätze zu
Clemens August von Galen in eine umfangreiche Biographie des Kardinals münden zu lassen. Das immense öffentliche Interesse an der Person des „Löwen von Münster" im Kontext der Seligsprechung 2005
hätte für diese Monographie den perfekten Rahmen geboten. Denn
schon im Nachgang zu seinem ersten Galen-Band 1992 hatte es aus seinem näheren Umfeld geheißen: „Nun dürfen wir in absehbarer Zeit die

---

[92] Vgl. Michael Hirschfeld: Die Bischofswahlen im Deutschen Reich 1887 bis 1914. Ein
Konfliktfeld zwischen Staat und katholischer Kirche vom Ende des Kulturkampfes bis
zum Ersten Weltkrieg, Münster 2012.

[93] Vgl. Maria Anna Zumholz: „Das Weib soll nicht gelehrt seyn". Konfessionell geprägte
Frauenbilder, Frauenbildung und weibliche Lebensentwürfe von der Reformation bis
zum frühen 20. Jahrhundert. Eine Fallanalyse am regionalen Beispiel der Grafschaft
Oldenburg und des Niederstifts Münster, seit 1774/1803 Herzogtum Oldenburg,
Münster 2016.

wissenschaftliche Biographie des großen Münsterischen Bischofs erwarten"[94]. In einem Forschungsfreisemester Kuropkas wurden die großen Linien dieses Buches bereits im Forschungsseminar eifrig diskutiert.

Letztlich raubten die vielen größeren und kleineren Gelegenheiten, Einzelaspekte der Persönlichkeit Galens in Vorträgen bzw. Aufsätzen zu präsentieren, dem agilen Historiker zu viel Zeit, um eine große Galen-Biographie zu realisieren. Diese Erfahrung, aber auch ein resümierender Blick auf die Bibliographie Kuropkas, legt in der Rückschau den Schluss nahe, dass seine persönliche Stärke in der Form des Vortrags bzw. Aufsatzes lag, in der er kenntnisreich in der Sache und sehr überlegt in der Gedankenführung zu glänzen wusste. Mit Ausnahme seiner Dissertation umfasst sein wissenschaftliches Oeuvre keine weitere größere Monographie. Sieht man von zu Einzelschriften ausgebauten erweiterten Vortragsmanuskripten ab, legte Kuropka mit seinen mehr als 40 selbständigen Veröffentlichungen hauptsächlich Sammelbände als Herausgeber sowie mit den „Meldungen aus Münster" eine gewichtige Quellenedition vor. Die in deren Einleitungen und in zentralen Aufsätzen aus seiner Feder oftmals durchscheinende, fast diebische Freude an polemischer Zuspitzung mag die Lektüre seiner Aufsätze vielleicht nicht immer für alle Leser gleichermaßen sympathisch gemacht haben. Dem Charme und der Originalität seiner Gedanken konnten aber auch seine Kritiker sich nur schwer entziehen.

Engagierter Verfechter historisch-kritischer Forschung

Im Zentrum seiner Forschungen stand stets ein akribisches Studium der erreichbaren Quellen und deren Analyse und Interpretation gemäß der historisch-kritischen Methode. Konkret hieß das für Joachim Kuropka: „Man behält die Bodenhaftung und hebt nicht ins Utopische ab – das heißt in der Geschichtswissenschaft: Die Quellen sind unsere

---

[94] So der mit Kuropka näher bekannte Leiter der Kath. Akademie Stapelfeld Dr. Franz-Josef Schröder. Ders.: Glaube als Widerstandskraft. In: Anzeiger für die Seelsorge 9/1993, S. 416.

Grundlage und nicht Vermutungen, Unterstellungen und schräge Vergleiche.“[95] Der seit Ende der 1970er Jahre durch Fachkollegen wie Alexander von Plato und Lutz Niethammer propagierten „oral history“ gegenüber blieb er kritisch. Dennoch war der Forscher Joachim Kuropka alles andere als ein bloßer „Aktenpositivist“, der ausschließlich auf die Überlieferung kirchlicher und weltlicher Behörden baute. „Zeitzeugen gesucht“[96] hieß es deshalb auch in einem Aufruf in der Lokalpresse im Vorfeld des „Kreuzkampf“-Projekts 1986. Etliche Aktenordner gefüllt mit Materialien zeugen von den Ergebnissen solcher Aufrufe, durch die damals noch lebende Beteiligte am Kreuzkampf sich zu schriftlichen Erinnerungen oder zur Einsendung von Dokumenten aus ihrem Besitz aufgerufen fühlten. Für Joachim Kuropka war kennzeichnend, dass er Zeitzeugen ernst nahm, für jeden noch so kleinen Erinnerungsbericht einen Dankesbrief schrieb und oft, auch bei späteren Projekten, Zeitzeugen nachhaltig darum bat, ihre vielfach mündlich oder nur in knapper schriftlicher Form angedeuteten Erinnerungen für die Nachwelt aufzuschreiben. Gern und dazu mit sprachlichem Geschick verwendete er solche Gedankensplitter in seinen Vorträgen und Aufsätzen und vermittelte dadurch immer wieder ein Stück Lebensnähe. Insofern war es sehr passend, dass ihn Dr. Wilhelm Hopf, der Verleger des LIT Verlags Berlin/Münster, in seinen letzten Lebensjahren dazu gewann, als Herausgeber einer Reihe „Persönlichkeit im Zeitgeschehen“ zu fungieren. Einen fast gleichlautenden Titel trug bezeichnenderweise im Übrigen auch die erste Festschrift zu Kuropkas 60. Geburtstag 2001: „Persönlichkeit und Zeitgeschehen“[97].

---

[95] Kuropka (wie Anm. 8), S. 57.

[96] MT v. 05.02.1986.

[97] Vgl. Alwin Hanschmidt/Bernd Ulrich Hucker (Hrsg.): Persönlichkeit und Zeitgeschehen. Beiträge zur Geschichte des 17. bis 20. Jahrhunderts. Festgabe für Joachim Kuropka zum 60. Geburtstag (Schriften des Instituts für Geschichte und Historische Landesforschung, Bd. 10), Vechta 2001.

EINZELGÄNGER IN DER HISTORIKERZUNFT UND "ENFANT TERRIBLE" DER KATHOLIZISMUSFORSCHUNG

In der Zunft der deutschen Historiker war Kuropka eher ein Einzelgänger. Dies galt allerdings keineswegs für seine ureigensten Forschungsfelder. Hier verstand er es, sich ein Team zu schaffen, indem er begabte und interessierte Studentinnen und Studenten sowie Geschichtslehrer aus dem Umfeld der Hochschule ansprach und an sich band. Hier begeisterte er Doktorandinnen und Doktoranden für Themen, fand immer Zeit für eine intensive Betreuung mit klärenden und anregenden Gesprächen und hielt gern über den Abschluss der Dissertation hinaus Kontakte. Elf erfolgreiche Promotionen, die zwischen 1989 und 2020 abgeschlossen werden konnten, geben Ausdruck von dieser fruchtbaren Tätigkeit über einen Zeitraum von 30 Jahren.[98] Deren Themen kreisten vielfach um Fragen der Katholizismusforschung, bewegten sich zum Teil aber auch auf anderen Feldern der Geschichte des 20. Jahrhunderts, so etwa der deutsch-sowjetischen Wirtschaftsgeschichte in den 1920er Jahren oder den frühen Jahren von Admiral Wilhelm Canaris. Gemeinsam mit Kollegen benachbarter Fächer gestaltete er über viele Jahre regelmäßig Doktorandenkolloquien in der anheimelnden Atmosphäre des Bildungshauses Schloss Wendgräben der Konrad-Adenauer-Stiftung in der Nähe von Magdeburg/Sachsen-Anhalt und anschließend in der Katholischen Akademie Stapelfeld. Wissenschaftlicher Einzelgänger war Joachim Kuropka eher in seiner Haltung, sich unabhängig von gängigen Trends und Turns eine eigene Meinung zu behalten und diese auch offen und wenn nötig lautstark, aber stets freundlich zu artikulieren.

So sehr Joachim Kuropka sich insbesondere auf dem Feld der Katholizismusforschung etablierte, so wenig Resonanz fanden seine Forschungen in den Reihen der 1962 primär zur Erforschung des Verhältnisses von katholischer Kirche und Nationalsozialismus gegründeten Kommission für Zeitgeschichte. Das erstaunt auf den ersten Blick, haftet der Kommission doch das Odium an, die offiziöse kirchliche

---

[98] Vgl. dazu die Liste der Promotionen und Promotionsthemen in diesem Band, S. 159–163.

Internationale Gäste

Kolloquium in Schloss Wendgräben

Vechta – Vom 26. bis 28. Juni fand das jährliche Doktorandenkolloquium in Schloss Wendgräben statt. In einzigartiger Atmosphäre des Bildungszentrums der Adenauer-Stiftung stellten zehn Doktoranden aus unterschiedlichen Fachrichtungen ihre bisherigen Forschungsergebnisse vor. Unter Leitung der Professoren Dr. Hermann von Laer und Dr. Joachim Kuropka wurde jedes Promotionsvorhaben eingehend diskutiert. Auch in diesem Jahr war das Kolloquium wieder international ausgerichtet. So freuten sich Professoren und Doktoranden über die Teilnahme des lettischen Kollegen Dr. Henrihs Soms, der das Kolloquium durch konstruktive Kritik vorantrieb und seiner Doktorandin Ludmilla Panina. Auch im nächsten Jahr soll den Doktoranden in Schloss Wendgräben die Gelegenheit gegeben werden, ihren aktuellen Forschungsstand zu präsentieren, wofür bereits jetzt zahlreiche Anmeldungen vorliegen.

Forschungsergebnisse diskutiert: Doktoranden der Hochschule Vechta trafen sich in Schloss Wendgräben zum wissenschaftlichen Kolloquium. Im Bild (hinten von links) Frank Plaßmeier, Rudolf Willenborg, Professor Joachim Kuropka, Nicolas Metz, Vitali Shkliarov, Andreas Gayda, (vorne von links) Florian Hoopmann, Professor Hermann von Laer, Marina Schmieder, Daniela Pulst, Professor Henrihs Soms und Sven Weberbauer. Foto: privat

Oldenburgische Volkszeitung vom 22. Juli 2009

Haltung zu zeitgeschichtlichen Fragen widerzuspiegeln, ein Verdikt, das Joachim Kuropka in seiner tief katholisch geprägten Grundhaltung eines regelmäßigen sonntäglichen Kirchgängers keineswegs gestört hätte. Es war wieder einmal der „Streitfall Galen", der die Grundlinie einer kritischen Haltung der führenden Kommissionsmitglieder ihm gegenüber begründete, und zwar gewissermaßen in seinem ersten Akt zu Beginn der 1990er Jahre. Damals hatte nämlich Kuropka die vergleichsweise Galen-kritische Tendenz des langjährigen führenden Kommissionsmitglieds Rudolf Morsey in Zweifel zu ziehen gewagt und ein neues, weitaus stärker aus den Quellen schöpfendes Galen-Bild entworfen. Morsey, selbst in Münster aufgewachsen, verzieh seinem Kollegen diese Korrekturen wie auch die Übernahme eines öffentlichkeitswirksamen Themas nie. So konnte er schon nach Erscheinen von Kuropkas erstem Galen-Band keine ungetrübte Freude zeigen, wenn er in einer Rezension für die FAZ mit kaum verstecktem Missbilligung urteilte, in dem Band hätten „der in Vechta lehrende Historiker Joachim Kuropka und einige seiner elf Mitarbeiter allerdings manche ihrer neugewonnenen Ergebnisse in verständlicher Entdeckerfreude zu kräftig unterstrichen"[99]. Anlässlich des 60. Todestages Galens im Jahre 2006 brachen die Fronten wieder auf. Morsey konzedierte bei einer Fachtagung in der Akademie Franz-Hitze-Haus in Münster zwar, dass seine

---

[99] Rudolf Morsey: Der Löwe von Münster. Zwei Bücher über Clemens August Graf von Galen. In: FAZ v. 08.04.1993.

„in früheren Beiträgen vorgenommene Einschätzung Galens als
‚Rechtskatholik' (1966 und folgende) [...] durch später zugänglich gewordene Selbstzeugnisse [...] korrigiert worden"[100] sei, beharrte jedoch
weiterhin darauf, Galen sei ein „Mann von rechts" gewesen, der in der
Frühphase seines Episkopats eine gewisse Affinität zur NS-Ideologie
gezeigt habe. Morsey stützte sich dabei auf verschiedene Autoren, die
ebenfalls diese Linie vertreten würden und die er in einem bloßen
„name dropping" aufzählte.

Kuropka wurde implizit als „enfant terrible" der Forschung dargestellt, was ihn laut eigenem Bekunden nie störte. Aber er erreichte, dass
ihm im zugehörigen Tagungsband Gelegenheit zu einer Stellungnahme
eingeräumt wurde, in der er diplomatisch geschickt die aus seiner Warte
wenig überzeugenden Salvierungsversuche Morseys außen vor ließ und
stattdessen quellenbasiert darlegte, dass der „auf die katholischen
Grundsätze als Messlatte gestützte Gedankengang Galens [...] seit Februar 1933 eine bis in die Formulierungen hineingehende
Konsistenz"[101] gezeigt habe.

Eine neue Konfrontationslinie hatte sich bereits unmittelbar vor der
Seligsprechung Galens 2005 aufgetan, als der erst einige Jahre zuvor
auf die Professur für Mittlere und Neuere Kirchengeschichte an der
Westfälischen Wilhelms-Universität Münster gewechselte Hubert Wolf
in dieser Causa auf den Plan trat. Wolf, der bisher keineswegs als Galen-Kenner oder als Experte für das Verhältnis von katholischer Kirche
und Nationalsozialismus aufgefallen war, positionierte sich zu einem
Zeitpunkt, da die Seligsprechung bevorstand, als Advocatus Diaboli,
wenn er beispielsweise die These aufstellte, Galen sei als Bischofskan-
didat nur „zweite Wahl" gewesen.[102]

Mit Genugtuung folgte Joachim Kuropka der Bitte der FAZ-Redak-
tion, eine ganze Seite für den Hauptteil anlässlich der Seligsprechung

---

[100] Rudolf Morsey: Galens politischer Standort bis zur Jahreswende 1933/34 in Selbst-
zeugnissen und Fremdeinschätzungen bis zur Gegenwart. In: Hubert Wolf/Thomas
Flammer/Barbara Schüler (Hrsg.): Clemens August von Galen. Ein Kirchenfürst im
Nationalsozialismus, Darmstadt 2007, S. 122–135, hier S. 135. Hier auch das folg. Zit.

[101] Joachim Kuropka: Politik für die Seelsorge. Anmerkungen zu Rudolf Morsey Beitrag.
In: Wolf u.a. (Hrsg.) (wie Anm. 100), S. 136–145, hier S. 145.

[102] Vgl. Hubert Wolf: Man muss auch löschen, wenn das Nachbarhaus brennt. In: FAZ v.
26.02.2005.

zu füllen.[103] Für den Vechtaer Historiker war dies keineswegs eine Premiere, hatte er doch schon zum 50. Todestag Galens 1996 einen umfangreichen Artikel in der „Zeitung für Deutschland" beigesteuert.[104] Der zum Teil massive Widerspruch gegen seine Interpretation von Galens Wirken mag ihn gelegentlich gekränkt haben. Gerd Steinwascher sah das so: „Kuropka ist jedenfalls ein Kämpfer und er scheut nicht, Position zu beziehen und notfalls den Streit auszutragen. In seinen Veröffentlichungen findet sich manche bissige Passage, und seine Kontrahenten mussten manche giftige Kröte schlucken"[105]. Mehr aber war Widerspruch für ihn Ansporn, seine Deutung durch immer neue Quellenstudien – ebenso im Bundesarchiv in Berlin, im Hauptstaatsarchiv Düsseldorf, im Westfälischen Archivamt in Münster wie im Vatikanischen Geheimarchiv – zu manifestieren und gegenteilige Positionen kritisch zu überprüfen. So konnte er in einem anlässlich der Seligsprechung produzierten Galen-Film des Landesmedienzentrums Westfalen neben sachlichen Fehlern ein gefälschtes Galen-Zitat entlarven. Damit fand die Galen-Kontroverse sogar Niederschlag in der Regionalausgabe der „Bild"-Zeitung.[106] Vor allem aber musste der Film zurückgezogen und durfte erst in überarbeiteter Form veröffentlicht werden. Letztlich gab diese Kontroverse Kuropka Anlass, den „Streitfall Galen" auszurufen und kontroverse Aspekte in den Mittelpunkt einer von ihm organisierten wissenschaftlichen Tagung in der Katholischen Akademie Stapelfeld 2006 zu stellen.[107]

---

[103] Joachim Kuropka: Bischof ohne Furcht. In: FAZ v. 8.10.2005.

[104] Vgl. Joachim Kuropka: Frömmigkeit und Freiheit. Vor fünfzig Jahren starb Bischof Clemens August Graf von Galen. In: FAZ v. 22.03.1996.

[105] Gerd Steinwascher (wie Anm. 60), S. 9.

[106] Vgl. Bild NRW v. 27.08.2005.

[107] Vgl. zu den Vorgängen im Detail: Fahrlässigkeit und alter Forschungsstand. Historiker Prof. Dr. Joachim Kuropka kritisiert neuen Galen-Film des Landesmedienzentrums. In: Westfälische Nachrichten vom 01.10.2005; Joachim Kuropka:„...macht aus dem Gebetsaufruf einen Aufruf zum Krieg". Die Kontroverse um den Galen-Film des Landesmedienzentrums des Landschaftsverbandes Westfalen-Lippe im Herbst 2005. In Joachim Kuropka (Hrsg.): Streitfall Galen, Münster 2007 (2. Aufl. Münster 2008), S. 341–355.

Am 27. August 2005 gelangte Joachim Kuropka in die Nordrhein-Westfalen-Ausgabe der Bild-Zeitung

Parallel dazu blieb Kuropka in ganz unterschiedlichen Kontexten wissenschaftlicher Tagungen und intellektuell interessierter Kreise ein überaus gefragter Referent über die Gestalt des „Löwen von Münster". Gewissermaßen eine Summe zog er 2013 mit seinem letzten Galen-Band „Wege und Irrwege der Forschung", der 26 teils unpublizierte, teils an entlegeneren Stellen veröffentlichte Galen-Vorträge zwischen zwei Buchdeckeln versammelte und wie alle seine Bücher seit 2006 im Aschendorff Verlag in Münster erschien, mit dessen Verleger Dr. Dirk F. Paßmann ein gutes Verhältnis bestand. In seiner Einleitung wurde Kuropka dort sehr deutlich, was seinen eigenen Standpunkt anbelangte. „Er war schon eine ganz außergewöhnliche Gestalt, dieser Clemens August Graf von Galen. […] Es war eine gewissermaßen abenteuerliche Karriere vom einfachen Seelsorger zum Volkshelden"[108]

---

[108] Joachim Kuropka: Galen. Wege und Irrwege der Forschung, Münster 2013, S. 7.

Seitens der Kommission für Zeitgeschichte vertiefte diese Kontroverse augenscheinlich noch die Gräben. Ein treffendes Beispiel stellt der Aufsatz „Westfälisch-katholisch" von Christoph Kösters, Wissenschaftlicher Mitarbeiter der Kommission, dar.[109] Als Spezifikum des westfälischen Katholizismus spielt in diesem durchaus innovativen Beitrag Kardinal von Galen eine wichtige Rolle. Kösters „schafft" es aber, keine der zahlreichen einschlägigen Publikationen Kuropkas in seinen Fußnoten zu zitieren. Für den unbefangenen Leser hat es daher den Anschein, als existiere die Vechtaer Galen-Forschung gar nicht. Dies bleibt umso erstaunlicher, zumal ja auch eine kritische Auseinandersetzung mit Kuropkas dezidierten Positionen auf diesem Feld, wie sie hinsichtlich des westfälischen Katholizismus auch beispielsweise in seinen Aufsätzen für die opulente „Geschichte der Stadt Münster" oder die „Oldenburgische Kirchengeschichte" zum Tragen kommen, reichlich Ansatzpunkte für das Thema liefern. Ein weiteres aktuelles Beispiel für eine solche Damnatio Memoriae stellt ein 2020 erschienener Sammelband zum Thema katholische Kirche und Nationalsozialismus dar, in dem allein einer der beteiligten Autoren auf Veröffentlichungen Kuropkas hinweist.[110]

ÖKUMENISCHE KONTAKTE NACH OLDENBURG

Als Galen-Spezialist galt Joachim Kuropka zunehmend auch als Experte für Katholizismus in der Region. Als 1990/91 in Delmenhorst eine Vortragsreihe zur lokalen Kirchengeschichte initiiert wurde, fragte man ihn für den katholischen Part an.[111] Es sollte übrigens in doppelter Hinsicht eine Zusage mit weitreichenden Folgen sein. Unter den Zuhörern befand sich mit Michael Hirschfeld ein geschichtsbegeisterter angehen-

---

[109] Vgl. Christoph Kösters: „Westfälisch-katholisch"? Historische Beobachtungen zum Wandel eines regionalen Topos im 19. und 20. Jahrhundert. In: Rottenburger Jahrbuch für Kirchengeschichte, Bd. 38 (2019), S. 25–63.

[110] Vgl. Olaf Blaschke/Thomas Großbölting (Hrsg.): Was glaubten die Deutschen zwischen 1933 und 1945? Religion und Politik im Nationalsozialismus, Essen 2020. Lediglich Detlef Schmiechen-Ackermann rezipiert dort Werke von Kuropka.

[111] Vgl. Joachim Kuropka: Die römisch-katholische Kirche in Delmenhorst. In: Rolf Schäfer/Reinhard Rittner (Hrsg.): Delmenhorster Kirchengeschichte, Delmenhorst 1991, S. 143–177.

Dr. Dirk F. Paßmann übergibt den Band „Heimat zwischen Deutschland, Po-
len und Europa" an Joachim Kuropka. Foto: Andreas Kathe

der Abiturient, der wohl kaum ahnte, später sein Schüler und noch weniger, viel später zum Verfasser dieser ersten wissenschaftlichen Biographie seines Doktor- und Habilitationsvaters zu werden. Weitere
Vorträge der Reihe hielten zwei evangelische Theologen aus Oldenburg, Oberkirchenrat Prof. Dr. Rolf Schäfer und Pfarrer Reinhard Rittner. Augenscheinlich war man sich sofort sympathisch. Jedenfalls ge-
wannen Rittner und Schäfer ihren Vechtaer Kollegen für den katholischen Teil einer ebenfalls konfessionsübergreifend aufgezogenen

„Oldenburgischen Kirchengeschichte", die 1999 erschien und sechs Jahre später eine zweite, erweiterte Auflage erfuhr.[112]

Die ersprießliche Zusammenarbeit erweiterte sichtlich den gegenseitigen Horizont und wurde von Kuropka zudem als „persönlich sehr bereichernd"[113] empfunden. Vor allem förderte sie bei ihm auch das Verständnis für den traditionell protestantisch geprägten nördlichen Teil des historischen Oldenburger Landes, der zuvor für ihn nicht gerade in Sichtweite gelegen hatte. Letztlich empfahl er sich auf diese Weise auch als Autor eines umfangreichen Abschnitts über die katholische Kirche in der von der Historischen Kommission für Niedersachsen und Bremen herausgegebenen „Geschichte Niedersachsens"[114].

Inspiration durch Zeitungslektüre

An aktuellen Debatten Anteil zu nehmen und diese als Ausgangspunkt für die Darstellung und Erklärung historischer Phänomene zu betrachten: Das war ein zentraler Ansatz für Vorträge und Aufsätze von Joachim Kuropka. Eine Signalwirkung kam für ihn der täglichen Lektüre der „Frankfurter Allgemeinen Zeitung" zu. Sie war für ihn weit mehr als ein Informationsorgan über tagespolitische Debatten, sie besaß zudem – wie er im Gespräch gern äußerte – eine zentrale Funktion für den eigenen Bildungsaufstieg. In einer Zeit ohne Internet eröffnete das kontinuierliche Lesen einer anspruchsvollen überregionalen Tageszeitung dem jungen Historiker aus nichtakademischem Haus Zugänge zu den in familiärer Hinsicht verschlossenen Bildungswelten. Es gibt kaum einen Vortrag, in dem er nicht auf eine aktuelle, in der FAZ ausgetragene Kontroverse oder auf einen dort geschilderten Sachverhalt zu sprechen kam. Das war seine Reverenz an die Tagespolitik. Rezensionen von historischen Fachbüchern aus der Rubrik „Das politische Buch" wurden von ihm stets ausgeschnitten und zur Anschaffung an die Universitätsbibliothek gegeben. Und wenn das Budget des Faches

---

[112] Vgl. Rolf Schäfer/Joachim Kuropka/Reinhard Rittner/Heinrich Schmidt: Oldenburgische Kirchengeschichte, Oldenburg 1999, ²2005.

[113] Joachim Kuropka: Dank (wie Anm. 36), S. 3.

[114] Vgl. Joachim Kuropka: Kirche, Katholiken, Staat- und Gesellschaft im 20. Jahrhundert. In: Gerd Steinwascher (Hrsg.): Geschichte Niedersachsens, Bd. 5, Hannover 2010, S. 1109–1163.

am Jahresende einmal ausgereizt war, wusste er Mittel und Wege, um eine Anschaffung dennoch möglich zu machen. Das Vorhalten einer breitgefächerten Zahl an aktuellen Fachzeitschriften hielt er insbesondere in Zeiten, in denen diese digital noch nicht erschlossen waren, für einen wichtigen Ausweis der Rezeption aktueller Forschungsergebnisse, auch wenn ihm bewusst war, dass für das Gros der Vechtaer Studierenden eine solche vertiefte Wahrnehmung von gebündeltem Fachwissen nicht zur Alltagsbeschäftigung gehörte.

Als äußerst lehrreich empfand Joachim Kuropka das tägliche Studium der Leserbriefe in der FAZ. Dabei handelt es sich um ein Genre, das ihm in der verdichteten Weitergabe von Fachwissen für ein größeres Publikum ohnehin besonders lag. Dies verdeutlichen die Leserbriefe, die er im Laufe seines Lebens in dieser Zeitung gedruckt sehen konnte, von der Fülle an Leserbriefen für die Lokalpresse gerade in der Hochphase der hochschulpolitischen Auseinandersetzungen um den Erhalt des Universitätsstandortes Vechta einmal ganz abgesehen.

DER GESCHICHTSVERMITTLER

Wenn in den letzten Jahren an deutschen Universitäten, so auch in Vechta, von der „third mission", die Rede ist, also von der dritten Mission neben Forschung und Lehre, dann ist damit die Beziehung zwischen Wissenschaft und regionaler Öffentlichkeit gemeint. Genau um diese Beziehung ist es Joachim Kuropka schon vor mehr als vier Jahrzehnten gegangen, freilich unter anderer Bezeichnung. Gemeinsam mit Wilfried Kürschner, Hermann von Laer, Klaus Dieter Scheer, befreundeten Kollegen anderer Fachrichtungen, rief er 1983 eine jährlich im Sommersemester durchgeführte Ringvorlesung ins Leben.[115] Dabei ging es nicht nur darum, das interdisziplinäre Gespräch anzuregen, sondern eben gerade um ein wissenschaftliches, aber nicht im sprichwört-

---

[115] Vgl. zu dieser Facette in der Biographie Kuropkas auch Wilfried Kürschner: Laudatio auf Joachim Kuropka zu seinem 70., Geburtstag am 20. September 2011. In: Maria Anna Zumholz (Hrsg.): Katholisches Milieu und Widerstand. Der Kreuzkampf im Oldenburger Land im Kontext des nationalsozialistischen Herrschaftsgefüges, Berlin 2012, S. 9–16, hier S. 12–13.

lichen Elfenbeinturm verharrendes Weiterbildungsangebot an die Bevölkerung von Stadt und Region. Vertreter verschiedener Disziplinen sollten zu einem übergreifenden Thema referieren.

Ringvorlesung über Krise der 1930er Jahre

Professor Dr. Joachim Kuropka referierte über Ursachen und Dynamik von Krisen

Vechta – Wollen die Menschen noch etwas anderes sein als Produzenten und Konsumenten? Das war die Ausgangsfrage des Bestseller-Autors Friedrich Reck-Malleczewen zu Beginn der 1930er Jahre, von der aus er eine Krisentheorie entwickelte. Es handelt sich um einen aufschlussreichen kulturkritischen Versuch in der tief empfundenen Krise der Weimarer Republik – die Rede war damals sogar von einer „totalen Krise" – die eigentlichen Ursachen der Krise und ihre Dynamik zu beschreiben. Darüber sprach der Historiker Prof. Dr. Joachim Kuropka unter dem Thema „Psychologie und Dynamik der Krise. Zum Krisenbewusstsein in den 1930er

Jahren" in der Ringvorlesung der Universität Vechta, die in diesem Jahr unter dem Rahmenthema „Krise und Krisenbewältigung" steht.

Während man die Krise in der Weimarer Zeit meist auf den verlorenen Ersten Weltkrieg und den Versailler Vertrag und seine wirtschaftlichen Folgen zurückführte, suchte der damals berühmte Schriftsteller ihre Wurzeln weit zurück in der Geschichte, im Zeitalter der Renaissance als die Vorstellungswelt, der Menschen sich fundamental veränderte. Der religiös be-

Joachim Kuropka

stimmte Mensch habe sich damals zum sachlichen Menschen gewandelt. Vor allem sei die Wirtschaft zum Zentrum des Lebens geworden, als der Begriff des „zinsenden Kapitals" entstand, das immer stärker zum eigentlich bestimmenden Faktor der Geschichte wurde mit der Folge der Verwirtschaftlichung der Welt und des gesamten Lebens.

Der Massenmensch sei entstanden, manipulierbar und verführbar. Damals im 16. Jahrhundert sei unter krisenhaften Erscheinungen ein neues Zeitalter angebrochen, das nun wiederum in einer tiefen Krise an

sein Ende gelangt sei. Die Wirtschaft sei zusammengebrochen, weil die Menschen sich nicht mit dem Zustand zufrieden geben wollen, allein Konsumenten und Produzenten, Arbeitnehmer und Arbeitgeber zu sein. Man stehe vor einer neuen Weltenwende. Diese Gedanken wurden kurz vor der Machtübernahme Hitlers formuliert und Reck-Malleczewen sah sich durch die Errichtung der Diktatur in seiner Analyse bestätigt.

Die Frage, ob die Menschen mehr sein wollen als Konsumenten und Produzenten, war nach dem Vortrag von Professor Dr. Joachim Kuropka Ausgangspunkt einer intensiven Diskussion.

Oldenburgische Volkszeitung vom 16. Juni 2009

Bald bildete sich ein fester Stamm von meist akademisch gebildeten Zuhörern heraus (Lehrer, Juristen, Ärzte usw.), der dieser Ringvorlesung oft über Jahrzehnte hinweg die Treue hielt. Abwechselnd von einem der Veranstalter moderiert wurde nach jedem Vortrag zum Teil kontrovers diskutiert und diese Diskussion dann bei einem Glas Bier in einer Vechtaer Gastronomie bis in die späten Abendstunden fortgesetzt. Die Überschaubarkeit von Universität und Stadt bot hier so manche Gelegenheit für interessierte Bevölkerungskreise auf Augenhöhe mit Hochschullehrern unterschiedlicher Disziplinen in ein anregendes Gespräch zu treten. Kuropka ging es – wie auch seinen Mitstreitern – darum, das Image der Universitätsabteilung Vechta in einer Zeit aufzupolieren, als das Oldenburger Münsterland vor allem durch negative Berichterstattung in den Medien über seine ökologischen Probleme, man denke nur an den Film „Und ewig stinken die Felder", auffiel. Trotz der guten Verkehrsanbindung an die Autobahn Hansalinie wurde es als abseits der großen Zentren wahrgenommen. Dieser landläufige hinterweltlerische (oder auch hinterwäldlerische) Eindruck wurde durch die politisch konservative, zudem katholische Grundprägung verstärkt. Hinzu traten die stark gesunkenen Chancen für Lehramtsstudenten, eine Stelle zu finden, die letztlich einen erheblichen Rückgang der Studierendenzahl in Vechta zur Folge hatten. Eine internationale Tagung über „Europas kleine Hochschulen", die Kuropka 1994 maßgeblich mit initiierte, erfüllte gerade auch den Zweck, auf die Vorteile kleiner Hochschulstandorte aufmerksam zu machen: Wie Kuropka argumentierte, hatten sie den Vorzug, „noch am ehesten flexibel auf veränderte Anforderungen an wissenschaftliches Studium und akademische Ausbildung reagieren [zu] können"[116]. Als Beleg führte er die hier besonders gut mögliche Kommunikation zwischen Lehrenden und Lernenden ins Feld.

Auf diese Weise konnte das fächerübergreifende Zusammenspiel aus der Ringvorlesung auch positiv genutzt werden, als zu Beginn der 1990er Jahre der Kampf um den Erhalt des Hochschulstandortes Vechta gegen die Auflösungspläne der SPD-geführten niedersächsischen Landesregierung unter dem damaligen Ministerpräsidenten Gerhard Schröder begann. Hochschulpolitisch als langjähriges Senatsmitglied und mehrfacher Dekan seines Fachbereichs versiert, gehörte Kuropka gemeinsam mit dem damaligen Chefredakteur der „Oldenburgischen Volkszeitung", Cornelius Riewerts, zu den Gründern der Bürgerinitiative „Pro Uni" und trug auf vielfältige Weise dazu bei, dass die bisherige Abteilung Vechta der Universität Osnabrück ab 1995 als eigenständige Hochschule weitergeführt werden konnte.[117]

Als aus Anlass des 40. Jahrestages des Kriegsendes 1945 dieses Ereignis der Zeitgeschichte „zwischen Kontinuität und Wandel" in den Mittelpunkt der dritten Ringvorlesung 1985 gestellt worden war, sah Kuropka das Besondere darin, dass „das Thema [...] aus der Sicht verschiedener Wissenschaftsbereiche präsentiert wird, so dass sich die einzelnen Untersuchungen zu einem Bild zusammenfügen, das sich auf diese Weise im breiten Angebot der wissenschaftlichen und populären

---

[116] Joachim Kuropka: Kleine Hochschulen in Europa. In: Helmut Gross/Ders. (Hrsg.): Europas kleine Hochschulen (Vechtaer Universitätsschriften, Bd. 17), Cloppenburg 1996, S. 25–42, hier S. 39.

[117] Zu dieser Facette von Kuropkas Einsatz sowie zu seinem hochschulpolitischen Engagement vgl. den Beitrag von Wilfried Kürschner in diesem Band.

Literatur zum Wiederbeginn nach 1945 nicht findet"[118]. Damit wird eindrucksvoll die Intention der Ringvorlesungen deutlich, durch Interdisziplinarität, damals durchaus nicht alltäglich, ein stets aktuell in der Öffentlichkeit diskutiertes, also zeitaktuelles Thema aus verschiedenen Perspektiven heraus zu beleuchten.

Etwas tragisch erscheint dabei, dass es ihm und seinen Mitherausgebern nicht gelungen ist, hauptamtlich Lehrenden der Universität Vechta aus der nachfolgenden Generation nachhaltig die Bedeutung der Ringvorlesungen bzw. der Reihe „Vechtaer Universitätsschriften", in der Kuropka acht Bände (mit)herausgab und durchgängig als Reihenherausgeber fungierte, als Bindeglied zwischen Wissenschaft und regionaler Öffentlichkeit zu vermitteln. Wenn etwa seit 2008 in mehreren Fächern weitere sogenannte Ringvorlesungen etabliert wurden, belegt dies zum einen, dass dieses Modell sich in seinen Grundzügen nicht überlebt hat. Zum anderen lässt sich daran ablesen, dass hier eine sicherlich auch mit der Ausweitung des Lehrangebots und dem Ausbau der Zahl an Professuren verbundene Ausdifferenzierung bzw. Individualisierung der Vermittlung von Forschungsergebnissen stattgefunden hat. Hinzu kam der zuweilen spürbare Unwillen aktiv Lehrender, vor allem aber von Mitgliedern des Universitätspräsidiums, darüber, dass eine Gruppe längst pensionierter bzw. emeritierter Kollegen den Anspruch erhob, „DIE" Ringvorlesung zu gestalten und bis in die Gegenwart den imageträchtigen Reihentitel „Vechtaer Universitätsschriften" für sich zu beanspruchen.

Die Geschichtswissenschaft an der Universitätsabteilung Vechta erhielt mit diesen regionalwissenschaftlichen Zugängen ein Alleinstellungsmerkmal, wirkte aber auch in das internationale Feld hinein, wie an Kontakten zu Fachkollegen an verschiedenen ostmitteleuropäischen Universitäten deutlich wird. So gehörte Kuropka zu den Motoren bei den Patenschaften der Hochschule Vechta, die nach der Wende mit kleineren Pädagogischen Hochschulen „im Osten" abgeschlossen wurden. Besonders am Herzen lag ihm die Kontaktpflege mit den Fachkollegen an der heutigen Universität in Zielona Góra in Polen, dem vormaligen schlesischen Grünberg, und an der Universität Daugavpils/Dünaburg in

---

[118] Vorwort zur 2. Auflage v. April 1989. In: Willigis Eckermann/Joachim Kuropka. (Hrsg.): Neubeginn 1945 zwischen Kontinuität und Wandel, ²1989, S. 7.

Lettland. Beispielsweise band er die Fachkollegen Hieronim Szczególa und Czesław Osękowski aus Zielona Góra sowie Henrihs Soms aus Daugavpils in ein Projekt zur regionalen Geschichtskultur mit ein.[119]

Nach außen hin zeigte Kuropka gern Geschlossenheit das Fachs im Einvernehmen mit seinen Professorenkollegen Alwin Hanschmidt und Bernd Ulrich Hucker, manifestiert durch die Errichtung des „Instituts für Geschichte und Historische Landesforschung" (IGL) 1990, dessen Gründungsdirektor er bis 1992 war. Als Vorbild diente ihm – wie auch schon bei der Publikation regionalwissenschaftlicher Aufsätze im regionalen „Jahrbuch für das Oldenburger Münsterland" – das von Hans-Wilhelm Windhorst im Benehmen mit der regionalen Wirtschaft gegründete „Institut für Strukturforschung in agrarischen Intensivgebieten" (ISPA). Verständlicherweise ließen sich für historische Forschungsprojekte keine so namhaften Drittmittel bzw. Geldbeträge aus Unternehmerkreisen einwerben, aber Kuropka gelang es stets, die notwendigen finanziellen Mittel für seine Projekte aufzutreiben und überdies eine Schriftenreihe des IGL ins Leben zu rufen, in der 13 Bände erschienen. Der persönliche Kontakt zu dem langjährigen Vechtaer Landrat Clemens-August Krapp wirkte hierfür häufiger als Türöffner, aber auch der Oberkreisdirektor und spätere Landrat Albert Focke unterstützte regionale Projekte nachdrücklich. Im Gegenzug stand Kuropka den Verwaltungsinstanzen vor Ort stets mit Rat und Tat zur Seite, wenn es um öffentlichkeitswirksame Publikationen zur Geschichte des Landkreises Vechta ging.[120]

Darüber hinaus war er ein wenig stolz darauf, in enger Zusammenarbeit mit dem Kollegen Wilhelm Hanisch und dem Vechtaer Realschulrektor und Heimatforscher Franz Hellbernd in Form der vier Bände umfassenden „Beiträge zur Geschichte der Stadt Vechta", die 1992 abgeschlossen werden konnten, für die Lokalgeschichte „erstmals

---

[119] Vgl. Kuropka: Regionale Geschichtskultur (wie Anm. 37).

[120] Vgl. Joachim Kuropka: Landkreis Vechta 1964–1989. Rückblick und Ausblick, Vechta 1989; Ders.: „Hände weg vom Landkreis Vechta!" Der Kampf um den Landkreis Vechta 1965 bis 1977, Vechta 1997; Ders.: Von Kückens bis Krapp. Von Staatsbeamten zu Bürger-Landräten. Amtshauptmänner und Landräte im Landkreis Vechta 1918–2001, Vechta 2001; Ders.: Von der Geburt der Demokratie ins dritte Jahrtausend. Landkreis Vechta 1945 bis 2005, Vechta 2006.

ein wissenschaftlich gesichertes historisches Fundament geschaffen [zu] haben"[121].

Vechtas Geschichte in vier Bänden

Pek **Vechta**. **Das Werk** „Beiträge zur Geschichte der Stadt Vechta" wurde nun erstmals der Öffentlichkeit vorgestellt. 20 Jahre wurde an dem zu vier Bänden zusammengefaßten Gesamtwerk gearbeitet. Es entstand hiermit „ein Werk hohen wissenschaftlichen Ranges mit überregionaler Funktion". Das erklärte Bürgermeister Bernd Kühling bei einer kleinen Feierstunde im Rathaus. 54 Autoren seien an der Zusammenstellung dieser Textsammlung beteiligt gewesen.

In einem kurzen Entstehungsrückblick hob Prof. Dr. Joachim Kuropka vor allem die zwei „Väter" dieses Werkes, Dr. Wilhelm Hanisch und Rektor a. D. Franz Helbernd, hervor. Sie seien die ersten gewesen, die den Mut fanden, zu einer Gesamtgeschichte anzuregen, statt sich auf Aufsätze zu bestimmten Sachgebieten zu beschränken. Das besondere an dem daraufhin entstandenen Werk sei vor allem, daß auch unangenehme Zeitabschnitte der Geschichte mit einbezogen wurden, wie z. B. die Zeit des Nationalsozialismus.

Einen großen Vorteil habe auch die gemeinsame Arbeitsweise von Profis und Halbprofis gehabt. Der eine sorgte für den wissenschaftlichen Charakter des Werkes, der andere brachte seine größere Nähe zum Bürger zum Tragen. Abschließend sagte Kuropka, die Vergangenheitsdeutung sei das Fundament für die Zukunft der Stadt Vechta. Sie helfe beim Verständnis der Gegenwart. Zitat: „Auch wir stehen auf historischem Boden."

Einige ergänzende Erläuterungen zum Werk gab schließlich noch Franz Helbernd. Das Gesamtwerk bestehe aus 45 Artikeln zu besonderen Gebieten und Aspekten. Insgesamt entstanden 1800 Bild- und 560 Textseiten. Mitgearbeitet haben unter anderem auch Persönlichkeiten aus Münster sowie sogar aus Prag. Von einzelnen forderte dieses Werk große langwierige Arbeit, die aber für den Leser auch die Möglichkeit öffne, weiterzuforschen. Das hofft jedenfalls einer der vielen Autoren, Franz Helbernd.

Stadt und Land-Rundschau vom 2. April 1992

---

[121] Joachim Kuropka: Dank (wie Anm. 36), S. 3. Vgl. auch Wilhelm Hanisch/Franz Hellbernd/Joachim Kuropka (Bearb.): Beiträge zur Geschichte der Stadt Vechta, 4 Bde., Vechta 1992.

W. Hanisch† / F. Hellbernd / J. Kuropka

Beiträge zur
Geschichte der Stadt Vechta

Als Autor und Herausgeber der Vechtaer Stadtgeschichte erwarb sich Joachim Kuropka auch lokalgeschichtliche Meriten. Vechta 1992, 4 Bände

Der Kreuzkampf, Clemens August von Galen, die „Geburtsstunde der Demokratie" im Kreis Vechta 1945 waren für ihn die zentralen Alleinstellungsmerkmale des Oldenburger Münsterlandes in der von ihm vertretenen Neueren und Neuesten Geschichte. Schon lange bevor sich im Rahmen des *cultural turns* die Geschichtswissenschaft auf die Erinnerungsorte stürzte und dieses Konzept popularisierte, hatte Joachim Kuropka diese Ereignisse und Orte fest im Blick, bloß dass er sie nicht mit entsprechenden Modeworten versah. Und es gebe noch mehr Regionalspezifisches aufzuarbeiten, verriet er dem Verfasser bei Gelegenheit, nicht ohne die für ihn typische Aufforderung, dieser möge sich doch unbedingt der unbehandelten Alleinstellungsmerkmale annehmen. Bethen zum Beispiel, der regionale Wallfahrtsort mit dem so bezeichnenden Ortsnamen, oder die Eberborg-Affäre Ende der 1920er Jahre, deren Erforschung sich dann seine Schülerin Maria Anna Zumholz verschrieben hatte.[122]

Aus seinem ursprünglichen Berufsziel des Gymnasiallehrers resultierte Kuropkas geschichtsdidaktischer Impetus. Und auch die Erweiterung der Geschichtsdidaktik um den Bereich der Geschichtskultur seit den 1990er Jahren verfolgte er interessiert. In einem 2010 herausgegebenen Sammelband nahm er nicht nur – wie oben erwähnt – regionale Beispiele aus ostmitteleuropäischen Staaten auf, sondern ebenso aus Niedersachsen und Westfalen, brach also das Gesamtkonzept auf Fallbeispiele herunter. Er war der Ansicht, dass „lokale und regionale Kontroversen eine breitere Öffentlichkeit bewegen, weil sie mit ihren lokal- und regionalpolitischen Implikationen die Lebenswelt der Zeitgenossen direkt berühren"[123]. Wenn Kuropka hier auch einen Trend seines Faches aufgegriffen hat, so nutzte er ihn gleichzeitig zur Verortung in der regionalgeschichtlichen Forschung. Kontroversen auf diesem Feld machte er im Konflikt zwischen Südoldenburgern und ihren Regierungen in Oldenburg, Berlin oder Hannover aus, zeitlich zugespitzt also im

---

[122] Vgl. Maria Anna Zumholz (Hrsg.): „Krach um Jolanthe". Krise und Revolte in einer agrarisch-katholischen Region 1929–1930, Münster 2011; Dies.: Volksfrömmigkeit – Identitätsstiftung – Massendemonstration. Religiöse, gesellschaftliche und politische Bezüge der Wallfahrt nach Bethen. In: Oldenburger Jahrbuch, Bd. 109 (2009), S. 39–60.

[123] Joachim Kuropka: Geschichtskultur – Die bunte Welt des Historischen. Einleitung. In: Ders. (Hrsg.): Regionale Geschichtskultur (wie Anm. 37), S. 7–12, hier S. 11.

Kreuzkampf 1936 und im Einsatz für die Bewahrung der katholischen Leitkultur auf den Feldern der Lehrerbildung bzw. der Konfessionsschule nach 1945, die sich im Erfolg des Volksentscheids 1975 zugunsten einer Wiederherstellung des Landes Oldenburg manifestiert hätten[124].

Gleichwohl war Kuropka nicht gewillt, aktuelle *turns* kritiklos zu übernehmen. Daher warnte er zugleich vor den von der Geschichtskultur ausgehenden Gefahren, wenn sie „als Gewinn von Deutungshoheit zur Durchsetzung politischer Ziele" diene oder „eine öffentliche Gewichtung erlange, die ihrer tatsächlichen historischen Bedeutung möglicherweise gar nicht entspricht"[125].

NÄHE ZU SCHLESIEN UND KRITISCHE SENSIBILITÄT FÜR POLEN

Die mehrfache Verlagerung der Lebensmittelpunkte von Schlesien über Franken nach Westfalen erzeugte Fremdheitsgefühle, die Kuropka zeitlebens beschäftigten. Das für ihn und seine Familie so bedeutungsvolle Jahr des Kriegsendes 1945 verstand er nicht zuletzt deswegen in der erst allmählich und zögerlich die Zeit nach dem Zweiten Weltkrieg untersuchenden Geschichtswissenschaft als „beispiellose Zäsur in der deutschen Geschichte"[126] in seinem besonderen Stellenwert zu akzentuieren. Er war der festen Überzeugung, die „Vertreibung der Deutschen aus Ostdeutschland und aus Osteuropa und ihre Aufnahme in West- und Mitteldeutschland dürfte der sozialgeschichtlich tiefste Einbruch für die deutsche Gesellschaft seit dem Ende des Dreißigjährigen Krieges gewesen sein"[127]. Besonders sensibel reagierte er auf die zu-

---

[124] Vgl. dazu die Ausführungen von Joachim Kuropka: Thesen zur regionalen Identität. In: Volker Schulz (Hrsg.): Region und Regionalismus, Cloppenburg 1994, S. 11–34, hier S. 24–27.

[125] Ebd., S. 11–12.

[126] Joachim Kuropka: Britische Besatzungspolitik und der Neubeginn des öffentlichen Lebens. Probleme des politischen Wiederaufbaus in der Britischen Besatzungszone. In: Willigis Eckermann/Ders. (Hrsg.): Neubeginn 1945 zwischen Kontinuität und Wandel, Cloppenburg 1988, ²1989, S. 9–36, hier S. 9.

[127] Joachim Kuropka: „Die Heimat im Rahmen des Möglichen ersetzen". Vertriebene im Landkreis Vechta. In: Hans-Ulrich Minke/Joachim Kuropka/Horst Milde (Hrsg.):

nehmende Verdrängung des Wissens um die früheren deutschen Ostge-
biete aus dem kollektiven Bewusstsein. Ohne dass Flucht und Vertreibung aus den Regionen östlich von Oder und Neiße oder auch die Geschichte seiner schlesischen Heimat zu den eigenen Forschungsschwer-
punkten zählten, verfolgte Joachim Kuropka die historisch-politische
Diskussion auf diesen Themenfeldern mit besonderer Aufmerksamkeit.
Mit Genugtuung stellte er nach der Wende 1989/90 fest, dass „über
Teile der deutschen Geschichte wieder gesprochen wird, die schon fast
vergessen schienen und die nun von der Öffentlichkeit mit Erstaunen
zur Kenntnis genommen werden"[128]. Konkret bezog er sich hier zwar
auf die Verdrängung der Deutschen aus den infolge des Versailler Ver-
trags 1919 vom Deutschen Reich abgetrennten Gebieten, schlug aber
den großen Bogen zu den Vertriebenen nach dem Zweiten Weltkrieg,
in deren Behandlung sein eigenes Schicksal aufschien. In der Folge war
es ihm ein wichtiges Anliegen, gerade auch der nachwachsenden Generation die wechselvolle jüngere Geschichte Schlesiens nahezubringen.
So gab er im Rahmen der Schlesien-Foren der „Gemeinschaft für
deutsch-polnische Verständigung" (gdpv) mit durchaus pädagogischem
Impetus pointierte Überblicksdarstellungen etwa zur NS-Zeit in
Schlesien und zur Breslauer Bistumsgeschichte vor 1945.[129] Der Ver-
weis auf die Mentalitätsunterschiede, etwa zwischen Schlesiern und
Westfalen, wie er sie selbst in Kindheit und Jugend erlebt hatte, stellte
dabei einen zentralen Baustein dar. Als er 2016 anlässlich des 70-jähri-
gen Gedenkens an die Vertreibung zu dieser Thematik von der Lokalpresse befragt wurde, war für ihn „die Deportation und Vertreibung von
mehr als zwölf Millionen Menschen aus den deutschen Ostgebieten
nach dem Zweiten Weltkrieg noch immer ein großes Thema". Auf die
aktuelle Flüchtlingswelle aus Syrien angesprochen, stellte Kuropka

---

„Fern vom Paradies – aber voller Hoffnung". Vertriebene werden neue Bürger im
Oldenburger Land, Oldenburg 2009, S. 155–174, hier S. 155.

[128] Joachim Kuropka: Vom Selbstbestimmungsrecht zum neuen Nationalismus – Zu Aussiedlung und Vertreibung nach 1918. In: Wilfried Kürschner/Hermann von Laer
(Hrsg.): Zwischen Heimat und Fremde. Aussiedler – Ausländer – Asylanten, Cloppenburg 1993, S. 75–98, hier S. 75.

[129] Vgl. Joachim Kuropka: Nationalsozialismus in Schlesien. In: Via Silesia. gdpv-Jahrbuch 1998, S. 68–82; Ders.: Das deutsche Erzbistum Breslau im 20. Jahrhundert. In:
Via Silesia. Gdpv-Jahrbuch 2000/2001, S. 29–45.

*Vor deutschen und polnischen Studierenden referierte Joachim Kuropka
mehrfach zur Geschichte Schlesiens, hier am 28. Oktober 2005 in Jauernick
bei Görlitz. Foto: Michael Hirschfeld*

grundsätzliche Parallelen fest, verwies aber auf den für ihn entscheiden-
den Unterschied, dass das Gros der deutschen Vertriebenen die Heimat
überhaupt nicht habe verlassen wollen.[130] So hoffnungsvoll er sich im
Angesicht der Wiedervereinigung hinsichtlich einer neuen Wahrnehmung des 1945 verlorenen deutschen Ostens zeigte, so schlug das Pen-
del später doch deutlich in Richtung Resignation um. In einem 2009
gemeinsam mit dem ebenfalls aus Schlesien gebürtigen früheren niedersächsischen Landtagspräsidenten Horst Milde und dem langjährigen
Diakoniepfarrer der Evangelisch-Lutherischen Kirche in Oldenburg,
Hans-Ulrich Minke, herausgegebenen Sammelband über die Vertriebenenintegration im historischen Oldenburger Land findet sich dann zugespitzt der Vorwurf der Herausgeber an die nachwachsende Genera-

---

[130] Lars Chowanietz: „Wir dürfen nicht aufhören zu erinnern". Professor Joachim Kuropka spricht über die Vertreibung vor 70 Jahren und die verlorene Heimat. In: OV v.
12.11.2016.

tion, lediglich „Minimalkenntnisse über die Vertriebenen" zu besit-
zen.[131] Deutlich erkennbar wird hier Kuropkas schon zu einem früheren
Zeitpunkt formulierte grundsätzliche Sorge um ein Geschichtsbewusst-
sein einer breiten Öffentlichkeit. Konkret gesprochen sollte aus seiner
Sicht „Geschichte insgesamt wieder fragwürdig im vollen Sinn des
Wortes werden, nämlich wert, dass danach gefragt wird"[132].

Diesem Fragen schlossen sich ein neues Nachdenken und gegebenenfalls eine Neuakzentuierung der Bewertung von Geschichte an. Im
wissenschaftlichen Oeuvre von Joachim Kuropka sind bei allen Grund-
konstanten solche Verschiebungen auch erkennbar. Nicht in dem Sinne,
dass er je seine schlesische Herkunft aus dem Blick verloren oder gar
verleugnet hätte, wie dies nicht wenige Wissenschaftler im *mainstream*
der politischen Überzeugungen mehr oder weniger bewusst spätestens
seit Ende der 1960er Jahre getan hatten, sondern in seiner Wahrnehmung des Nachbarlandes Polen. Dazu trug in besonderer Weise auch
die Erfahrung als DAAD-Gastprofessor an der Universität Lodz im akademischen Jahr 2013/2014 bei. Wie Kuropka später bekannte, habe er
während dieses Aufenthaltes „über das deutsch-polnische Verhältnis,
über Polen und die Polen, ihr Geschichtswissen und Geschichtsdenken
eine Menge dazugelernt"[133].

Aus seiner Erfahrung als Vertriebener heraus begleitete ihn eine
grundsätzliche Sympathie für das östliche Nachbarland. Diese durchaus
kritische Affinität zu Polen und den dort lebenden Menschen, ließ ihn
– längst im Ruhestand – die Herausforderung einer aktiven Mitgestal-
tung des Lehrbetriebs an einer dortigen Universität begeistert annehmen. Ausgangspunkt war schon 2009 die Mitwirkung an einer germanistischen Promotion in Lodz, welche die Sprache in den Hirtenbriefen
und Predigten des Kardinals von Galen zum Gegenstand hatte.[134]

---

[131] Hans-Ulrich Minke/Joachim Kuropka/Horst Milde: Vorwort. Der lange Weg nach
       Oldenburg. In: Dies. (Hrsg.): „Fern vom Paradies…" (wie Anm. 127), S. 7–9, hier S. 7.
[132] Ebd., S. 8.
[133] Joachim Kuropka: Historische Blicke – Erinnerungen- Erfahrungen. In: Ders. (Hrsg.):
       Heimat (wie Anm. 30), S. 7–9, hier S. 7.
[134] Vgl. Marcin Golaszewski: Clemens August Graf von Galen. Ein politischer Prediger
       im Nationalsozialismus – Analysen der Predigten und Hirtenbriefe, Frankfurt/M. u.a.
       2010.

Zu Marcin Golaszewski, dem Doktoranden, entwickelte sich im Laufe der Jahre eine fast väterliche Freundschaft. Nach dem Erfolg seines letzten Galen-Buches „Wege und Irrwege", das Aufsätze, zum Teil aber auch bislang unveröffentlichte Vortragsmanuskripte bündelte, legte Kuropka Ende 2017 auch eine Anthologie seiner Aufsätze zu den Themenfeldern Flucht und Vertreibung, Schlesien und Polen vor, deren bezeichnender Titel „Heimat zwischen Deutschland, Polen und Europa" lautete.[135]

Kuropka referiert in Vechta

Vechta. Ein Jahr lang war Joachim Kuropka, langjähriger Professor für Neuere und Neueste Geschichte an der Universität Vechta, in seinem Ruhestand als Gastprofessor an der Universität Lodz in Polen tätig. Am dortigen Lehrstuhl für Literatur und Kultur Deutschlands, Österreichs und der Schweiz vermittelte er Germanistikstudenten deutsche und europäische Geschichte des 20. Jahrhunderts. Im Rahmen des diesjährigen Abendvortrags des Heimatbund-Geschichtsausschusses wird Kuropka am Mittwoch (15. Juli) um 18 Uhr in der kleinen Aula der Uni Vechta über das Universitätsleben sowie über weitere Beobachtungen und Erfahrungen aus dem praktischen Leben in Polen berichten. Eigentlich seien sich Deutsche und Polen in vielem recht ähnlich, so Kuropka, aber in vielem auch anders. Der Eintritt ist frei. Aus organisatorischen Gründen wird aber um Anmeldung zu dieser Veranstaltung bis Montag (13. Juli) beim Heimatbund unter der Telefonnummer 04471/947722 (montags bis freitags von 8 bis 13 Uhr), der Faxnummer 04471/947723 oder per E-Mail unter heimatbund-om@ewetel.net gebeten.

OV am Sonntag vom 12. Juli 2015

---

[135] Vgl. Kuropka: Heimat (wie Anm. 30). Der Band enthält als „Summe" 23 Aufsätze, die zuerst in den Jahren 1979–2014 publiziert wurden.

AUSZEICHNUNGEN UND WÜRDIGUNGEN

Die Forschungsschwerpunkte von Joachim Kuropka zogen es nach sich, dass er in den Fokus der institutionalisierten Landesgeschichtsschreibung geriet. Unmittelbar nach dem Erfolg von Kreuzkampf-Ausstellung und -Buch erfolgte 1987 die Wahl zum ordentlichen Mitglied der Historischen Kommission für Niedersachsen und Bremen.[136] Sieben Jahre später, 1994, erfolgte die Zuwahl zur Historischen Kommission für Westfalen. Die Wahl erfolgte am 12. April 1994 in der Hauptversammlung in Hagen. Den Wahlvorschlag hatte Karl-Heinz Kirchhoff im Februar 1994 eingereicht.[137]
Sicherlich als Reflex auf die breite öffentliche Wahrnehmung der Kreuzkampf-Ausstellung muss die Auszeichnung mit der Landschaftsmedaille durch die Oldenburgische Landschaft gesehen werden.[138] Die Übergabe erfolgte am 11. Juli 1989 in Oldenburg durch den Präsidenten der Oldenburgischen Landschaft, den aus Steinfeld stammenden Dr. Heinrich Bergmann. Parallel blieb sein Engagement für die Aufarbeitung der kirchlichen Zeitgeschichte in kirchlichen Kreisen nicht ohne Gehör. Am 21. Oktober 1995 wurde er durch Großprior Bischof Anton Schlembach (Speyer) im Dom zu Bamberg in den päpstlichen Ritterorden vom Heiligen Grab zu Jerusalem investiert und gehörte der Komturei St. Wiho Osnabrück-Vechta an[139]

---

[136] Vgl. Gesamtverzeichnis der gewählten wissenschaftlichen Mitglieder der Historischen Kommission für Niedersachsen und Bremen (1910–2010). In: Dietmar von Reeken (Hrsg.): „…gebildet zur Pflege der landesgeschichtlichen Forschung". 100 Jahre Historische Kommission für Niedersachsen und Bremen 1910–2010, Hannover 2010, S. 157-180, hier S. 168.

[137] Vgl.   https://www.historische-kommission.lwl.org/de/uber-uns/ehemalige-mitglieder/prof-dr-joachim-kuropka/.Demnächst sind die Angaben auch im Anhang des folgenden Werkes zu finden: Wilfried Reininghaus: Die Historische Kommission für Westfalen 1896 bis 2021. Eine regionale Wissenschaftsgeschichte. Münster 2021 (Veröffentlichungen der Historischen Kommission für Westfalen, Neue Folge 70). Dr. Burkhard Beyer, Historische Kommission für Westfalen, danke ich für diese Mitteilungen.

[138] Mit Kuropka wurde auch der Oldenburger Historiker Prof. Dr. Wolfgang Günther ausgezeichnet. Vgl. Mitteilungsblatt der Oldenburgischen Landschaft, Nr. 64 v. September 1989, S. 15.

[139] Vgl. Investitur: Drei Vechtaer wurden Ritter des Ordens vom Heiligen Grabe. Dr. Winfried Bach, Dr. Joachim Kuropka und Oberstudiendirektor Wolfgang Zapfe. In: OV v. 06.11.1995. 2013 erhielt Kuropka den Rang eines Komturs.

Auszeichnung für drei Professoren

„Ehrentafel des Heimatbundes" für Hanschmidt, Kuropka und Windhorst

■ „Hervorragende Verdienste um das Oldenburger Münsterland".

Von Roland Kühn

Oldenburger Münsterland. Gleich an drei Professoren der Hochschule Vechta überreichte der Heimatbund Oldenburger Münsterland (OM) in der vergangenen Woche die „Ehrentafel". Die Professoren Dr. Alwin Hanschmidt, Dr. Joachim Kuropka und Dr. Hans-Wilhelm Windhorst wurden bei einer Feier in der kleinen Aula der Hochschule für ihre Verdienste um das Oldenburger Münsterland ausgezeichnet.

Der Präsident der Hochschule, Prof. Dr. Ortwin Peithmann, begrüßte die Anwesenden ausdrücklich „nur" als Hausherr. Er stellte die Hochschule als „regional" eingebundene Einrichtung vor und mahnte Politik vor Ort und in Hannover: „Man muss deutlich machen, dass regionaler Bezug und internationaler Forschungsstandard sowie die Einbindung in das Wissen auf internationaler Ebene sich nicht ausschließen."

Die Heimatbund-Präsidentin Hildegard Kronlage versicherte, dass „der Heimatbund und viele Mitbürger sich der Bedeutung wohl bewusst" seien, „die die Hochschule Vechta für die Kulturregion OM hatte und noch immer hat." Auch deshalb sei es längst an der Zeit „einigen der Hochschullehrer Dank zu sagen für ihr langjähriges positives Wirken im OM."

Die Professoren Windhorst, Hanschmidt und Kuropka mit Heimatbund-Präsidentin Hildegard Kronlage (vorn, v. li.). Hinten (v. li.): Heimatbund-Vize Hartmut Frerichs und Hochschul-Präsident Peitmann.

In seiner Laudatio für Hans-Wilhelm Windhorst hob Prof. Dr. Jürgen Deiters von der Uni Osnabrück den engen Zusammenhang der Arbeit des heutigen Leiters des Instituts für Strukturforschung und Planung in agrarischen Intensivgebieten mit den regionalen Problemen hervor. Der Heimatbund dankte Windhorst für „viele Bücher und Abhandlungen zur Geographie im allgemeinen und zur Zukunftsentwicklung der Agrarregion OM im besonderen."

Dr. Gerd Steinwascher vom Niedersächsischen Staatsarchiv Oldenburg übernahm die Laudationes für Hanschmidt und Kuropka. Die beiden Historiker („Ihr Blick geht lieber nach Münster statt nach Hannover") „waren sich als Universitäts-professoren nicht zu schade, Lokalgeschichte nicht nur zu fördern, sondern auch selbst zu betreiben." Durch eine Vielzahl von Veröffentlichungen so der Eindruck Steinwaschers, hätten beide „mit dazu beigetragen, dass die Menschen ihre Heimat nicht nur gerne als solche akzeptieren, sondern auch engagiert zu ihrer Entwicklung beitragen". Die hervorragende Rolle Hanschmidts sieht der Heimatbund in der „Klärung der historischen Identität des OM."

Prof. Kuropka habe zur Entwicklung des OM als Geschichts- und Kulturregion „wesentliche Beiträge geleistet," so der Heimatbund. Als besondere Höhepunkte der Arbeit Kuropkas ragten „die Klärung der historischen Leistung des Kardinals von Galen und die Würdigung des 'Kreuzkampfes' im Oldenburger Münsterland hervor."

Den drei Professoren gemeinsam: Sie sind oder waren über lange Jahre Mitglieder im Redaktionsteam des „Jahrbuches" und veröffentlichten weitere zahlreiche eigenständige Schriften für und über die Region.

Rundschau am Mittwoch vom 11. Mai 2003

Am 16. Mai 2003 erhielt Joachim Kuropka die Ehrentafel des Heimatbundes für das Oldenburger Münsterland.[140] In seiner Laudatio nahm der damalige Leiter des Niedersächsischen Staatsarchivs Oldenburg, Gerd Steinwascher, erstmals eine biographische Würdigung von Kuropkas Lebenswerk vor. Der Akzent lag dabei auf den Verdiensten für die Region. Ebenso wie dem gleichzeitig geehrten Kollegen Alwin

---

[140] Vgl. Mitteilungsblatt der Oldenburgischen Landschaft Nr. 116, 2/2003, S. 23.

UNIintern

Newsletter der Universität Vechta

Ausgabe 05 · Juli 2010

Aktuelles

Universität Vechta

Das Warten hat ein Ende: Am 8. Juni hat der Niedersächsische Landtag das neue Hochschulgesetz beschlossen. Damit erhält die Hochschule Vechta offiziell den Titel Universität. Nachdem bereits im März vergangenen Jahres der damalige Wissenschaftsminister Lutz Stratmann das Signal gegeben hatte, steht der Umbenennung jetzt nichts mehr im Wege. „Für unsere weitere Profilierung und Positionierung innerhalb der deutschen und internationalen Hochschullandschaft ist dieser Titel ein Meilenstein", sagt Universitätspräsidentin Prof. Dr. Marianne Assenmacher. Mit Inkrafttreten des neuen Hochschulgesetzes bekomme die Universität Vechta Sicherheit und weitere Entwicklungsperspektiven.

Diesen Erfolg möchte die Universität zusammen mit allen Beschäftigten, Studierenden und der interessierten Öffentlichkeit feiern. Am Freitag, den 29. Oktober, findet ein Universitätstag statt. Die Veranstaltung beginnt um 10 Uhr mit einem Festakt für Hochschulangehörige und geladene Gäste, darunter auch die Wissenschaftsministerin des Landes Niedersachsen, Prof. Dr. Johanna Wanka. Im Mittelpunkt stehen die Umbenennung und die Amtseinführung der Präsidentin Marianne Assenmacher. Während der Feier wird auch der mit 10.000 Euro dotierte Höffmann-Wissenschaftspreis verliehen.

Interessierte Gäste können die Universität ab 13 Uhr besuchen. Am Universitätstag werden Angebote, Einrichtungen und Projekte präsentiert. Das Abendprogramm beginnt um 18 Uhr mit einer Podiumsdiskussion zum Thema „Vertrauen". Um 22 Uhr findet eine Uniparty statt, die vom AStA organisiert wird.

Assenmacher: „Mit dem Universitätstag möchten wir die Vielfalt und Lebendigkeit des Campuslebens zeigen. Außerdem möchten wir uns damit bei allen Weggefährten für ihre Unterstützung auch in schwierigen Zeiten bedanken."

Geschichte mit Breitenwirkung

Ein Glücksfall für die regionale Geschichtsschreibung, ein Vorkämpfer der Selbstbehauptung der Universität, ein Urgestein des unabhängigen Hochschulstandorts Vechta – mit diesen Worten wurde Prof. Dr. Joachim Kuropka am 5. Juni 2010 geehrt, als er von Landrat Albert Focke den vom Ministerpräsidenten verliehenen Verdienstorden des Landes Niedersachsen erhielt.

Kuropka ist seit den 1970er Jahren an der Hochschule Vechta tätig. „Jeder im Oldenburger Münsterland kennt unseren Professor Kuropka", sagte Landrat Albert Focke. Er habe die Gabe, Wissenschaft so zu erläutern, dass normale Menschen sie verstehen. „Im Oldenburger Münsterland hat er ordentlich mitgemischt", verwies Focke auf Forschungsthemen wie den Kreuzkampf, die Von-Galen-Forschung oder den Beginn der Demokratisierung Niedersachsens durch die Briten nach dem Zweiten Weltkrieg im

Auszeichnung: Landrat Albert Focke überreicht Prof. Dr. Joachim Kuropka den Verdienstorden.

Landkreis Vechta. Ergebnisse, die ihm überregionale Reputation gebracht und zur Profilierung der Universität beigetragen hätten, erläuterte Vizepräsident Prof. Dr. Martin Winter. Als Wissenschaftler und langjähriges Senatsmitglied habe der Historiker immer für die Unabhängigkeit der Hochschule Vechta gekämpft. „Die Universität fühlt sich mitgeehrt", sagte Winter.

Professor Kuropka könne eine eindrucksvolle Bilanz regionalgeschichtlicher Forschung vorweisen, sagte Engelbert Beckermann, Geschäftsführer des Heimatbundes Oldenburger Münsterland. Seine wissenschaftlichen Befunde hätten eine starke Breitenwirkung. Diese Kultur der Erinnerung und Besinnung auf die Identität des Oldenburger Münsterlandes hätten das geschichtliche und kulturelle Gedächtnis der Region aufrechterhalten, sagte Beckermann.

Prof. Kuropka sagte, dass ihm die Vermittlung von Geschichte über einen kleinen Expertenkreis hinaus wichtig sei, auch wenn dies nicht immer einfach sei. Deshalb müsse man über Veröffentlichungen hinaus weitere Methoden der Geschichtsvermittlung finden. Mit mehreren Wanderausstellungen hat Kuropka solche Wege beschritten. Schließlich habe Geschichte als kulturelles Gedächtnis durchaus eine „lebenspraktische Funktion".

Ausflug in die Welt der Wissenschaft

Am 16. Juni findet an der Universität Vechta ein Forschungstag für Schüler und Schülerinnen der 3. und 4. Klassen statt, der von Studierenden gestaltet wird. Der Kinderforschungstag wird im Rahmen eines Projekt-

Hanschmidt wurde ihm bescheinigt, „sich als Universitätsprofessor nicht zu schade [zu sein], Lokalgeschichte nicht nur zu fördern, sondern auch selbst zu betreiben"[141]. 2010 folgte schließlich die Verleihung des Niedersächsischen Verdienstordens im Rahmen einer Feierstunde in der Hochschule Vechta durch Landrat Albert Focke.[142]

Übergabe der Festschrift zum 60. Geburtstag durch Alwin Hanschmidt. Foto: Andreas Kathe

Insgesamt wurde Joachim Kuropka zu Lebzeiten mit vier Festschriften geehrt. Als er 2001 sein 60. Lebensjahr vollendete, wählten seine Kollegen Alwin Hanschmidt und Bernd Ulrich Hucker für die ihm gewidmete Sammlung von 17 Aufsätzen – wie bereits erwähnt – das Begriffspaar „Persönlichkeit und Zeitgeschehen" als Titel. Darin sahen sie das Interesse Kuropkas an der Persönlichkeit von Clemens August von

---

[141] Steinwascher: (wie Anm. 60), S. 12.

[142] Vgl. Andreas Kathe: Kuropka geehrt. Wissenschaftler erhält Verdienstorden. In: OV v. 07.06.2010.

Galen ebenso wie an der jüngsten Vergangenheit treffend widergespiegelt.[143]

Ein diesem Band beigegebenes Schriftenverzeichnis ermöglichte erstmals einen komprimierten Einblick in das schon zu diesem Zeitpunkt beeindruckende wissenschaftliche Werk des Geehrten, verzeichnete es doch insgesamt 19 Monographien, 13 von ihm (mit) herausgegebene Sammelbände sowie 129 Aufsätze, Rezensionen waren nicht aufgenommen worden.[144] In einer Besprechung dieser ersten Festschrift hieß es dann auch würdigend, Kuropka habe „zahlreiche grundlegende Beiträge zum Wirken einer überragenden Persönlichkeit, des Bischofs Clemens August von Galen, ebenso wie zu vielen bis in die Gegenwart fortwirkenden zeitgeschichtlichen Entwicklungen der ersten Hälfte des 20. Jh. in Schlesien, Westfalen und Niedersachsen veröffentlicht"[145].

Als fünf Jahre später Kuropkas Schüler Michael Hirschfeld und Maria Anna Zumholz anlässlich des 65. Geburtstages in Verbindung mit seiner Verabschiedung die zweite Festschrift vorlegten, stellten sie biographische Aspekte an den Beginn, die an die oben erwähnte Laudatio von Gerd Steinwascher anknüpften. Vor allem wurde die Bedeutung seiner Forschungen für die Regionalgeschichte Nordwestdeutschlands hervorgehoben, wenn es dort hieß: „Joachim Kuropka ist in den vergangenen Jahrzehnten über das Oldenburger Münsterland hinaus an der Schnittstelle zwischen Oldenburg und Münster, zwischen Niedersachsen und Westfalen, zu einem wichtigen Vertreter der Landes- und Regionalgeschichte geworden"[146]. Thematisch griffen die beiden Herausgeber für diese Festschrift ein bereits Anfang der 1990er Jahre von Joachim Kuropka ins Leben gerufenes Projekt auf[147].

---

[143] Vgl. Alwin Hanschmidt/Bernd Ulrich Hucker: Zum Geleit. In: Dies. (Hrsg.): Persönlichkeit und Zeitgeschehen (wie Anm. 97), S. 9–10.

[144] Vgl. Bernd Ulrich Hucker (Bearb.): Verzeichnis der wissenschaftlichen Veröffentlichungen von Joachim Kuropka von 1972 bis 2001. In: Hanschmidt/Hucker (Hrsg.): (wie Anm. 197), S. 343–360.

[145] Peter Sieve, Rezension von Persönlichkeit und Zeitgeschehen (wie Anm. 97). In: Das Land Oldenburg Nr. 117, III. Quartal 2003, S. 27–28, hier S. 27.

[146] Michael Hirschfeld/Maria Anna Zumholz: Einführung. In: Dies. (Hrsg.): Oldenburgs Priester unter NS-Terror 1932–1945. Herrschaftsalltag in Milieu und Diaspora. Festschrift für Joachim Kuropka zum 65. Geburtstag, Münster 2006, S. XI-XVI, hier S. XI.

[147] Vgl. dazu Susanne Leschinski: Lebensschicksale als Zeitgeschichte. Katholische Priester Oldenburgs in der Auseinandersetzung mit dem Nationalsozialismus. In: Heimatblätter. Beilage zur Oldenburgischen Volkszeitung v. 05.10.1991, S. 53.

„Kämpferisch und politisch"

HochschuleVechta verabschiedet Historiker Joachim Kuropka

Vechta (mt) – Mit einem akademischen Festakt hat die Hochschule Vechta Universitätsprofessor Dr. Joachim Kuropka verabschiedet. Der Historiker hat nicht nur maßgeblich zum wissenschaftlichen Profil der Hochschule beigetragen, sondern sich auch einen Namen bei den Menschen in der Region und weit darüber hinaus gemacht.

Mit der Feier, an der zahlreiche Gäste aus Politik, Kirche und Gesellschaft teilnahmen, ehre die Hochschule Kuropkas Lebenswerk als „Wissenschaftler, Lehrender, Kollege und Mensch", sagte die Präsidentin Prof. Dr. Marianne Assenmacher. „Kompetent, kämpferisch, politisch", so charakterisierte Assenmacher ihn. Für Professor Kuropka habe immer ein Interesse im Vordergrund gestanden: die Hochschule Vechta.

Die Festredner, darunter Landrat Albert Focke, Prof. Dr. Franz Bölsker vom Offizialat und Heinrich Havermann, Geschäftsführer des Heimatbundes, würdigten Korupkas Verdienste für das Oldenburger Münsterland. Entgegen einer starken Strömung zeitgeschichtlicher Forschung habe er

Genug zu lesen hat Prof. Joachim Kuropka (Mitte) auch im Ruhestand. Von seinen Kollegen Dr. Maria Anna Zumholz und Dr. Michael Hirschfeld bekam er ein Buch überreicht.

den Widerstand der Kirche gegen die NS-Herrschaft aufgezeigt, sagte Bölsker. „Professor Kuropka hat nicht im Elfenbeinturm residiert", resümierte Havermann. Vielmehr habe er seine Arbeiten über Fachwissenschaftler hinaus der Öffentlichkeit präsentiert, so Bölsker.

Prof. Kuropka selbst hielt eine launige Abschiedsvorlesung mit dem Titel „Niedersachsen – nicht erdverwachsen." Seine Kollegen

Dr. Michael Hirschfeld und Dr. Maria Anna Zumholz überreichten ihm das 840 Seiten starke Buch „Oldenburgs Priester unter NS-Terror". Damit wurde erstmals eine Kollektivbiografie des Klerus im Oldenburger Land während der NS-Zeit herausgegeben. 41 Autoren haben sich daran beteiligt, sie alle entstammen dem Kolloquium Katholizismusforschung, das Kuropka seit 20 Jahren an der Hochschule Vechta leitet.

Münsterländische Tageszeitung vom 30. Oktober 2006

In Orientierung an dem erstmals 1984 erschienenen Handbuch „Priester unter Hitlers Terror", das in Kurzbiogrammen alle Geistlichen auflistete, die mit dem NS-Regime in Konflikt geraten waren,[148] plante Kuropka damals doch mit Hilfe seines bewährten Teams eine detaillierte Regionalstudie über die Auseinandersetzungen oldenburgischer

---

[148] Vgl. Ulrich von Hehl u.a. (Bearb.): Priester unter Hitlers Terror. Eine biographische und statistische Erhebung, Mainz 1984, 4., durchgesehene u. ergänzte Aufl. Paderborn 1998.

Priester mit NS-Staats- und Parteistellen. Pünktlich zu seinem 65. Geburtstag lag diese alltagsgeschichtlich orientierte kollektive Konfliktbiographie über 80 Geistliche unter Mitwirkung von 40 Autorinnen und Autoren in einer repräsentativen Festgabe vor, welche die Herausgeber beim Festakt zur Pensionierung von Joachim Kuropka in der Großen Aula der Hochschule Vechta überreichen konnten.

Oldenburgs Priester ließen sich nicht gleichschalten

Spannendes Buch über kirchlichen Widerstand

-loy- **Münster.** Manche, wie zum Beispiel Günter Grass, haben viele Jahre über das „katholische Milieu" gespottet. Doch war gerade dieses Milieu geeignet, Menschen in den schweren Jahren der NS-Diktatur vor der Versuchung des „Mitlaufens" und „Mitmachens" zu schützen und im Glauben zu stärken. Dies ist eine Erkenntnis des gewichtigen Bandes über „Oldenburgs Priester unter NS-Terror", den die Herausgeber Michael Hirschfeld und Maria Anna Zumholz gestern Bischof Dr. Reinhard Lettmann und dem für den Offizialatsbezirk Oldenburg zuständigen Weihbischof Heinrich Timmerevers überreichten. Das Buch ist zugleich eine Dankes- und Erinnerungsgabe für Prof. Joachim Kuropka.

der sich als Kirchenhistoriker und führender Galen-Forscher über Jahrzehnte in Lehre und Publikationen um die Erforschung der jüngeren Kirchengeschichte des Bistums Münster verdient gemacht hat. 40 Autoren schildern in 80 Beiträgen, wie sich Priester im Oldenburger Münsterland gegen die Diktatur der Nationalsozialisten wehrten. Dabei verteidigten sie nicht einfach nur die Kirche, sondern setzten sich generell für Verfolgte und Geschundene ein. Viele Priester erlitten Verfolgung und Lagerhaft.
► Michael Hirschfeld/Maria Anna Zumholz (Hg.): Oldenburgs Priester unter NS-Terror 1932-1945. Herrschaftsalltag in Milieu und Diaspora. Aschendorff-Verlag, Münster. 818 Seiten, 39,80 Euro.

Die Herausgeber Dr. Michael Hirschfeld und Dr. Maria Anna Zumholz überreichten Bischof Dr. Reinhard Lettmann und Weihbischof Heinrich Timmerevers (von links) das gewichtige Buch. Es ist zugleich eine Dankesgabe zum 65. Geburtstag und zur Emeritierung von Prof. Dr. Joachim Kuropka (r.).   Foto: -loy-

Am 1. Dezember 2006 übergaben die Herausgeber Michael Hirschfeld und Maria Anna Zumholz den Band „Oldenburgs Priester unter NS-Terror" im Beisein von Joachim Kuropka an Bischof Reinhard Lettmann in Münster. Westfälische Nachrichten vom 2. Dezember 2006

Als „spannendes Buch über kirchlichen Widerstand"[149] bezeichnete der Feuilletonchef der „Westfälischen Nachrichten", Johannes Loy, den gewichtigen Band, als er wenige Monate später im Beisein des Geehrten im Bischofshaus in Münster an Bischof Dr. Reinhard Lettmann und Weihbischof Heinrich Timmerevers übergeben werden konnte. Wie sehr beide Bischöfe diese Festschrift für Joachim Kuropka schätzten, zeigt sich daran, dass sie kurz zuvor ein Exemplar im Rahmen ihres Ad-limina-Besuchs im Vatikan öffentlichkeitswirksam an Papst Benedikt XVI. überreicht hatten[150].

---

[149] Johannes Loy: Oldenburgs Priester ließen sich nicht gleichschalten. In: Westfälische Nachrichten v. 02.12.2006.

[150] Vgl. Papst Benedikt XVI. erfreut über Buch. In: Münsterländische Tageszeitung v. 21.11.2006.

TUNG | NR.223   IM NORDWESTEN   FREITAG, 23. SEPTEMBER 2011

Kampf für das Kreuz im Klassenzimmer

GESCHICHTE Akademieabend in Stapelfeld über den Volksaufstand gegen den Nationalsozialismus

Noch heute bietet die Widerstandsaktion Stoff für wissenschaftlichen Disput. Im Zentrum steht der Vechtaer Historiker Joachim Kuropka.

VON JÜRGEN WESTERHOFF

VECHTA/STAPELFELD – Die dramatischen Ereignisse liegen 75 Jahre zurück – wirken aber bis heute nach und bleiben im Oldenburger Münsterland unvergessen. Als „Kreuzkampf" bezeichnen Historiker die Vorgänge, die im Herbst 1936 zu einem regelrechten Volksaufstand der katholischen Bevölkerung gegen den Nationalsozialismus geführt haben.

Wurde 70: Prof. Dr. Joachim Kuropka   BILD: ARCHIV

Aus Empörung über einen Nazi-Erlass, der das Aufhängen von Kreuzen und anderen religiösen Symbolen wie Luther-Bilder in Klassenzimmern verbot, kam es zu einem

Massenprotest – mit der Folge, dass der Erlass einstweilen zurückgenommen wurde. Später rächte sich das Regime, verhaftete einige der Initiatoren und schickte sie zum Teil ins Konzentrationslager.

Mit einem Akademieabend zu Ehren des Historikers Prof. Dr. Joachim Kuropka erinnerten die Universität Vechta und der Heimatbund Oldenburger Münsterland am Mittwoch in der Katholischen Akademie Stapelfeld (Kreis Cloppenburg) an die Widerstandsaktion gegen die damaligen Machthaber. Kuropka, der sich um die Erforschung der Ereignisse Verdienste erworben hat, war am Vortrag 70 Jahre alt geworden.

Seine Arbeit wurde von Prof. Dr. Wilfried Kürschner

gewürdigt, der besonders die Geradlinigkeit des wissenschaftlichen Wirkens herausstellte. Auf ökumenische Aspekte des Themas wies der Oldenburger Pfarrer i.R. Reinhard Rittner hin. Die Reaktion im katholischen Oldenburger Münsterland nannte Rittner „beispielhaft für Lutheraner". Im eher evangelisch geprägten Teil des Oldenburger Landes habe es zwar auch Kritik, aber nicht derartig entschlossenen Widerstand gegen die Nazi-Maßnahmen gegeben. An dem Handeln der Akteure könne man sich noch heute ein Beispiel nehmen.

Dass der Volksaufstand gegen die Nazis auch jetzt noch Stoff für wissenschaftliche Dispute liefert, verdeutlichte Jubilar Kuropka in sei-

ner Ansprache. Der Historiker wies Vorwürfe zurück, bei der Volkserhebung habe es sich nicht um wirklichen Widerstand gegen die Nazis, sondern nur um eine „Bestandssicherung des religiösen Milieus" gehandelt, während man ansonsten das NS-Regime geduldet habe.

Kuropka unterstrich, dass es einen prinzipiellen Gegensatz zwischen christlichen Werten und Nazi-Überzeugungen gegeben habe. Katholische Lehre und die vom NS-Regime vertretenen Ideale seien keinesfalls miteinander vereinbar gewesen. Über den bestehenden Werte-Konflikt habe übrigens der Münstersche Kardinal von Galen bereits im Jahr 1934 hingewiesen.

Akademieabend aus Anlass des 70. Geburtstages von Joachim Kuropka. NWZ vom 23.09.2011

Anlässlich der Vollendung des 70. Lebensjahres von Joachim Kuropka fand 2011 ein Akademieabend in der Katholischen Akademie Stapelfeld statt, der mit dem Kreuzkampf einen seiner Forschungsschwerpunkte in den Mittelpunkt stellte, weil dieser sich zeitgleich zum 75. Mal jährte. Dabei konnten zum einen vor 1989 westdeutschen Historikern nicht zugängliche Quellen aus ehemaligen DDR-Archiven einbezogen, zum anderen die Rezeptionsgeschichte der Kreuzkampfforschung seit der 1986 konzipierten Wanderausstellung und dem Erscheinen des Sammelbandes aufgegriffen werden. Der zu Feiernde selbst konstatierte in der Rückschau „mit einer gewissen Befriedigung […], dass Buch und Ausstellung ein erfreulicher Erfolg waren"[151]. Sein ihm

---

[151] Joachim Kuropka: Kreuzkampf-Forschung im Rückblick: Volkserhebung ohne Widerstand? In: Maria Anna Zumholz (Hrsg.); Katholisches Milieu und Widerstand. Der Kreuzkampf im Oldenburger Land im Kontext des nationalsozialistischen Herrschaftsgefüges (Vechtaer Universitätsschriften, Bd. 29), Berlin 2012, S. 139.

freundschaftlich verbundener Kollege Wilfried Kürschner aus dem benachbarten Fach Germanistik hielt die Laudatio[152]. Die Ergebnisse wurden in einem Joachim Kuropka zum 70. Geburtstag gewidmeten Sammelband ein Jahr später publiziert.[153]

Der Spagat zwischen Seelsorge und Politik

Sammelband ermöglicht einen erweiterten Blick auf die Situation und das Verhalten der Bischöfe in der NS-Zeit

Biografien fast aller in der NS-Zeit amtierenden Oberhirten in Deutschland schildert das neue Buch. 25 Autoren beleuchten deren Handlungsspielräume.

VON ANDREAS KATHE

Stapelfeld. Waren sie „Hirten unter Hitler"? Haben sie sich dem nationalsozialistischen Regime in den Jahren 1933 bis 1945 zu sehr angebiedert und unterworfen? Die deutschen katholischen Bischöfe mussten sich solchen Fragen und Vorwürfen in der Nachkriegszeit immer wieder stellen. Wie differenziert die Antworten darauf sein können, ja sein müssen, das beweist jetzt ein neues Buch, das die Herausgeber Dr. Maria Anna Zumholz und Dr. Michael Hirschfeld im Rahmen einer Präsentation und Lesung in der Katholischen Akademie Stapelfeld vorstellten.

Der Band versammelt neben grundlegenden einführenden Texten die überarbeiteten und erweiterten Vorträge einer Tagung, die im November 2016 in Stapelfeld stattfand. Historiker aus ganz Deutschland befassten sich dabei mit den einzelnen Bischöfen und Diözesen. So mache das Buch, wie Maria Anna Zumholz herausstellte, auch deutlich, dass weder die Katho-

Dank an den akademischen Lehrer: Das neue Buch widmeten die Herausgeber Dr. Michael Hirschfeld (links) und Dr. Maria Anna Zumholz dem Vechtaer Professor Dr. Joachim Kuropka zu seinem 75. Geburtstag.   Foto: Kathe

liken in ihrer Gesamtheit noch die Bischöfe als homogene Gruppen zu betrachten seien. Es gab große regionale Unterschiede und auch innerhalb der Diözesen ein sehr differenziertes Verhalten der Oberhirten, wie auch die Bischöfe als „Menschen mit ihren Stärken und Schwächen" zu sehen seien, „nicht immer die richtigen Ent-

scheidungen getroffen haben und sich auch untereinander nicht immer freundschaftlich verbunden waren."

Zumholz und Hirschfeld betonten aber zugleich, dass die Oberhirten als einen Schwerpunkt ihrer pastoralen Arbeit ansahen, die Gläubigen gegen die Ideologie des NS-Regimes zu immunisieren. Es sei ihnen trotz

der Bedrängungen durch den Terrorstaat gelungen, „die katholische Kirche als eine die Menschen prägende Lebensmacht zu erhalten." Die absolute Zahl der Katholiken stieg während der NS-Zeit sogar an, der Anteil der Katholiken an der Gesamtbevölkerung konnte auf einem Stand von rund 35 Prozent gehalten werden. Das Buch

„Zwischen Seelsorge und Politik" umfasst 817 Seiten mit einer Reihe von Abbildungen und Karten. Es ist bei Aschendorff in Münster erschienen und kostet 29,80 Euro. Die Herausgeber widmeten den Band ihrem akademischen Lehrer, dem Vechtaer Historiker Professor Dr. Joachim Kuropka, zu dessen 75. Geburtstag im September 2016.

Kuropka selbst stellte im Anschluss sein neues Buch „Heimat zwischen Deutschland, Polen und Europa" vor (Aschendorff Verlag, 443 Seiten, 24,90 Euro). Hier sind Aufsätze und Vorträge versammelt, die unter den Oberbegriffen „Historische Blicke, Erinnerungen, Erfahrungen" aufzeigen, wie intensiv sich der Autor mit den historisch-politischen Verhältnissen zwischen Deutschen und Polen – auch vor dem Hintergrund der europäischen Einigung – befasst hat. Es fließen zudem die Erfahrungen ein, die Kuropka selbst während seiner Lehrtätigkeit als Gastprofessor in Lodz sammeln konnte.

Info: „Zwischen Seelsorge und Politik. Katholische Bischöfe in der NS-Zeit", herausgegeben von Maria Anna Zumholz und Michael Hirschfeld, Aschendorff Verlag, Münster 2017, 813 Seiten, ISBN: 978-3-402-13228-9; 29,80 Euro.

Übergabe der Festschrift zum 75. Geburtstag durch die beiden Herausgeber. Oldenburgische Volkszeitung vom 15. Dezember 2017

Zum 75. Geburtstag 2016 veranstalteten seine Schüler Michael Hirschfeld und Maria Anna Zumholz in der Katholischen Akademie Stapelfeld eine Tagung über das Verhältnis des deutschen Episkopats zum Nationalsozialismus mit zahlreichen namhaften Referenten, die nahezu alle Bischöfe dieser Zeit „zwischen Seelsorge und Politik" in den Blick nahmen. Bei einem abendlichen Empfang wurde in diesem Rahmen Joachim Kuropka als Nestor der Katholizismusforschung in

---

[152] Vgl. Wilfried Kürschner: Laudatio auf Joachim Kuropka zu seinem 70. Geburtstag am 20. September 2011. In: Ebd., S. 9–16.

[153] Vgl. Zumholz (Hrsg.) (wie Anm. 150).

Vechta gewürdigt und ihm gut ein Jahr später, im Dezember 2017, der frisch gedruckte Sammelband gewidmet.[154]

AKZENTSETZUNGEN IM AKTIVEN RUHESTAND

Zur Entspannung widmete sich Joachim Kuropka zeitlebens der Literatur, in der er die großen Themen der Zeit und damit auch stets ein Stück Geschichte widergespiegelt sah. Gern berichtete er darüber, welches aktuelle, meist in der „Frankfurter Allgemeinen" besprochene Werk gerade auf dem Nachttisch lag, und baute literarische Verarbeitungen zeitgeschichtlicher Ereignisse in seine Vorträge mit ein.[155] Diese im Elternhaus grundgelegte und im Germanistikstudium ausgereifte Liebe zur Literatur gewann nach seiner Pensionierung im aktiven Ruhestand, wie er es gern bezeichnete, neuen Raum. Auf den regen Kontakt zum Germanistischen Institut der Universität Lodz in Polen, der eine Gastprofessur nach sich zog, ist bereits an anderer Stelle eingegangen worden. Abgesehen von der Tatsache, dass in Polen das Studium der Sprachen, also auch der Germanistik, einen starken landeskundlichen und damit auch historischen Akzent besitzt, beschäftigte sich Kuropka nun auch mit Literaten, insbesondere mit dem politisch-aufklärerischen Werk des Romanschriftstellers und NS-Gegners Fritz Reck-Malleczewen.[156] Noch als Endsiebziger legte er weite Strecken mit dem eigenen PKW zurück, um zum Beispiel an Tagungen in Polen und Süddeutschland teilzunehmen.

---

[154] Vgl. Andreas Kathe: Dank für 30 Jahre Geschichtsforschung. Auf der Tagung „Bischöfe in der NS-Zeit" in der Katholischen Akademie Stapelfeld wird Professor Dr. Joachim Kuropka für sein Engagement geehrt. In: OV v. 15.11.2016 u. in OV am Sonntag v. 18.12.2016; Maria Anna Zumholz/Michael Hirschfeld (Hrsg.): Zwischen Seelsorge und Politik. Katholische Bischöfe in der NS-Zeit., Münster 2017. Dazu auch Andreas Kathe: Der Spagat zwischen Seelsorge und Politik. Sammelband ermöglicht einen erweiterten Blick auf die Situation und das Verhalten der Bischöfe in der NS-Zeit. In: OV v. 15.12.2017.

[155] Beispielsweise schätzte er die Werke des in Polen geborenen zeitgenössischen deutschen Autors Artur Becker.

[156] Vgl. dazu Joachim Kuropka: Art. Reck-Malleczewen, Fritz. In: Fakten und Fiktionen. Werklexikon der deutschsprachigen Schlüsselliteratur 1900–2010. Hrsg. von Gertrud Maria Rösch, Stuttgart 2012, S. 491–494.

Joachim Kuropka zum 75. Geburtstag, Münster 2018, 817 Seiten

Ein bestimmendes Thema blieb aber das Verhältnis von Staat und
katholischer Kirche. Insbesondere nachdem 2003 die vatikanischen Akten über das Pontifikat von Pius XII. im Vatikanischen Geheimarchiv
zugänglich gemacht worden waren, weitete Kuropka seine Forschungen auf diesem Gebiet noch aus. Mehrfach weilte er – meist gemeinsam
mit Michael Hirschfeld, der seine Habilitationsschrift über die Bischofswahlen im Kaiserreich vorbereitete–, in Rom, um „Neues aus
den geheimen Archiven"[157] – wie die Regionalpresse titelte – zu eruie-
ren.
Die seit den 1980er Jahren bestehende Arbeitsgruppe Katholizismusforschung, zeitweise auch Arbeitsstelle für Widerstandsforschung
genannt, konnte Joachim Kuropka 2008 als Arbeitsstelle für Katholi-
zismus- und Widerstandsforschung institutionalisieren und in diesem
Rahmen seine Forschungen fortsetzen.[158] Schon während seiner aktiven
Lehrtätigkeit hatte ihn die Frage nach der Stabilität des katholischen
Milieus vor dem Hintergrund des erstarkenden Nationalsozialismus am
Ende der Weimarer Republik besonders interessiert. 2009 entstand daraus eine in der Universität Vechta organisierte Tagung über die Grenzen des katholischen Milieus, bei der 16 Experten unterschiedliche Regionalmilieus im Deutschen Reich als Fallbeispiele untersuchten. Das
Grundanliegen begleitete Kuropka seit Ende der 1970er Jahre, als er auf
der Basis der Reichstagswahlergebnisse im Oldenburger Münsterland
der Frage nachging, inwieweit die katholische Prägung – von katholischem Milieu war damals noch nicht die Rede – der Region einer Affinität der Wähler zur NSDAP entgegenwirkte.[159] Seine Intention war es
dabei, „eine interregionalen Vergleich zu ermöglichen, indem die
‚Grenzen' einzelner katholischer Milieus ausgeleuchtet werden"[160].

---

[157] Vgl. Neues aus den geheimen Archiven. Vechtaer Wissenschaftler werten jetzt Vati-
kan-Dokumente aus. In: OV v. 04.10.2004.

[158] Vgl. die Ausführungen zur Arbeitsstelle für Katholizismus- und Widerstandsforschun-
gen in diesem Band auf S. 200–228.

[159] Vgl. den Aufsatz von Joachim Kuropka: Die Reichstagswahlen im Oldenburger Münsterland 1918–1933. In: Jahrbuch für das Oldenburger Münsterland 1979, S. 52–71.

[160] Vgl. Joachim Kuropka: Regionalmilieus – Resistenz und Resilienz. In: Ders. (Hrsg.):
Grenzen des katholischen Milieus. Stabilität und Gefährdung katholischer Milieus in
der Endphase der Weimarer Republik und in der NS-Zeit, Münster 2013, S. 9–21, hier
S. 9.

Die Idee für diese Tagung und den einige Jahre später erschienenen gleichnamigen Sammelband resultierte aus Kuropkas Erkenntnis, „dass es in Deutschland nicht *ein* katholisches Milieu gab, sondern durchaus unterschiedliche Regionalmilieus, worauf in der wissenschaftlichen Diskussion zwar aufmerksam gemacht wurde, ohne dass bislang entsprechende Regionalstudien vorlägen, die über reine Wahlanalysen hinausgehen bzw. diese auf die Untersuchung gesellschaftlich-mentaler Strukturen und Traditionen stützen"[161]. In diesem Zusammenhang attestierte er der bisherigen Forschung eine zu starke Akzentuierung des politischen Widerstands gegenüber sozialen und gesellschaftlichen Faktoren. Insgesamt lässt sich hier ein Abrücken von Begriffen wie Widerstand und Resistenz konstatieren. Stattdessen liegt der Akzent auf der Resilienz, d.h., die „Immunisierungskraft des jeweiligen Regionalmilieus"[162] wird einer Überprüfung unterzogen.

Vom Bistum Münster ließ er sich für die Mitwirkung in der Historischen Kommission im Seligsprechungsprozess für Wilhelm Frede in Dienst nehmen und konnte den Abschluss der diözesanen Phase im März 2020 noch erleben.[163] Erwähnt sei an dieser Stelle auch seine Mitwirkung in Kommissionen der Seligsprechungsprozesse für Galen sowie für den Jugendseelsorger Gerhard Hirschfelder aus der Grafschaft Glatz. Ein besonderes Augenmerk legte Kuropka auch auf die Mitwirkung in einer von der Theologischen Fakultät in Paderborn einberufenen Expertenkommission zur wissenschaftlichen Untersuchung des Verhaltens des Paderborner Erzbischofs Lorenz Jaeger in der NS-Zeit. Seine eigene Expertise zu Jaegers Position nahm mit fast 80 Seiten beinahe den Umfang einer Monographie ein und kam zu dem Resultat, dass mit Jaeger „eine durchaus außergewöhnliche Persönlichkeit auf den Paderborner Bischofsstuhl" gekommen sei, die unter den zeittypischen Bedingungen unter Zeitgenossen die Aufgaben erfüllt

---

[161] Ebd., S. 10.

[162] Ebd., S. 18.

[163] Vgl. Bischof Felix Genn unterschreibt Dokumente am 78. Todestag des Diplomaten. Seligsprechungsverfahren für NS-Opfer Frede im Bistum abgeschlossen. In: Kirche+Leben – Das katholische Online Magazin, 14.03.2020.

Diözesanverfahren zur Seligsprechung Wilhelm Fredes abgeschlossen

Von **Redaktion** - 15. März 2020

Freuen sich über den Abschluss des Seligsprechungsverfahrens auf Diözesanebene: (von links) Dr. Hugo Goeke, Pater Alfred Bell, Simone Post, Bischof Dr. Felix Genn, Dompropst Kurt Schulte, Dr. Maria Anna Zumholz und Professor Dr. Joachim Kuropka (Foto: Bischöfliche Pressestelle/Ann-Christin Ladermann)

Kleve/Münster. *Bischof Genn unterschreibt Dokumente*

Der Seligsprechungsprozess für den deutschen Diplomaten Wilhelm Frede aus Kleve, der 1942 im KZ Sachsenhausen starb, ist auf Bistumsebene abgeschlossen. Der Bischof von Münster, Dr. Felix Genn, unterschrieb am 13. März – dem 78. Sterbetag Fredes – die Dokumente, die in zweifacher Ausführung nach Rom geschickt werden. Dort erstellt die Kongregation für die Selig- und Heiligsprechungsprozesse dann einen Bericht für Papst Franziskus. Die Entscheidung über die Seligsprechung liegt letztendlich beim Papst.

Wilhelm Frede war ein deutscher Diplomat, der beim niederländischen Konsulat in Kleve arbeitete. Wegen seiner tiefen religiösen Überzeugung geriet er nach 1933 immer wieder in Konflikt mit den Nationalsozialisten. Im November 1941 wurde er

und einen hohen Grad an Zustimmung seitens der Katholiken seines Erzbistums erfahren habe.[164] „Zusammengefasst: Er hat es gut gemacht"[165]. Dass er damit Kritiker provozierte, die Jaeger mit drastischen Worten als Kriegstreiber brandmarkten und lautstark eine Aberkennung seiner Paderborner Ehrenbürgerschaft forderten, liegt auf der Hand. So war Kuropka in deren Augen ein „engagierter Vertreter einer apologetischen römisch-katholischen Geschichtsschreibung"[166].

Selbst wenn er in der Causa Jaeger noch einmal seine Fähigkeit zur zugespitzten, pointierten Formulierung komplexer Sachverhalte unter Beweis stellte: Er kam nicht mehr recht in die Gänge, wie er bei Fragen nach aktuellen Forschungsvorhaben freimütig eingestand. Zwar überstand er im Frühjahr 2020 eine Prostataoperation gut, doch fiel Familie und Freunden seine zunehmende Heiserkeit und Abgeschlagenheit auf. Selbst als im Spätherbst 2020 ein unheilbares Lungenkarzinom festgestellt wurde, verlor er nicht den Mut. Offener als früher sprach er über Projekte, die er noch angestoßen sehen wollte, so zum Beispiel Forschungen zur Vertriebenenintegration im Oldenburger Münsterland, auch wenn er – nüchtern und rational, wie er stets war – eine aktive Mitwirkung nicht mehr für realistisch hielt. Selbst als die Atmung längere Gespräche immer schwerer machte, verließ Joachim Kuropka nicht der Mut. Unverhofft ereilte ihn bei einem Besuch bei seiner älteren Tochter in Borken/Westfalen eine Lungenentzündung, der er nach kurzem Krankenhausaufenthalt am 22. Februar 2021 erlag. Am 4. März wurde er auf dem katholischen Friedhof auf der Zitadelle in Vechta beigesetzt. Familie und engere Weggefährten nahmen anschließend in einem feierlichen Seelenamt in der Propsteikirche St. Georg Abschied.

Noch kurz vor seinem Tod erfuhr er von der Verleihung des August-Benninghaus-Preises 2021, der ihm für sein Lebenswerk zuerkannt

---

[164] Joachim Kuropka: Lorenz Jaeger – Geistlicher Studienrat, Divisionspfarrer, Erzbischof von Paderborn. Historisch-kritische Studien zur Kritik an Erzbischof Lorenz Jaegers Haltung zum Nationalsozialismus im Kontext der Kontroverse um die Ehrenbürgerschaft Jaegers. In: Josef Meyer zu Schlochtern/Johannes W. Vutz (Hrsg.): Lorenz Jaeger. Ein Erzbischof in der Zeit des Nationalsozialismus, Münster 2020, S. 247–326, hier S. 324.

[165] Ebd., S. 326.

[166] So z.B. Peter Bürger: Lorenz Jaeger. Kriegsbischof der deutschen Blutsgemeinschaft. https://www.schiebener.net – Sonderdruck 06.08.2020, S. 47–48. Abgerufen am 11.06.2021, 11.48 Uhr.

wurde[167], das mit mehr als 300 Veröffentlichungen, darunter über 40 selbständige Schriften als Autor, Herausgeber oder Mitherausgeber, sowie mit rund 100 Rezensionen in wissenschaftlichen Zeitschriften nur rein quantitativ umrissen ist. In zahlreichen regionalen Zeitungen erschienen kurze Nachrufe, die insbesondere Kuropkas Bedeutung als Galen-Experte bzw. als Motor für den Erhalt des Universitätsstandortes Vechta betonten.[168] Es folgten weitere Würdigungen in verschiedenen regionalgeschichtlichen Periodika.[169] In dem oft für Nekrologe vorgegebenen begrenzten Raum beschränkten sie sich weitgehend auf Aufzählungen der Veröffentlichungen und Verdienste Kuropkas. Was den Menschen und Historiker Joachim Kuropka ausmachte, wird dort allenfalls zwischen den Zeilen spürbar. Deshalb soll an dieser Stelle abschließend auf wesentliche Charaktermerkmale ausführlicher eingegangen werden.

WER WAR JOACHIM KUROPKA? STÄRKEN UND SCHWÄCHEN EINES STREITBAREN HISTORIKERS

Joachim Kuropka besaß die Fähigkeit, Besonderheiten eines Ortes oder einer Region in deren Geschichte aufzuspüren und nachhaltig in das kollektive Bewusstsein zu rücken. Dabei kam ihm neben dem notwendigen detektivischen Spürsinn des Historikers seine rhetorische Gabe zugute. Mit pointierten Formulierungen verstand er es, komplexe historische Fakten für ein breites Publikum verständlich und interessant

---

[167] Vgl. Presseinformation August-Benninghaus-Preis 2021. In: www.pater-benninghaus.de (23.02.2021).

[168] Vgl. Andreas Kathe: Joachim Kuropka stirbt im Alter von 79 Jahren. Der Vechtaer Historiker setzte viele Akzente in Forschung und Lehre/Großes Engagement für den Hochschulstandort. In: OV v. 24.02.2021; Johannes Loy: Galen-Forscher mit großen Verdiensten. Der Historiker Prof. Dr. Joachim Kuropka ist mit 79 Jahren gestorben. In: WN v. 24.02.2021; Galen-Experte Joachim Kuropka ist tot. Professor in Vechta wurde 79 Jahre alt. In: Kirche+Leben v. 28.02.2021; Experte für Verhältnis von katholischer Kirche und Nationalsozialismus. Historiker Joachim Kuropka aus Vechta gestorben. In: katholisch.de u. in KNA (23.02.2021).

[169] Vgl. Michael Hirschfeld: Ein Botschafter für Geschichte und Image der Region. Zur Bedeutung von Prof. Dr. Joachim Kuropka (1941–2021) für das Oldenburger Münsterland. In: Heimatblätter der Oldenburgischen Volkszeitung, 100. Jg. Nr. 2 v. 10.04.2021, S. 14–15 sowie in Oldenburger Münsterland. Jahrbuch 2022 (in Vorbereitung); Ders.: In memoriam: Prof. Dr. Joachim Kuropka (1941–2021). In: Kulturland Oldenburg 2/2021, S. 25.

darzulegen. Mit seiner konservativen und im katholischen Glauben verankerten Grundhaltung und seinem Gespür für politische Fragen traf er auch als zugereister Schlesier die politisch-gesellschaftliche Grundhaltung in weiten interessierten Bevölkerungskreisen im Oldenburger Münsterland und empfahl sich dadurch als gefragter Referent für vielerlei Vortragsveranstaltungen und Debatten im öffentlichen Raum.

Kuropka war jegliche fachliche Larmoyanz fremd, aber gelegentlich äußerte er durchaus Zweifel an der „Halbwertzeit" seiner eigenen Forschungsergebnisse. Historiker profitierten seiner Einschätzung nach von zeitaktuellen Debatten, Moden und nicht zuletzt von Gedenktagen und Jubiläen. Dies sagte er wohl nicht zuletzt im Blick auf die eigene Kreuzkampf- und Galen-Forschung, die so erfolgreich war, weil sie der entsprechenden Konjunktur folgte.

Joachim Kuropka war alles andere als ein Opportunist, der sein Fähnlein in den Wind richtete, sondern ein im besten Sinne des Wortes streitbarer Historiker. Wohl auch deshalb eckte er in der modernen Gesellschaft, die gern dem *mainstream* folgt, auch gelegentlich an. Im Ton stets moderat, in der Sache aber durchaus scharf, verstand er es, den Finger in Wunden zu legen. Dies tat er nie, ohne seine Argumentation im Vorfeld gründlich durchdacht und vor allem die relevanten Quellen genauestens studiert zu haben. Diese sorgfältige intellektuelle Vorbereitung im Hintergrund machte es Gesprächspartnern mit anderen Auffassungen häufig nicht leicht, seine Interpretation auch nur im Ansatz „auszuhebeln". Dass aus solcher zwar stets freundlich und zuweilen charmant, aber im Kern doch deutlich geäußerter Kritik auch Frust und Ablehnung bei seinem Gegenüber entstehen konnte, ist nicht verwunderlich. Manche Freundschaften mit Fach- bzw. Universitätskollegen zerbrachen daran im Laufe der Zeit. Aber selbst erbitterte Widersacher Kuropkas wussten seine Geradlinigkeit und Redlichkeit zu schätzen.

Dieser Charakterzug schloss persönliche Zugewandtheit für Menschen, die seine Begeisterung für Geschichte teilten, nicht aus. Nachhaltiges Interesse zeigte er an einer Zusammenarbeit insbesondere mit Studentinnen und Studenten, Geschichtslehrerinnen und -lehrern, wenn sie „vorzeigbar" waren, wie er es gern formulierte. Intelligenz und Ideenreichtum waren für ihn Grundvoraussetzungen für einen engeren Kontakt gerade auch im Kreis seiner Doktorandinnen und Doktoran-

den, indem er nie den Habitus des Ordinarius heraushängen ließ, sondern sich für Gedanken und Überlegungen vielerlei Art offen zeigte,
ohne dabei mit seiner Meinung hinter dem Berg zu halten. Kurz gesagt,
man wusste immer, woran man bei ihm war. Vielleicht wird diese Haltung am besten in einer Ansprache zum Tag der deutschen Wiedervereinigung am 3. Oktober 1990 in der Katholischen Akademie Stapelfeld
deutlich, bei der Kuropka formulierte: „Unsere Antwort für die Zukunft, die wir gewinnen wollen, kann nur die Wahrheit über die Vergangenheit sein, die oft nicht so einfach und offen zu Tage liegt, um die
gerungen werden muss."[170]

*Zum 70. Geburtstag gratulierten (von links) Wilfried Kürschner, Michael
Hirschfeld, Maria Anna Zumholz, Heimatbundpräsident Hans-Georg Knap-
pik und Reinhard Rittner (rechts). Foto: Andreas Kathe*

---

[170] Joachim Kuropka: Gedanken zum Tag der deutschen Einheit. In: Franz-Josef Schröder
(Hrsg.): „Des Geschenkes würdig erweisen …". 3. Oktober 1990. Tag der deutschen
Einheit in Stapelfeld, Vechta 1991, S. 25–36, hier S. 33.

II. Wissenschaft

Maria Anna Zumholz (Bearb.)

II.1 Schriftenverzeichnis 1972–2021

II.2 Herausgeber/Mitherausgeber von Reihen/Reihenbänden

II.3 Promotionen und Habilitationen

II.4 Mitgliedschaft und Tätigkeit in wissenschaftlichen Vereinigungen

Joachim Kuropka in seinem Arbeitszimmer im Institut für Geschichte und Historische Landesforschung der Universität Vechta. Foto: Andreas Kathe

II.1 SCHRIFTENVERZEICHNIS 1972–2021[1]

1972

Die britische Politik gegenüber Deutschland zu den Abstimmungsproblemen in Allenstein und Marienwerder. In: Nordost-Archiv 5, 1972, Heft 22/23, Seite 15–28 u. 6, 1973, Heft 25, Seite 10–26.

1974

DIE GRÜNDUNG POLITISCHER PARTEIEN 1945/46 IM KREIS VECHTA. Ein Beitrag zur politischen Frühgeschichte der Nachkriegszeit in Südoldenburg. In: Jahrbuch für das Oldenburger Münsterland 1974, Seite 81–101.

„KRISE" UND „GLÜCK" ALS STRUKTURMOMENTE POLITISCHER SOZIALISATION DURCH GESCHICHTSUNTERRICHT. In: Walter Fürnrohr (Hrsg.): Geschichtsdidaktik und Curriculumentwicklung. Beiträge zur Neugestaltung von Unterricht und Studium, München 1974, Seite 149–151.

1975

2. APRIL 1945, OSTERMONTAG VOR 30 JAHREN: IN MÜNSTER BEGINNT DIE NACHKRIEGSZEIT ... In: Westfälische Nachrichten vom 28./29.03.1975, 2 Seiten.

1976

DER NEUBEGINN DES ÖFFENTLICHEN LEBENS 1945/46 IM KREIS VECHTA (OLDB.). Eine Skizze zur Sozialgeschichte der frühen Nachkriegszeit in Südoldenburg. In: Jahrbuch für das Oldenburger Münsterland 1976, Seite 81–101.

EINE NEUE CHRISTLICHE PARTEI. In: Beiheft Schulfunk. Hrsg. vom NDR, Hamburg 1976, Seite 42–45 (zusammen mit Heinz Plagemann).

---

[1] Nicht aufgenommen wurden kleinere Zeitungsartikel und Leserbriefe in Lokalzeitungen. Für die Veröffentlichungen bis zum Jahr 2001 vgl. als Grundlage – mit anderer Systematik – die bislang einzige Bibliographie: Verzeichnis der wissenschaftlichen Veröffentlichungen von Joachim Kuropka von 1972 bis 2001. Bearbeitet von Bernd Ulrich Hucker. In: Alwin Hanschmidt/Bernd Ulrich Hucker (Hrsg.): Persönlichkeit und Zeitgeschehen. Beiträge zur Geschichte des 17. bis 20. Jahrhunderts. Festgabe für Joachim Kuropka zum 60. Geburtstag, Vechta 2001 [2002], S. 343–360.

(Mit Hans-Georg Wolf): GESCHICHTSBEWUSSTSEIN, GESCHICHTSUNTER-
RICHT, GESCHICHTSWISSENSCHAFT. Zur Diskussion um Lernziele, Didaktik
und Lehrplan der Geschichte. In: Geschichte/Politik und ihre Didaktik
4, 1976, Seite 10–15.

1977

(Mit Hans-Georg Wolf): GESCHICHTSDIDAKTIK UND GESCHICHTSBEWUSST-
SEIN. In: Geschichte/Politik und ihre Didaktik 5, Heft 1/2, 1977, Seite 23–42.

1978

IMAGE UND INTERVENTION. Innere Lage Deutschlands und britische Beeinflussungsstrategien in der Entscheidungsphase des Ersten Weltkriegs (Historische Forschungen, Bd. 14), Berlin 1978, 304 Seiten. (= Dissertation).

DIE MACHTERGREIFUNG DER NATIONALSOZIALISTEN (Geschichte original –
am Beispiel der Stadt Münster 2), Münster 1978, 2. Aufl. 1979, 3. durchges.
Aufl. 1980, 4. ergänzte Aufl. 1981, 16 Seiten u. 45 Dokumente mit Erläuterungen.

EINE DIPLOMATISCHE AKTION AUS DEM JAHRE 1945 UM DIE ROMREISE DES
BISCHOFS CLEMENS AUGUST VON MÜNSTER. Zur Problematik des Verhältnisses von Kirche und Besatzungsmacht in den ersten Monaten nach der Ka-
pitulation. In: Westfälische Forschungen 28, 1976/77 (1978), Seite 206–211.

1979

VON LONDON BIS OPPELN. Zur britischen Politik in Oberschlesien 1919 bis
März 1921. In: Jahrbuch der Schlesischen Friedrich-Wilhelms-Universität zu
Breslau 20, 1979, Seite 184–210.

DIE REICHSTAGSWAHLEN IM OLDENBURGER MÜNSTERLAND 1919–1933. In:
Jahrbuch für das Oldenburger Münsterland 1979, Seite 52–71.

(Mit Wolfgang Wiemers) ANSTALTSLEHRPLAN FÜR DAS FACH GESCHICHTE
IM 5. UND 6. JAHRGANG. In: Aloysius Regenbrecht (Hrsg.): Friedensschule
Münster, Anstaltslehrplan für den Fachbereich Gesellschaft/Politik im 5. und
6. Jahrgang, Münster 1979, 34 Seiten.

1980

(Hrsg. mit Alwin Hanschmidt): VON DER NORMALSCHULE ZUR UNIVERSI-
TÄT. 150 Jahre Lehrerausbildung in Vechta 1830 – 1980 (Geschichte der
oldenburgischen Lehrerbildung, Bd. 4), Bad Heilbrunn 1980, 448 Seiten.

DIE AKADEMISCHE LEHRERAUSBILDUNG UND IHRE UMGESTALTUNG IN DER
NS-ZEIT. Staatlicher Pädagogischer Lehrgang und Lehrerbildungsanstalt in
Vechta. In: Alwin Hanschmidt/Joachim Kuropka (Hrsg.): Von der Normal-
schule zur Universität. 150 Jahre Lehrerausbildung in Vechta 1830 – 1980,
Bad Heilbrunn 1980, Seite 175–257.

LEHRERAUSBILDUNG IN DER NACHKRIEGSZEIT. Pädagogische Akademie und
Pädagogische Hochschule Vechta 1945–1969. In: Alwin Han-
schmidt/Joachim Kuropka (Hrsg.): Von der Normalschule zur Universität.
150 Jahre Lehrerausbildung in Vechta 1830 – 1980, Bad Heilbrunn 1980,
Seite 259–306.

ZWISCHEN PARTIKULARISMUS UND SEZESSION. Die politische Stellung Bay-
erns in britischer Sicht 1917–1920. In: Zeitschrift für bayerische Landesgeschichte 43, 1980, Seite 655–665.

DIE BRITISCHE LUFTKRIEGSKONZEPTION GEGEN DEUTSCHLAND IM ERSTEN
WELTKRIEG. In: Militärgeschichtliche Mitteilungen 27, 1980, Seite 7–24.

ZUR REZEPTION DER 'NEUEN LEHRERBILDUNG' IN PREUSSEN DURCH DEN
FREISTAAT OLDENBURG. Ein Beitrag zur Geschichte der akademischen Lehrerausbildung. In: Geschichte/Politik und ihre Didaktik 8, 1980, Seite 156–
164.

STIMMUNG UND LAGE DER BEVÖLKERUNG IN WESTFALEN ZU KRIEGSBEGINN
1939. In: Westfälische Forschungen 30, 1980, Seite 169–197.

(Mit Eberhard Ockel): REFORM IN DER REALITÄT – ERFAHRUNGEN MIT DER
EINPHASIGEN LEHRERAUSBILDUNG AN DER UNIVERSITÄT OSNABRÜCK. In:
Die Deutsche Schule 72, 1980, Seite 168–175.

1981

REZENSION zu Schaap, Klaus: Die Endphase der Weimarer Republik im Freistaat Oldenburg 1928–1933, Düsseldorf 1978. In: Westfälische Forschungen 31, 1981, Seite 271–272.

REZENSION zu Dean, Sir Maurice: The Royal Air Force and Two World Wars. Foreword by Marshal of the RAF Sir Arthur T. Harris, London 1979. In: Militärgeschichtliche Mitteilungen 2/1981, Seite 225–226.

REZENSION zu Schwarz, Peter Klaus: Nationale und soziale Bewegung in Oldenburg im Jahrzehnt vor der Reichsgründung, Oldenburg 1979. In: Westfälische Forschungen 31, 1981, Seite 270–271.

1982

ZUR HISTORISCHEN IDENTITÄT DES OLDENBURGER MÜNSTERLANDES, Münster 1982, 2. Aufl. 1987, 86 Seiten.

VOR EINEM SCHULKAMPF IM JAHRE 1929. Das Projekt einer Pädagogischen Akademie für den Freistaat Oldenburg und die Reaktion im Oldenburger Münsterland. In: Jahrbuch für das Oldenburger Münsterland 1982, Seite 126–141.

NATIONALSOZIALISMUS UND LEHRERAUSBILDUNG. Ein Beitrag zum Funktionswandel des Lehrerberufs unter besonderer Berücksichtigung der Provinz Westfalen. In: Westfälische Zeitschrift 131, 1982, Seite 161–189.

DIE KONFLIKTE UM KREUZE. Leserbrief in Frankfurter Allgemeine Zeitung vom 20.02.1982.

1983

FÜR WAHRHEIT, RECHT UND FREIHEIT – GEGEN DEN NATIONALSOZIALISMUS (Dokumente und Materialien zur Geschichte und Kultur des Oldenburger Münsterlandes, Bd. 1), Vechta 1983, 154 Seiten.

J. HERMANN SIEMER. In: Abgeordnete des Deutschen Bundestages. Aufzeichnungen und Erinnerungen. Hrsg. vom Deutschen Bundestag, Wissenschaftliche Dienste, Abt. Wiss. Dokumentation, Boppard 1983, Seite 285–312.

EINE WIEDERENTDECKUNG: HEIMATGESCHICHTE. In: Geschichte/Politik und ihre Didaktik 11, 1983, Heft 3/4, Seite 49–57.

ZUR DIDAKTIK DER DEUTSCHEN FRAGE. In: Deutsche Studien 22, 1983, H. 82, Seite 130–145. Wiederabdruck in: Die Frage nach der deutschen Identität (Schriftenreihe der Bundeszentrale für politische Bildung, Bd. 221), Bonn 1985, Seite 69–87.

Münster 1982, 2. Aufl. 1987, 86 Seiten

ALSO HOCHSCHUL-MEGALOMANIE? Leserbrief in Frankfurter Allgemeine Zeitung vom 21.03.1983.

1984

'MILITARISMUS' UND DAS 'ANDERE DEUTSCHLAND'. Zur Entstehung eines Musters britischer Deutschlandinterpretation. In: Bernd-Jürgen Wendt

(Hrsg.): Das britische Deutschlandbild im Wandel des 19. und 20. Jahrhunderts, Bochum 1984, Seite 103–124.

AUF DEM WEG IN DIE DIKTATUR. Politik und Gesellschaft in der Provinzialhauptstadt Münster 1929 bis 1934. In: Westfälische Zeitschrift 134, 1984, Seite 154–199.

SCHLAGETER UND DAS OLDENBURGER MÜNSTERLAND 1923/1933. Ein Markstein auf dem Weg in die 'Revolution des Nihilismus'. In: Jahrbuch für das Oldenburger Münsterland 1984, Seite 85–98.

(mit Hans-Wilhelm Windhorst): ZEHN JAHRE UNIVERSITÄT IN VECHTA. In: Mitteilungsblatt der Oldenburgischen Landschaft Nr. 44, September 1984, Seite 1–4.

REZENSION zu Günther, Wolfgang (Hrsg.): Parteien und Wahlen in Oldenburg. Oldenburg 1983. In: Oldenburger Jahrbuch, 84, 1984, Seite 302–304.

REZENSION zu Günther-Arndt, Hilke: Volksschullehrer im Nationalsozialismus, Oldenburg 1983. In: Oldenburger Jahrbuch 84, 1984, Seite 323–324.

REZENSION zu Höffkes, Karl/ Sauermann, Uwe: Albert Leo Schlageter. Freiheit, du ruheloser Freund, Kiel 1983. In: Jahrbuch für das Oldenburger Münsterland 1984, Seite 378.

1985

WANDERPREDIGER UND GESTAPO. In: Jahrbuch für das Oldenburger Münsterland 1985, Seite 111–118.

550 JAHRE CLOPPENBURG. Jubiläum und historische Erinnerung. In: Beiträge zur Geschichte der Stadt Cloppenburg. Hrsg. von der Stadt Cloppenburg, Cloppenburg 1985, Seite 9–33.

REZENSION zu von der Wall, Heinz: Noch schmetterten Siegesfanfaren, Cloppenburg 1981. In: Jahrbuch für das Oldenburger Münsterland 1985, Seite 375.

REZENSION zu Arbeitsgruppe Christentum und Politik/Winzeler, Peter (Hrsg.): Das Kreuz mit dem Frieden. 1982 Jahre Christen und Politik, Berlin 1982. In: Jahrbuch für das Oldenburger Münsterland 1985, Seite 373.

REZENSION zu Ottenjann, Helmut: Lebensbilder aus dem ländlichen Bieder-
meier, Cloppenburg 1984. In: Jahrbuch für das Oldenburger Münsterland
1985, Seite 370–371.

1986

(Hrsg. mit Hans-Wilhelm Windhorst): UNSER KREIS VECHTA. Ein Arbeitsbuch für den Sachunterricht für das 3. u. 4. Schuljahr, Münster 1986, 146 Seiten.

(Hrsg. mit Hans-Wilhelm Windhorst): UNSER KREIS VECHTA. Beiheft für
Lehrer und interessierte Eltern, Münster 1986, 137 Seiten.

(Hrsg.): ZUR SACHE – DAS KREUZ! Untersuchungen zur Geschichte des Konflikts um Kreuz und Lutherbild in den Schulen Oldenburgs, zur Wirkungsgeschichte eines Massenprotests und zum Problem nationalsozialistischer Herrschaft in einer agrarisch-katholischen Region, Vechta 1986, 2. Aufl. 1987,
511 Seiten.

VORWORT. In: Joachim Kuropka (Hrsg.): Zur Sache – Das Kreuz!, Vechta
1986, 2. Aufl. 1987, Seite 7–10.

'DAS VOLK STEHT AUF'. Zur Geschichte, Einordnung und Bewertung des
Kreuzkampfes in Oldenburg im Jahre 1936. In: Joachim Kuropka (Hrsg.): Zur
Sache – Das Kreuz!, Vechta 1986, 2. Aufl. 1987, Seite 11–55.

Hrsg. mit Willigis Eckermann): DER MENSCH UND DIE NATUR. WEGE UND
PERSPEKTIVEN (Vechtaer Universitätsschriften, Bd. 2), Vechta 1986, 195 Seiten.

NATURSCHUTZ – HEIMATSCHUTZ. Über die Politisierung von Natur und Heimat. In: Willigis Eckermann/Joachim Kuropka (Hrsg.): Der Mensch und die
Natur. Wege und Perspektiven, Vechta 1986, Seite 69–95.

DER ÜBERGANG IN DIE NATIONALSOZIALISTISCHE DIKTATUR IN DER STADT
CLOPPENBURG. In: Jahrbuch für das Oldenburger Münsterland 1986, Seite
141–168.

VORWORT. In: Dr. Johannes Göken: Der Kampf um das Kreuz in der Schule.
Eine Volkserhebung in Südoldenburg im Jahre 1936, Neudruck Bösel 1986,
Seite 1–5.

VORWORT. In: Rudolf Willenborg: Die Schule muss bedingungslos national-sozialistisch sein. Erziehung und Unterricht im Dritten Reich (Dokumente und Materialien zur Geschichte und Kultur des Oldenburger Münsterlandes, Bd. 2), Vechta 1986, Seite 7–8.

EIN POSITIVES ELEMENT IN DER POLITISCHEN ÖKOLOGIE NIEDERSACHSENS. In: Oldenburgische Volkszeitung vom 15.11.1986, 4 Seiten.

REZENSION zu Kathe, Andreas (Hrsg.): Erinnerungen an das Jahr 1945, Vechta 1985. In: Mitteilungsblatt der Oldenburgischen Landschaft 53, Dezember 1986, Seite 15.

REZENSION zu Hegeler, Hans Gerd/Schute, Ursula Maria: Das Oldenburger Münsterland, Oldenburg 1986. In: Oldenburger Jahrbuch 86, 1986, Seite 259.

1987

40 JAHRE CHRISTLICH-DEMOKRATISCHE UNION IM OLDENBURGER LAND. ZUR GRÜNDUNG UND ENTWICKLUNG EINER NEUEN PARTEI IN OLDENBURG SEIT 1945, Vechta 1987, 48 Seiten.

800 JAHRE STEINFELD. ERINNERUNG FÜR GEGENWART UND ZUKUNFT, Vechta 1987, 32 Seiten.

1945/46. ENDE UND NEUBEGINN (Geschichte original – am Beispiel der Stadt Münster 15) Münster 1987, 16 Seiten und 61 Dokumente mit Erläuterungen.

WIDERSTAND GEGEN DEN NATIONALSOZIALISMUS IN MÜNSTER. Neuere Forschungen zu einigen Problemfeldern. In: Westfälische Zeitschrift 137, 1987, Seite 159–182.

REGIONALGESCHICHTE ALS HEIMATGESCHICHTE. In: Hans–Georg Kirchhoff (Hrsg.): Raum als geschichtsdidaktische Kategorie, Bochum 1987, Seite 78–108.

GRUNDWERTE LEBEN – DARGESTELLT AM WIRKEN DES KARDINALS CLEMENS AUGUST GRAF VON GALEN. In: Auftrag 27, 1987, Seite 12–26.

REZENSION zu Carsten, Francis L.: Britain and the Weimarer Republic. The British Documents, London 1984. In: European History Quarterly 17, 1987, Seite 253-255.

DIE KONFLIKTE UM KREUZE. Leserbrief in Frankfurter Allgemeine Zeitung vom 20.02.1987.

1988

UNSER LANDKREIS DIEPHOLZ. Ein Arbeitsbuch für den Sachunterricht im 3. u. 4. Schuljahr, Münster 1988, 136 Seiten.

UNSER LANDKREIS DIEPHOLZ. Beiheft für Lehrer und interessierte Eltern, Münster 1988, 149 Seiten

BRITISCHE BESATZUNGSPOLITIK UND DER NEUBEGINN DES ÖFFENTLICHEN LEBENS. Probleme des politischen Wiederaufbaus in der britischen Besatzungszone. In: Willigis Eckermann/Joachim Kuropka (Hrsg.): Neubeginn 1945 zwischen Kontinuität und Wandel, Cloppenburg 1988, ²1989, Seite 9--36.

(Hrsg. mit Willigis Eckermann): NEUBEGINN 1945 ZWISCHEN KONTINUITÄT UND WANDEL (Vechtaer Universitätsschriften, Bd. 4), Cloppenburg 1988, 2. Aufl. 1989, 185 Seiten.

CLOPPENBURG ALS ORT DES WIDERSTANDES GEGEN DEN NATIONALSOZIALISMUS. In: Beiträge zur Geschichte der Stadt Cloppenburg. Hrsg. von der Stadt Cloppenburg, Bd. 2, Cloppenburg 1988, Seite 28–53.

EIN MASSENPROTEST IN DER NS-ZEIT. Der Konflikt um Kruzifix und Lutherbilder in den Schulen Oldenburgs im Jahre 1936. In: Uni Osnabrück 2/88 (1988), Seite 23–36.

REZENSION zu Kosthorst, Erich/Walter, Bernd: Konzentrations- und Strafgefangenenlager im Dritten Reich: Beispiel Emsland; Zusatzteil: Kriegsgefangenenlager; Dokumentation und Analyse zum Verhältnis von NS-Regime und Justiz. Mit historisch-kritischen Einführungstexten sowie statistisch-quantitativen Erhebungen und Auswertungen zum Strafvollzug in Arbeitslagern, 3 Bde., Düsseldorf 1983. In: Historisches Jahrbuch 108, 1988, Seite 315–317.

1989

LANDKREIS VECHTA 1964–1989. RÜCKBLICK UND AUSBLICK, Vechta 1989, 50 Seiten.

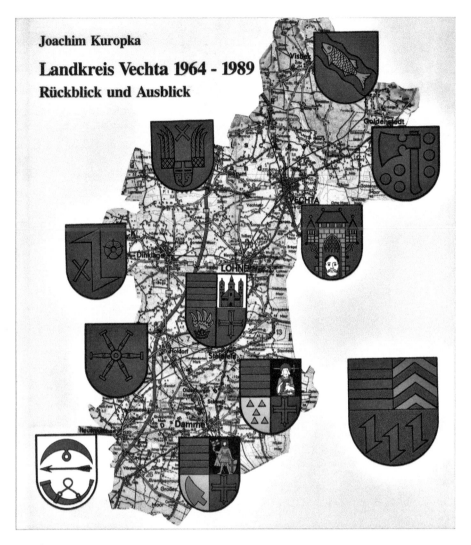

Vechta 1989

(Hrsg. mit Willigis Eckermann): OLDENBURGER PROFILE (Vechtaer Universitätsschriften, Bd. 6), Cloppenburg 1989, 260 Seiten.

CLEMENS AUGUST GRAF VON GALEN. Das Bild des Bischofs zwischen zeit-
genössischer Bewunderung und neuerer Kritik. In: Joachim Kuropka/Willigis
Eckermann (Hrsg.): Oldenburger Profile, Cloppenburg 1989, Seite 95–123.

CLEMENS AUGUST GRAF VON GALEN (1878–1946). In: Niedersachsen. Bundesland – Stammesland. Hrsg. von Nds. Staatskanzlei, Nds. Landkreistag, Nds. Städte- und Gemeindebund, Nds. Städtetag, Heidelberg 1989, Seite 50-51.

DIE JAHRE VOR DER GRÜNDUNG DER REPUBLIK: DIE SCHICKSALSFRAGEN STELLTE DER ALLTAG. In: Geburtsstunde des neuen Deutschland, vierzig Jahre Bundesrepublik Deutschland. Sonderbeilage der Oldenburgischen Volkszeitung zum 23. Mai 1989, Seite 6–13.

REZENSION zu Gelhaus, Hubert: 365 ganz normale Tage. Beobachtungen zum nationalsozialistischen Alltag in Cloppenburg und Umgebung (Südoldenburg), Oldenburg 1988. In: Jahrbuch für das Oldenburger Münsterland 1989, Seite 441–443.

REZENSION zu Aschoff, Hans-Georg: Rechtsstaatlichkeit und Emanzipation. Das politische Wirken Ludwig Windthorsts, Sögel 1988. In: Oldenburger Jahrbuch 89, 1989, Seite 147–149.

REZENSION zu Neumann, Klaus: Politischer Regionalismus und staatliche Neugliederung in den Anfangsjahren der Weimarer Republik, Münster 1988. In: Oldenburger Jahrbuch 89, 1989, Seite 150.

REZENSION zu Jung, Peter/Sellmeyer, Martina: Stationen auf dem Weg nach Auschwitz. Entrechtung, Vertreibung, Vernichtung. Juden in Osnabrück 1900–1945, Bramsche 1988. In: Osnabrücker Mitteilungen 94, 1989, Seite 296–297.

1990

A 'BLITZ' ON GERMAN HISTORY TEACHERS. Deutscher Geschichtsunterricht im Jahre 1948 im Spiegel britischer Berichte. In: Klaus Goebel/Johannes Hoffmann/Klaus Lampe/Dieter Tiemann (Hrsg.): „Am Gespräch des menschlichen Geistes über die Jahrhunderte teilzuhaben...". (Festschrift für Hans Georg Kirchhoff), Bochum 1990, Seite 75–83.

VOM ANTISEMITISMUS ZUM HOLOCAUST. Zu Vorgeschichte und Folgen des 9. November 1938 unter Berücksichtigung der Stadt Münster. In: Westfälische Zeitschrift 140, 1990, Seite 185–205.

ASPEKTE DES KULTURELLEN LEBENS IN MÜNSTER WÄHREND DER NS-ZEIT. Theater – Büchereiwesen – Schulen. In: Franz-Josef Jakobi/Thomas Sternberg

(Hrsg.): Kulturpolitik in Münster während der nationalsozialistischen Zeit, Münster 1990, Seite 96–118.

DIE DEUTSCHE FRAGE ALS UNTERRICHTSTHEMA IN DER BUNDESREPUBLIK. In: Wissenschaftliche Zeitschrift der Pädagogischen Hochschule Neubrandenburg 1, 1990, Heft 3, Seite 57–65.

GESCHICHTSUNTERRICHT UND MORALISCHE ERZIEHUNG. In: Aloysius Regenbrecht/Karl Gerhard Pöppel (Hrsg.): Moralische Erziehung im Fachunterricht, Münster 1990, Seite 137–152.

(Mit Hans-Wilhelm Windhorst): UNSER LANDKREIS VECHTA. Ein Arbeitsbuch für den Sachunterricht für das 3. u. 4. Schuljahr, 2., verbesserte Auflage, Münster 1990, 146 Seiten.

HISTORISCHE REFLEXIONEN ZUM 3. OKTOBER. In: Oldenburgische Volkszeitung vom 03.10.1990, Seite 18–19.

REZENSION zu Lange-Stuke, Agnes: Die Schulpolitik im Dritten Reich. Die katholische Bekenntnisschule im Bistum Hildesheim vor 1933–1948 (Beiträge zur historischen Bildungsforschung, Bd. 9), Hildesheim 1989. In: Osnabrücker Mitteilungen 95, 1990, Seite 298–299.

ER GEHÖRTE NICHT ZU DEN LAUEN. REZENSION zu Löffler, Peter (Bearb.): Bischof Clemens August Graf von Galen. Akten Briefe und Predigten 1933–1946, 2 Bde. (Veröffentlichungen der Kommission für Zeitgeschichte: Reihe A, Quellen, Bd. 42), Mainz 1988. In: Frankfurter Allgemeine Zeitung vom 27.03.1990.

1991

(Mit Franz Bölsker-Schlicht): UNSER LANDKREIS EMSLAND. Ein Arbeitsbuch für den Sachunterricht für das 3. u. 4. Schuljahr, Münster 1991, 152 Seiten.

CLEMENS AUGUST GRAF VON GALEN. Politisch interessierter Seelsorger in Münster 1929–1933. In: Hermann Bringmann/Hubert Stuntebeck (Hrsg.): Den Menschen lebensstark machen (Festschrift für Bernd Thonemann), Hannover 1991, Seite 117–128.

WIE SCHREIBT MAN HEIMATGESCHICHTE. In: Bernard Haaler (Hrsg.): Beiträge zur Geschichte der Gemeinde Recke, H. 2: Aspekte der Heimatforschung. Ibbenbüren 1991, Seite 1–20.

DIE RÖMISCH-KATHOLISCHE KIRCHE IN DELMENHORST. In: Rolf Schäfer/Reinhard Rittner (Hrsg.): Delmenhorster Kirchengeschichte. Beiträge zur Stadt-, Schul- und Sozialgeschichte, Delmenhorst 1991, Seite 143–177.

NEUES ÜBER DEN „LÖWEN VON MÜNSTER". In: Mitteilungsblatt der Oldenburgischen Landschaft 73, IV/1991, Seite 8–10.

GEDANKEN ZUM TAG DER DEUTSCHEN EINHEIT. In: Franz-Josef Schröder (Hrsg.): „Des Geschenkes würdig erweisen...". 3. Oktober 1990, Tag der Deutschen Einheit in Stapelfeld, Vechta 1991, Seite 25–36.

1992

MELDUNGEN AUS MÜNSTER 1924 – 1944. Geheime und vertrauliche Berichte von Polizei, Gestapo, NSDAP und ihren Gliederungen, staatlicher Verwaltung Gerichtsbarkeit und Wehrmacht über die politische und gesellschaftliche Situation in Münster und Umgebung, Münster 1992, 691 Seiten.

(unter Mitarbeit von Maria Anna Zumholz): CLEMENS AUGUST GRAF VON GALEN. SEIN LEBEN UND WIRKEN IN BILDERN UND DOKUMENTEN, Cloppenburg 1992, 2., erw. Aufl. 1993, 3. Aufl. 1997, 279 Seiten.

(HRSG.): CLEMENS AUGUST GRAF VON GALEN. Neue Forschungen zum Leben und Wirken des Bischof von Münster, Münster 1992, 2. Aufl. 1993, 439 Seiten.

CLEMENS AUGUST GRAF VON GALEN IM POLITISCHEN UMBRUCH DER JAHRE 1929 BIS 1934. In: Joachim Kuropka (Hrsg.): Clemens August Graf von Galen, Münster 1992, Seite 61–100.

LEISTETE CLEMENS AUGUST GRAF VON GALEN WIDERSTAND GEGEN DEN NATIONALSOZIALISMUS? In: Joachim Kuropka (Hrsg.): Clemens August Graf von Galen, Münster 1992, Seite 371–390.

CLEMENS AUGUST GRAF VON GALEN (1878–1946). EIN GROSSER NIEDERSACHSE, HANNOVER (Niedersächsischer Landtag) 1992, 19 Seiten.

(Redaktion mit Wilhelm Hanisch u. Franz Hellbernd): BEITRÄGE ZUR GESCHICHTE DER STADT VECHTA, 4 Bde., Vechta 1992, 2400 Seiten.

Geheime und vertrauliche Berichte von Polizei, Gestapo, NSDAP und ihren Gliederungen, staatlicher Verwaltung, Gerichtsbarkeit und Wehrmacht über die politische und gesellschaftliche Situation in Münster und Umgebung.

Joachim Kuropka

Meldungen aus Münster 1924-1944

Münster 1992, 691 Seiten

VECHTA UNTER NIEDERSACHSEN. Eine Skizze zur Geschichte der Stadt Vechta 1946 bis 1986. In: Wilhelm Hanisch/Franz Hellbernd/Joachim Kuropka (Red.): Beiträge zur Geschichte der Stadt Vechta, Bd. I, Vechta 1992, Seite 149–196 + I–XXIV.

ALWIN REINKE. In: Wilhelm Hanisch/Franz Hellbernd/Joachim Kuropka (Red.): Beiträge zur Geschichte der Stadt Vechta, Bd. IV, Vechta 1992, Seite 197–199.

(Mit Ingo Mose und Frank Käthler): UNSER LAND BREMEN. Ein Arbeitsbuch für den Sachunterricht im 3. u. 4. Schuljahr, Münster 1992, 122 Seiten.

DER 'DEUTSCHE VOLKSCHARAKTER' UND DER VERSUCH SEINER VERÄNDERUNG DURCH DIE BRITISCHE BESATZUNGSMACHT. In: Internationale Schulbuchforschung 11, 1992, Seite 279–294.

DAS KATHOLISCHE SCHULWESEN IM WIEDERAUFBAU 1945–1960. In: Handbuch katholische Schule, Bd. 3, Zur Geschichte des katholischen Schulwesens, bearb. von Christoph Kronabel, Köln 1992, Seite 258–303.

DIE ERRICHTUNG DER ERSTEN KATHOLISCHEN PFARREIEN IN NORDOLDENBURG. Zur kirchlichen Organisation eines Missionsgebietes 1831–1931. In: Willigis Eckermann/Karl Josef Lesch (Hrsg.): Dem Evangelium verpflichtet. Perspektiven der Verkündigung in Vergangenheit und Gegenwart, Kevelaer 1992, Seite 183–196.

MÜNSTER IN DER NATIONALSOZIALISTISCHEN ZEIT. In: Franz-Josef Jakobi (Hrsg.): Geschichte der Stadt Münster, Bd. 2, Münster 1992, 3. Aufl. 1995, Seite 285–330.

1993

CLEMENS AUGUST GRAF VON GALEN UND DAS PROBLEM DES WIDERSTANDES AUS CHRISTLICHEN GRUNDSATZPOSITIONEN (Xantener Vorträge zur Geschichte des Niederrheins, H. 9), Duisburg 1993, 21 Seiten.

VOM SELBSTBESTIMMUNGSRECHT ZUM NEUEN NATIONALISMUS. Zu Aussiedlung und Vertreibung nach 1918. In: Wilfried Kürschner/Hermann v. Laer (Hrsg.): Zwischen Heimat und Fremde. Aussiedler – Ausländer – Asylanten, Cloppenburg 1993 (Vechtaer Universitätsschriften, Bd. 11), Seite 75–98.

NORDWESTFALEN NACH 1945. In: Hans Galen/Helmut Ottenjann (Hrsg.): Westfalen in Niedersachsen. Kulturelle Verflechtungen. Münster – Osnabrück – Emsland – Oldenburger Münsterland, Cloppenburg 1993, Seite 99–106.

CLEMENS AUGUST GRAF VON GALEN (1878–1946). In: Hans Galen/Helmut Ottenjann (Hrsg.): Westfalen in Niedersachsen. Kulturelle Verflechtungen: Münster – Osnabrück – Emsland – Oldenburger Münsterland, Cloppenburg 1993, Seite 396–399.

SPUREN DER GESCHICHTE. In: Jan Bernd Eisenbart (Hrsg.): Vechta – Landkreis im Oldenburger Münsterland (Deutsche Landkreise im Portrait), Oldenburg 1993, Seite 10–14.

KIRCHEN IM LANDKREIS VECHTA. In: Jan Bernd Eisenbart (Hrsg.): Vechta – Landkreis im Oldenburger Münsterland (Deutsche Landkreise im Portrait), Oldenburg 1993, Seite 24–25.

(Mit Hermann von Laer) KILKA UWAG O ANKIECIE WŚRÓD NIEMICKICH STU-DENTÓW. Temat: "Mlodziez o zmianach w Europie" In: Krysztof Dziendzi-ura/Edward Hajduk/Ryszard Kostecki (Hrsg.): Nastepstwa Zjednoczenia Nie-miec Dla Krajów Europy Srodkowej I Wschodniej, Zielona Góra 1993, Seite 139–142.

(Mit Franz Hellbernd): Geschichte der Stadt Vechta in Bildern, Plänen und Urkunden, Vechta 1993, 115 Seiten.

REZENSION zu Large, David Clay (Ed.): Contending with Hitler. Varieties of German Resistanve in the Third Reich, Washington 1991. In: Das Historisch-Politische Buch 41, 1993, Seite 127–128.

REZENSION zu Jochheim, Gernot: Frauenprotest in der Rosenstrasse. „Gebt uns unsere Männer wieder", Berlin 1993. In: Das Historisch-Politische Buch 41, 1993, Seite 350.

1994

GESCHICHTE UND TRADITION – DAS OLDENBURGER MÜNSTERLAND VOR UND NACH 1803 (Das Oldenburger Münsterland 4), Cloppenburg 1994, 20 Seiten.

EIN LUSTSPIEL MIT POLITISCHEM HINTERGRUND. 'Krach um Jolanthe' und das Ende der Weimarer Republik. In: Jahrbuch für das Oldenburger Münsterland 1994, Seite 161–171.

THESEN ZUR REGIONALEN IDENTITÄT. In: Volker Schulz (Hrsg.): Region und Regionalismus (Vechtaer Universitätsschriften, Bd. 12), Cloppenburg 1994, Seite 11–34.

ZUR LEBENSREALITÄT VON FRAUEN IN DER NS-ZEIT. In: Hermann v. Laer/Astrid Schmitt-v. Mühlenfels (Hrsg.): Frauenfragen – Frauensachen (Vechtaer Universitätsschriften, Bd. 14), Cloppenburg 1994, Seite 121–149.

CLEMENS AUGUST GRAF VON GALEN UND DAS PROBLEM DES WIDERSTANDES AUS CHRISTLICHEN GRUNDSATZPOSITIONEN. In: Dieter Geuenich (Hrsg.): Xantener Vorträge zur Geschichte des Niederrheins 1993–1994, Duisburg 1994, Seite 163–196.

STAATSVERSTÄNDNIS AUS AUGUSTINISCHEM GEIST. Clemens August Graf von Galen, der NS-Staat und die katholische Staatslehre. In: Adolar Zumkeller/Achim Krümmel (Hrsg.): Traditio Augustiniana. Studien über Augustinus und seine Rezeption (Festgabe für Willigis Eckermann OSA), Würzburg 1994, Seite 381–399.

IN VECHTA EIN BESENSTIEL ALS KANDIDAT? Wahlen und Wählertradition in Vechta. In: Cornelius Riewerts (Hrsg.): 'Vechta 94 – Die Stadt, die Bank, Vechta 1994, Seite 25–38.

LEBENSBEZUG IM GESCHICHTSUNTERRICHT. Neue Formen historischen Lernens und ihre Probleme für Unterricht und Schule. In: Wilhelm Wittenbruch (Hrsg.): Schule – gestalteter Lebensraum, Münster 1994, Seite 116–125.

CLEMENS AUGUST GRAF VON GALEN. In: 60. Deutscher Juristentag. Beilage zur Neuen Juristischen Wochenschrift 47 (1994), Heft 36, Seite 36–38.

REZENSION zu Reiter, Reimond: Tötungsstätten für ausländische Kinder im Zweiten Weltkrieg. Im Spannungsverhältnis von Kriegswirtschaftlichem Arbeitseinsatz und nationalsozialistischer Rassenpolitik in Niedersachsen (Veröffentlichungen der historischen Kommission für Niedersachsen und Bremen 39), Hannover 1993. In: Osnabrücker Mitteilungen 99, 1994, Seite 281–283.

LÄNDLICHES KATHOLISCHES MILIEU IN AUFLÖSUNG. Leserbrief in Frankfurter Allgemeine Zeitung vom 28.02.1994.

1995

„UM DEN KARREN WIEDER AUS DEN DRECK ZU HOLEN...". 50 JAHRE CHRIST-LICH-DEMOKRATISCHE UNION IM LANDKREIS VECHTA, Vechta 1995, 292 Seiten.

SCHICKSALSJAHR 1945. ENDE UND NEUBEGINN. In: Jahrbuch der Gesellschaft für Bildende Kunst und vaterländische Altertümer zu Emden 73/74, 1993/94 (1995), Seite 98–114.

WHAT IS GOING ON IN GERMANY? Besatzungsverwaltung und Beginn der demokratischen Strukturreform im Landkreis Vechta 1945. In: Eine Geburtsstätte der Demokratie. Landkreis Vechta. Hrsg. vom Landkreis Vechta, Vechta 1995, Seite 31–57.

GRUNDZÜGE DER KREISPOLITIK SEIT DEM ENDE DER NACHKRIEGSZEIT. In: Eine Geburtsstätte der Demokratie. Landkreis Vechta. Hrsg. vom Landkreis Vechta, Vechta 1995, Seite 109–133.

WHAT IS GOING ON IN GERMANY? Was geht vor im Landkreis Vechta? Besatzungsverwaltung und Beginn der demokratischen Strukturreform im Landkreis Vechta. In: Mitteilungsblatt der Oldenburgischen Landschaft Nr. 89, IV/1995, Seite 13–16.

WIDERSTAND GEGEN DEN NATIONALSOZIALISMUS. In: Das Historisch-Politische Buch 43, 1995, Seite 479–486.

ZWISCHEN FRIEDENSSEHNSUCHT, ÜBERLEBENSHOFFNUNG UND ZUKUNFTS-ANGST. Kriegsalltag in Münster. In: Gernot Wojnarowicz (Hrsg.): Musikalische Bekenntnisse. Dokumente und Reflexionen zu einer Konzert- und Opernreihe des Symphonieorchesters und der Städtischen Bühnen Münster, Münster 1995, Seite 111–118.

ZUR SACHE, DAS KREUZ!, RIEFEN DIE CLOPPENBURGER. Der Widerstand von Katholiken im Oldenburger Land gegen einen Erlass der Nationalsozialisten. In: Deutsche Tagespost vom 23.09.1995, Seite 6.

REZENSION zu Hürten, Heinz: Deutsche Katholiken 1918–1945, Paderborn u.a. 1992. In: Osnabrücker Mitteilungen 100, 1995, Seite 316–317.

REZENSION zu Frieling, Christian: Priester aus dem Bistum Münster im KZ, Münster 1994. In: Das Historisch-Politische Buch 43, 1995, H. 3/4, Seite 127–128.

REZENSION zu Schimpf, Dorothee: Emanzipation und Bildungswesen der Juden im Kurfürstentum Hessen 1807–1866, Wiesbaden 1994. In: Das Historisch-Politische Buch 43, 1995, Heft 3/4, Seite 116–117.

1996

(Hrsg. mit Hermann von Laer): WOHER KOMMT UND WAS HABEN WIR AN NIEDERSACHSEN? (Vechtaer Universitätsschriften, Bd. 16), Cloppenburg 1996, 386 Seiten.

EINE MINDERHEIT IN NIEDERSACHSEN: DIE KATHOLIKEN. In: Joachim Kuropka/Hermann von Laer (Hrsg.): Woher kommt und was haben wir an Niedersachsen, Cloppenburg 1996, Seite 187–218.

IST DIE ZEIT DES KREUZES NUN VORBEI? In: Jahrbuch für das Oldenburger Münsterland 1996, Seite 1–16/12–19.

L'IMMAGINE DEL VESCOVA TRA L'AMMIRAZIONE DEI CONTEMPORANEI E LA PLÙ RECENTE CRITICA. In: Reinhard Lettmann/Heinz Mussinghoff (Hrsg.): Il leone di Münster e Hitler. Clemens August Cardinale von Galen. La sua attività epistopale nel periodo della dittatura Nazionalsocialista in Germania, Roma 1996, Seite 59–108.

EIN WELTBERÜHMTER MANN. Neue Forschungen zu Kardinal von Galen. In: Kardinal von Galen-Schule. Bischöfliches Gymnasium für Jungen und Mädchen 1946–1996, Münster 1996, Seite 31–40.

KARDINAL VON GALEN UND DIE GRUNDWERTE HEUTE. In: Mitteilungsblatt der Oldenburgischen Landschaft, Nr. 92, III/1996, Seite 6–11. Wiederabdruck in gekürzter Fassung in Helmut Backhaus u.a. (Red.): Gymnasium Antonianum, Chronik 1995/96, Vechta 1996, Seite 23–27.

VON DER 'GEBURTSSTÄTTE DER DEMOKRATIE' ZU VOLKSBEGEHREN UND VOLKSENTSCHEID. In: Das Land Oldenburg Nr. 93, IV/1996, Seite 4–7.

TERRITORIALE NEUORDNUNGSPLÄNE UND -ENTSCHEIDUNGEN IM WESTLICHEN NIEDERSACHSEN NACH DEM ZWEITEN WELTKRIEG: Westfalen – Oldenburg – Niedersachsen. In: Westfälische Forschungen 46, 1996, Seite 338–365.

FRÖMMIGKEIT UND FREIHEIT. Vor fünfzig Jahren starb Bischof Clemens August Graf von Galen. In: Frankfurter Allgemeine Zeitung vom 22.03.1996.

Vechta 1997

REZENSION zu Grevelhörster, Ludger: Münster zu Anfang der Weimarer Republik. Gesellschaft, Wirtschaft und kommunalpolitisches Handeln in der westfälischen Provinzialhauptstadt 1918 bis 1924 (Paderborner Historische Forschungen, Bd. 4), Schernfeld 1993. In: Historisches Jahrbuch 116, 1996, Seite 266.

REZENSION zu Eckhardt, Albrecht: Von der bürgerlichen Revolution zur nationalsozialistischen Machtübernahme. Der Oldenburgische Landtag und seine Abgeordneten 1848–1933 (Oldenburger Forschungen, N.F., Bd. 1). In: Oldenburger Jahrbuch 96, 1996, Seite 158–159.

1997

UNSER AUFTRAG HEISST QUALITÄT. 100 JAHRE FIRMA KRAPP 1897–1997. EIN ERINNERNDER RÜCKBLICK AUF FIRMENGESCHICHTE, WIRTSCHAFTSGESCHICHTE, HEIMATGESCHICHTE, FAMILIENGESCHICHTE, Lohne 1997, 158 Seiten.

„HÄNDE WEG VOM LANDKREIS VECHTA!" DER KAMPF UM DEN LANDKREIS VECHTA 1965 BIS 1977, Vechta 1997, 79 Seiten.

(Mit Franz Bölsker-Schlicht): UNSERE STADT OSNABRÜCK. Ein Arbeitsbuch für den Sachunterricht für das 3. u. 4. Schuljahr, Münster 1997, 122 Seiten.

(Hrsg. mit Helmut Gross): EUROPAS KLEINE HOCHSCHULEN. Struktur, Funktion und Chancen kleiner Hochschulen im europäischen Vergleich (Vechtaer Universitätsschriften, Bd. 17), Münster 1997, 303 Seiten.

KLEINE HOCHSCHULEN IN EUROPA. In: Helmut Gross/Joachim Kuropka (Hrsg.): Europas kleine Hochschulen, Münster 1997, Seite 25–42.

ZWISCHEN BESATZUNGSPOLITIK, KOMMUNALEM WIEDERBEGINN UND DEN ANFÄNGEN DES PARTEIENWESENS. In: Jahrbuch für das Oldenburger Münsterland 1997, Seite 53–69.

GEBIETSREFORM UND SELBSTREGIERUNG DER „ÖRTLICHEN GEMEINSCHAFT". Zum Kampf um den Erhalt des Landkreises Vechta 1965–1977. In: Das Land Oldenburg Nr. 97, IV/1997, Seite 11–14.

CLEMENS AUGUST GRAF VON GALEN: BIOGRAPHIE, THEOLOGIE UND AMT ALS FAKTOREN SEINER HALTUNG ZUR EUTHANASIE. In: Matthias Benad (Hrsg.): Friedrich v. Bodelschwingh d.J. und die Betheler Anstalten. Frömmigkeit und Weltgestaltung, Stuttgart/Berlin/Köln 1997, Seite 68–81.

DIE OBERSCHLESISCHEN AUFSTÄNDE IN DER BEWERTUNG DER LETZTEN 75 JAHRE AUS DEUTSCHER SICHT. In: Via Silesia 3, 1996 (1997), Seite 184–197.

REZENSION zu Leugers-Scherzberg, August/Loth, Wilfried (Bearb.): Die Zentrumsfraktion in der Verfassunggebenden Preußischen Landesversammlung 1919–1921. Sitzungsprotokolle (Quellen zur Geschichte des Parlamentarismus in den politischen Parteien, 3. Reihe: Die Weimarer Republik 8), Düsseldorf 1994. In: Osnabrücker Mitteilungen 102, 1997, Seite 256–257.

REZENSION zu Steinwascher, Gerd (Bearb.): Gestapo Osnabrück meldet... Polizei- und Regierungsberichte aus dem Regierungsbezirk Osnabrück aus den Jahren 1933–1936 (Osnabrücker Geschichtsquellen und Forschungen 36). In: Osnabrücker Mitteilungen 102, 1997, Seite 314–316.

REZENSION zu Eckhardt, Albrecht: Von der bürgerlichen Revolution zur nationalsozialistischen Machtübernahme. Der Oldenburgische Landtag und seine Abgeordneten 1848–1933 (Oldenburger Forschungen N.F., Bd. 1), Oldenburg 1996. In: Osnabrücker Mitteilungen 102, 1997, Seite 300–301.

1998

(Hrsg.): CLEMENS AUGUST GRAF VON GALEN. MENSCHENRECHTE – WIDERSTAND – EUTHANASIE – NEUBEGINN, Münster 1998, 2. Aufl. 2001, 345 Seiten.

CLEMENS AUGUST GRAF VON GALEN – KEIN MANN FÜR KLISCHEES UND SCHABLONEN. In: Joachim Kuropka (Hrsg.): Clemens August Graf von Galen. Menschenrechte – Widerstand – Euthanasie – Neubeginn, Münster 1998, Seite 9–21.

ZUR FRAGE DER HANDLUNGSLEITENDEN GRUNDSÄTZE DES PFARRERS UND BISCHOFS CLEMENS AUGUST GRAF VON GALEN. In: Joachim Kuropka (Hrsg.): Clemens August Graf von Galen. Menschenrechte – Widerstand – Euthanasie – Neubeginn, Münster 1998, Seite 33–51.

NEUBEGINN 1945. BISCHOF VON GALEN UND DIE KATHOLISCHE KIRCHE IN WESTFALEN. In: Joachim Kuropka (Hrsg.): Clemens August Graf von Galen. Menschenrechte – Widerstand – Euthanasie – Neubeginn, Münster 1998, Seite 269–284.

(Hrsg. mit Wilfried Kürschner): DEUTSCHLAND UND EUROPA – EUROPA UND
DIE DEUTSCHEN (Vechtaer Universitätsschriften, Bd. 18), Münster 1998, 331
Seiten.

NACHBARN IM HAUS EUROPA – UND WAS SIE VONEINANDER HALTEN. In:
Joachim Kuropka/Wilfried Kürschner (Hrsg.): Deutschland und Europa – Europa und die Deutschen, Münster 1998, Seite 65–115.

OLDENBURGER MÜNSTERLAND. In: Landkreis Cloppenburg (Deutsche Landkreise im Portrait), Oldenburg 1998, Seite 22–25.

BISCHOF BERNING UND DER DEUTSCHE EPISKOPAT. FORSCHUNGSSTAND UND
NEUE ERGEBNISSE. In: Wem wollt ihr glauben? Bischof Berning im Dritten
Reich (Kirche im Gespräch Nr. 24), Osnabrück 1998, Seite 20–29.

DIE „GOLDENEN FÜNFZIGER JAHRE" ZWISCHEN ALLTAGSERINNERUNGEN
UND GESCHICHTSSCHREIBUNG. In: Zwischen Hunte und Weser, Heft 34/März
1998, Seite 16–19.

VOM NEUBEGINN ZUR GEGENWART. LÖNINGEN SEIT 1945. In: Margaretha
Jansen (Red.): Löningen in Vergangenheit und Gegenwart, hrsg. v. d. Stadt
Löningen, Löningen 1998, Seite 211–250.

A DEMOKRATIKUS ÖNKORMÁNYZATOK ÚJJÁSZÜLETÉSE VECHTÁBAN ÉS
KÖZIGAZGATÁSI KÖRZETÉBEN (Der Landkreis Vechta als Geburtsstätte der
Demokratie in Deutschland im Jahre 1945). In: Jászsági Évkönyv, Jászberény
1998, Seite 117–128.

REZENSION zu Hehl, Ulrich von: Nationalsozialistische Herrschaft (Olden-
bourg Grundriss Geschichte, Bd. 39), München 1996. In: Das Historisch–Politische Buch 46, 1998, Seite 610–611.

REZENSION zu Behr, Hans-Joachim/Kloosterhuis, Jürgen (Hrsg.): Ludwig
Freiherr von Vincke. Ein Westfälisches Profil zwischen Rezension zu Reform
und Restauration in Preußen, Münster 1994. In: Das Historisch-Politische
Buch 46, 1998, Seite 148.

REZENSION zu Gossel, Daniel: Briten, Deutsche und Europa. Die deutsche
Frage in der britischen Außenpolitik 1945–1962 (Historische Mitteilungen,
Beiheft 32), Stuttgart 1999. In: Das Historisch-Politische Buch 46, 1998, Seite
278.

REZENSION zu Rensing, Matthias: Geschichte und Politik in den Reden der deutschen Bundespräsidenten (1949–1984), Münster 1996. In: Das Historisch-Politische Buch 46, 1998, H. 5, Seite 517.

REZENSION zu Jacobeit, Sigrid (Hrsg.): „Ich grüße Euch als freie Menschen". Quellenedition zur Befreiung des Frauen-Konzentrationslagers Ravensbrück im April 1945, Berlin 1995. In: Das Historisch-Politische Buch 46, 1998, Seite 491–492.

REZENSION zu Löning, Martin: Die Durchsetzung nationalsozialistischer Herrschaft im Emsland (1933–1935). (Emsland/Bentheim, Beiträge zur Geschichte, Bd. 12), Sögel 1996. In: Osnabrücker Mitteilungen 103, 1998, Seite 343–345.

REZENSION zu Warmbier, Helmut/Ingo Seidel (Red.): Pater Aurelius Arkenau O. P. Zeugnisse und Berichte über einen unerschrockenen Nothelfer in Leipzig-Wahren. Hrsg. von der Fraktion Bündnis 90/Die Grünen im Stadtrat Leipzig, Leipzig o. J. (1997). In: Jahrbuch für das Oldenburger Münsterland 1998, Seite 415.

EINE GANZ NEUE FORM VON ‚DEMOKRATIE'. Leserbrief in capito! Die Capuszeitung im Nordwesten, in Oldenburg, Emden, Wilhelmshaven, Vechta 6/1998.

AUSSAGEN WURDEN VERFÄLSCHT. Leserbrief in Oldenburgische Volkszeitung vom 14.07.1998.

MEMMEN HANDELT „WEISUNGSABHÄNGIG". Leserbrief in Nordwest-Zeitung vom 18.07.1998.

VERFAHREN GENAU GEREGELT. Leserbrief in Oldenburgische Volkszeitung vom 22.07.1998.

WARUM NUR EINE ZWEITE KUNSTPROFESSUR? Leserbrief in Oldenburgische Volkszeitung vom 01.08.1998.

REKTOR HOWE GREIFT ZU BELEIDIGUNGEN. Leserbrief in Oldenburgische Volkszeitung vom 07.08.1998.

SO GEHT DAS NICHT WEITER. Leserbrief in Oldenburgische Volkszeitung vom 06.10.1998.

VON REALITÄT WEIT ENTFERNT. Leserbrief in Hannoversche Allgemeine Zeitung vom 05.08.1998.

Oldenburg 1999, 2., erg. Auflage 2005

1999

(Hrsg. mit Rolf Schäfer/Reinhard Rittner/Heinrich Schmidt): OLDENBURGISCHE KIRCHENGESCHICHTE, Oldenburg 1999, 917 + XXIII Sciten, 2., erg. Aufl. 2005, 951 + XXIV Seiten.

DIE KATHOLISCHE KIRCHE IN OLDENBURG IM 19. JAHRHUNDERT. In: Rolf Schäfer/Joachim Kuropka/Reinhard Rittner/Heinrich Schmidt: Oldenburgische Kirchengeschichte, Oldenburg 1999, Seite 473–522 und 832–836.

DIE KATHOLISCHE KIRCHE IM 20. JAHRHUNDERT. In: Rolf Schäfer/Joachim Kuropka/Reinhard Rittner/Heinrich Schmidt: Oldenburgische Kirchengeschichte, Oldenburg 1999, Seite 523–641 und 837–852.

NATIONALSOZIALISMUS IN SCHLESIEN. Neue Zugänge zur Problematik von politischer Struktur und Verhältnis von Katholizismus und NS-Regime. In: Via Silesia 1998 (1999), Seite 68–82.

ZU DEN HISTORISCHEN GRUNDLAGEN DER DEUTSCH-POLNISCHEN BEZIEHUNGEN. In: Halbjahresschrift für Südosteuropäische Geschichte, Literatur und Politik 11, H. 2/1999, Seite 33–42.

IST GESCHICHTE ‚EUROPA IN DER SCHULE‘? Der Geschichtsunterricht vor einem alten – neuen Thema. In: Wilhelm Wittenbruch (Hrsg.): Europa – eine neue Lektion für die Schule? Münster 1999, Seite 61–77.

„SPIELPLATZ GEFALLSÜCHTIGER DILETTANTEN?" Hochschulräte – eine britische Idee von 1947. In: Forschung & Lehre 2/1999, Seite 83–85.

REZENSION zu Recker, Klemens-August: „Wem wollt Ihr glauben?" Bischof Berning im Dritten Reich, Paderborn u.a. 1998. In: Osnabrücker Mitteilungen 104, 1999, Seite 339–340.

REZENSION zu Recker, Klemens-August: „Wem wollt ihr glauben?" Bischof Berning im Dritten Reich, Paderborn u.a., 1998. In: Hirschberg. Monatsschrift des Bundes Neudeutschland 52 (1999) H. 1, Seite 68–69.

2000

CLEMENS AUGUST GRAF VON GALEN UND DAS RECHT. In: Bernhard Großfeld/Ernst Pottmeyer/Klaus Michel/Martin Beckmann (Hrsg.): Westfälische Jurisprudenz. Beiträge zur deutschen und europäischen Rechtskultur, Münster/New York/München/ Berlin, 2000, Seite 273–287.

GALEN, CLEMENS AUGUST GRAF VON. In: Markus Vinzent (Hrsg.): Metzler Lexikon Christlicher Denker, Bd. 3, Stuttgart/Weimar 2000, Seite 268–269.

UNIVERSITÄTSREFORM – HISTORISCHE BEOBACHTUNGEN UND AKTUELLE ANMERKUNGEN. In: Wilfried Kürschner/Hermann von Laer/Volker Schulz (Hrsg.): Humboldt adieu? Hochschule zwischen Autonomie und Fremdbestimmung (Vechtaer Universitätsschriften, Bd. 20), Münster 2000, Seite 41–62.

HITLER IN CLOPPENBURG. Zum Problem der NS-Strategie gegenüber dem katholischen Bevölkerungsteil. In: Nationalsozialismus im Oldenburger Münsterland: Beiträge zum 2. Studientag des Geschichtsausschusses im Heimatbund für das Oldenburger Münsterland, Cloppenburg 2000, Seite 40–55.

WEIMARER REPUBLIK UND NATIONALSOZIALISMUS. In: Schaufenster Geschichte – Landkreis Vechta, hrsg. v. Landkreis Vechta, Lohne 2000, Seite 184–191, 198–207, 212–213.

CLEMENS AUGUST GRAF VON GALEN. In: Religion in Geschichte und Gegenwart. Handwörterbuch für Theologie und Religionswissenschaft, hrsg. v. Hans Dieter Betz u.a., Bd. 3, 4. völlig neu bearb. Aufl. Tübingen 2000, Spalte 454–455.

DIE ENZYKLIKA „MIT BRENNENDER SORGE". In: Die Jahrhundertbilanz 1930 bis 1940. Feature auf CD mit Booklet, Berlin 2000.

HISTORISCHE IDENTITÄT FÜR GEGENWART UND ZUKUNFT. In: Jahrbuch für das Oldenburger Münsterland 2000, Seite 108–112.

SCHICKSAL HEIMAT. VERTREIBUNG, NEUBEHEIMATUNG, HEIMAT EUROPA UND HISTORISCHE ERINNERUNG. In: Jahrbuch für das Oldenburger Münsterland 2000, Seite 379–390.

REZENSION zu Aharoni, Zvi/Dietl, Wilhelm: Der Jäger. Operation Eichmann. Was wirklich geschah. Stuttgart 1996. In: Das Historisch-Politische Buch 48, 2000, Seite 446–447.

REZENSION zu Gossel, Daniel: Briten, Deutsche und Europa. Die Deutsche Frage in der britischen Außenpolitik (1945–1962), Stuttgart 1999. In: Das Historisch-Politische Buch 48, 2000, Seite 278.

Joachim Kuropka

Von Kückens bis Krapp

Von Staatsbeamten zu Bürger-Landräten

...mtshauptmänner und Landräte im Landkreis Vechta 1918-20...

Vechta 2001

REZENSION zu Mathieu, Thomas: Kunstauffassungen und Kunstpolitik im Nationalsozialismus. Studien zu Adolf Hitler, Josef Goebbels, Alfred Rosenberg, Baldur von Schirach, Heinrich Himmler, Albert Speer, Wilhelm Frick, Saarbrücken 1997. In: Das Historisch-Politische Buch 48, 2000, Seite 322–323.

REZENSION zu Sarkisyanz, Manuel: Adolf Hitlers englische Vorbilder. Vom britischen zum ostmärkisch-bajuwarischen Herrenmenschentum, Heidelberg 1997. In: Das Historisch-Politische Buch 48, 2000, Seite 319.

REZENSION zu Karow, Yvonne: Deutsches Opfer. Kultische Selbstauslöschung auf den Reichsparteitagen der NSDAP, Berlin 1997. In: Das Historisch-Politische Buch 48, 2000, Seite 324–325.

2001

VON KÜCKENS BIS KRAPP. Von Staatsbeamten zu Bürger-Landräten. Amtshauptmänner und Landräte im Landkreis Vechta 1918–2001, Vechta 2001, 218 Seiten.

(Hrsg. mit Hieronim Szcególa): HISTORISCHE BEGEGNUNGEN ZWISCHEN DEUTSCHEN UND POLEN IM GESPRÄCH DEUTSCHER UND POLNISCHER HISTORIKER, Münster/Hamburg/London/Zielona Góra 2001, in deutscher und polnischer Sprache 145 und 132 Seiten.

(Mit Hieronim Szczególa) Vorwort. In: Joachim Kuropka/Hieronim Szczególa (Hrsg.): Historische Begegnungen zwischen Deutschen und Polen im Gespräch deutscher und polnischer Historiker, Münster/Hamburg/London/Zielona Góra 2001, Seite 7–8.

DEUTSCHLAND-POLEN UND DER UMBRUCH IN EUROPA. In: Joachim Kuropka/Hieronim Szczególa (Hrsg.): Historische Begegnungen zwischen Deutschen und Polen im Gespräch deutscher und polnischer Historiker, Münster/Hamburg/London/Zielona Góra 2001, Seite 17–29.

DEUTSCHE MINDERHEITEN IN SCHLESIEN. In: Joachim Kuropka/Hieronim Szczególa (Hrsg.): Historische Begegnungen zwischen Deutschen und Polen im Gespräch deutscher und polnischer Historiker, Münster/Hamburg/London/Zielona Góra 2001, Seite 43–53.

ÜBER DIE KOEXISTENZ VON DEUTSCHEN UND POLEN IM DEUTSCHEN REICH: DIE POLEN IM RUHRGEBIET. In: Joachim Kuropka/Hieronim Szczególa (Hrsg.): Historische Begegnungen zwischen Deutschen und Polen im Gespräch deutscher und polnischer Historiker, Münster/Hamburg/London/Zielona Góra 2001, Seite 89–100.

(Mit Hieronim Szczególa) WSTEP. In: Joachim Kuropka/Hieronim Szczególa (Hrsg.): Historyczne Spotkania. Polaków i Niemców Dialog niemieckich i polskich historyków, Zielona Góra/Münster/Hamburg/London 2001, Seite 7–8.

NIEMCY – POLSKA A PRZEŁOM W EUROPIE. In: Joachim Kuropka/Hieronim Szczególa (Hrsg.): Historyczne Spotkania. Polaków i Niemców Dialog niemieckich i polskich historyków, Zielona Góra/Münster/Hamburg/London 2001, Seite 15–26.

MNIEJSZOŚĆ NIEMIECKA NA ŚLĄSKU. In: Joachim Kuropka/Hieronim Szczególa (Hrsg.): Historyczne Spotkania. Polaków i Niemców Dialog niemieckich i polskich historyków, Zielona Góra/Münster/Hamburg/London 2001, Seite 39–49.

KOEGZYSTENCJA NIEMCÓW I POLAKÓW W RZESZY NIEMIECKIEJ: POLACY W ZAGŁĘBIU RUHRY. In: Joachim Kuropka/Hieronim Szczególa (Hrsg.): Historyczne Spotkania. Polaków i Niemców Dialog niemieckich i polskich historyków, Zielona Góra/Münster/Hamburg/London 2001, Seite 81–92.

INVOCATIO DEI IM 20. JAHRHUNDERT: Totalitäre Erfahrung und die Grundlagen des Gemeinschaftslebens. In: Ulrich Köpf (Hrsg.): Wissenschaftliche Theologie und Kirchenleitung. Beiträge zur Geschichte einer spannungsreichen Beziehung für Rolf Schäfer zum 70. Geburtstag, Tübingen 2001, Seite 351–363.

DIE VERGANGENHEIT DEN HISTORIKERN ÜBERLASSEN? In: Halbjahresschrift für Südosteuropäische Geschichte, Literatur und Politik 13, 2001, Heft 1, Seite 62–74.

KEINE ANGST VOR WOLFGANG KLAFKI – UND AUCH NICHT VOR EWALD TERHART. Überlegungen zum Verhältnis von Fachwissenschaft, Fachdidaktik und Allgemeiner Didaktik am Beispiel des Faches Geschichte. In: Markus Brenk/Ulrike Kurth (Hrsg.): Schule erleben. Festschrift für Wilhelm Wittenbruch (Studien zur Pädagogik der Schule, Bd. 26), Frankfurt a. M. u.a. 2001, Seite 137–148.

CLEMENS AUGUST GRAF VON GALEN UND DIE MODERNE GESELLSCHAFT. In: Volkstum und Landschaft, Beilage zur Münsterländischen Tageszeitung vom 26.05.2001, Seite 9–12.

DEMOKRATISCHE STRUKTURREFORM UND POLITISCH-GESELLSCHAFTLICHER WANDEL IM OLDENBURGER MÜNSTERLAND SEIT 1945. In: Jahre des Neubeginns – Das Oldenburger Münsterland in der Nachkriegszeit. Beiträge zum 3. Studientag des Geschichtsausschusses im Heimatbund für das Oldenburger Münsterland, Cloppenburg 2001, Seite 8–26.

„KULTURKAMPF" IN DER NACHKRIEGSÄRA? Zum Konflikt um die Konfessionsschule in Nordrhein-Westfalen und Niedersachsen 1945 bis 1954. In: Bernd Hey (Hrsg.): Kirche, Staat und Gesellschaft nach 1945. Konfessionelle Prägungen und sozialer Wandel, Bielefeld 2001, Seite 175–197.

EIN POLNISCH-DEUTSCHER MYTHOS. Die Abstimmung in Oberschlesien und in einem Teil des Kreises Namslau in Erinnerung und historischer Forschung aus deutscher Perspektive. In: Czesław Osękowski (Red.): Ziemie Zachodnie, Polska-Niemcy, Integracja Europejska. Księga pamiątkowa z okazji siedemdziesiątej rocznicy urodzin Prof. dra. hab. Hieronim Szczególy, Zielona Góra 2001, Seite 251–264.

NUR NACH VORN SEHEN? OV-GÄSTEBUCH, Oldenburgische Volkszeitung vom 31.03.2001.

VON ROSENBERG GELOBT. Leserbrief in Frankfurter Allgemeine Zeitung v. 05.09.2001.

2002

HOKUSPOKUS PÄDAGOGICUS – ZUM VERHÄLTNIS VON DIDAKTIK DER GESCHICHTE UND SCHULPÄDAGOGIK. In: Ulrike Kurth (Hrsg.): Schulpädagogik – eine erziehungswissenschaftliche Disziplin. Positionen und Perspektiven, Bielefeld 2002, Seite 31–36.

DAS DEUTSCHE ERZBISTUM BRESLAU IM 20. JAHRHUNDERT, KENNZEICHEN UND PROBLEME IM STRUKTURVERGLEICH. In: Via Silesia 2000/2001, Münster 2002, Seite 29–45.

NACHKRIEGSORDNUNG – FRIEDENSORDNUNG. ZUR FRAGE DER ‚ERGEBNISSE DES ZWEITEN WELTKRIEGES' UND DER STABILITÄT IN EUROPA. In: Halbjahresschrift für Südosteuropäische Geschichte, Literatur und Politik 14, 2002, Heft 2, Seite 54–62.

AM ANFANG „VATER DER AMTSEINGESESSENEN". In: Heimatblätter, Beilage zur Oldenburgischen Volkszeitung, Jg. 81, Nr. 3, v. 8.6.2002, Seite 25–26.

REZENSION zu Gelhaus, Hubert: Das politisch-soziale Milieu in Südoldenburg von 1803 bis 1936, 4 Bde., Oldenburg 2001. In: Niedersächsisches Jahrbuch für Landesgeschichte 74, 2002, Seite 386–389.

2003

A NŐK EMANCIPÁCIÓJA MINT TÁRSADALMI RACIONALIZÁCIÓ A CSALÁDI KAPCSOLATOK TOTALITÁRIUS VISZONYOK KÖZÖTTI ÁTALAKULÁNAK KÉRDÉSÉHEZ. In: Horváth Sándor/Pethő László/Tóth Eszter Zsófia (Hrsg.): Munkás Történet – munkás antropológia, Budapest 2003, Seite 115–125.

BRITISCHE DEMOKRATIEINNOVATION UND REGIONALE IDENTITÄT. In: Peter Nitschke (Hrsg.): Kulturvermittlung und Interregionalitäten. Wissenschaftliche Reihe des Collegium Polonicum, Sonderband, Frankfurt (Oder), Słubice/Poznań 2003, Seite 47–59.

NEUORDNUNG 1945 – EINE STUNDE NULL? Zu den Auswirkungen der politischen und gesellschaftlichen Neuordnung seit 1945 auf Lohne und das Oldenburger Münsterland. In: Laon-Lohne 2003. Neue Schriftenreihe des Heimatvereins Lohne e.V. Bd. 3, Seite 7–31.

GESCHICHTE DES OLDENBURGER MÜNSTERLANDES. In: Erfolgreiche Regionen in Niedersachsen. Tagung im Museumsdorf Cloppenburg am 20/21. Juni 2003. Hrsg. von der Friedrich-Ebert-Stiftung, Bonn, Cloppenburg 2003, Seite 59–73.

REZENSION zu Müller, Markus: Die Christlich-Nationale Bauern- und Landvolkpartei 1928–1933, Düsseldorf 2001. In: Oldenburger Jahrbuch 103, 2003, Seite 201–202.

2004

(HRSG.): GEISTLICHE UND GESTAPO. Klerus zwischen Staatsallmacht und kirchlicher Hierarchie (Anpassung – Selbstbehauptung – Widerstand, Bd. 23), Münster 2004, 2. Aufl. 2005, 307 Seiten.

RELIGION ODER POLITIK? Zur Stellung der katholischen Kirche unter dem NS-Regime. In: Joachim Kuropka (Hrsg.): Geistliche und Gestapo, Münster 2004, Seite 7–44.

ZUR FRAGE DER GEFÄHRDUNG DER NS-HERRSCHAFT DURCH DIE KATHOLISCHE KIRCHE. In: Joachim Kuropka (Hrsg.): Geistliche und Gestapo, Münster 2004, Seite 45–65.

WIDERSPRUCH – GEGEN NATIONALSOZIALISMUS UND ‚RESTAURATION‘: DR. JOHANNES GÖKEN. In: Joachim Kuropka (Hrsg.): Geistliche und Gestapo, Münster 2004, Seite 231–254.

(Hrsg. mit Franz Bölsker, Verena Bölsker, Michael Hirschfeld, Bernd Ulrich Hucker, Franz-Josef Luzak): ALWIN HANSCHMIDT: SCHULE – LEHRERAUS- BILDUNG – UNIVERSITÄT. Studien zur Bildungsgeschichte (Festgabe zur Eme- ritierung von Alwin Hanschmidt), Vechta 2004, 324 Seiten.

BISHOP CLEMENS AUGUST COUNT VON GALEN'S ATTITUDE TOWARDS NA- TIONAL SOCIALISM IN THE YEAR 1933 AS A SOURCE PROBLEM. In: Vēsture: Avoti un cilvēki. Proceedings of the 13th International Scientific readings of the Faculty of Humanities, History VII, Daugavpils 2004, Seite 70–76.

OD „DZIEDZICZNEJ WROGOŚCI" DO „DUCHA RAMBOUILLET". PROBLEM STE- REOTYPÓW NARODOWYCH NIEMCY, FRANCJA, ANGLIA I POLSKA – PORÓWNANIE. In: Tomasz Falęcki (Red.): Skad przychodzi Antychryst? Kon- takty i konflikty etnieczne w Europie Fródkowej i południowej Fakty – inter- pretacje – refleksji, Kraków 2004, Seite 122–128.

WIE KÖNNEN TOTALITÄRE DIKTATUREN STÜRZEN? Über politische Kultur und politische Religion. In: Hermann von Laer/Klaus Dieter Scheer (Hrsg.): Kultur und Kulturen (Vechtaer Universitätsschriften, Bd. 23), Münster 2004, Seite 121–137.

DIE FAMILIE UND DIE PARTEI. Familie in Deutschland unter totalitären Bedin- gungen. In: Hermann von Laer/Wilfried Kürschner unter Mitarbeit von Cä- cilia Klaus (Hrsg.): Die Wiederentdeckung der Familie. Probleme der Reor- ganisation von Gesellschaft (Vechtaer Universitätsschriften, Bd. 22), Münster 2004, Seite 75–92.

TOTALITÄRES REGIME UND KATHOLISCHER KLERUS IN OLDENBURG. In: Oldenburger Jahrbuch 104, 2004, Seite 187–202.

EINE ERFOLGSGESCHICHTE! ERFOLG AUS DER GESCHICHTE? Wirtschaftlicher Erfolg im Oldenburger Münsterland und seine historische Dimension. In: Jahrbuch für das Oldenburger Münsterland 2004, Seite 146–174.

KATHOLIZISMUS, KIRCHE UND SÜDOLDENBURGISCHE IDENTITÄT. In: Jahr- buch für das Oldenburger Münsterland 2004, Seite 42–63.

VISIONEN VON EUROPA – BILDER VON EUROPÄERN. In: Via Silesia 2002 (2004), Seite 66–85.

REZENSION zu Frings, Bernhard und Sieve, Peter: Zwangsarbeiter im Bistum Münster. Kirchliches Handeln im Spannungsfeld von Arbeitseinsatz, Seelsorge und Krankenpflege, Münster 2003. In: Niedersächsisches Jahrbuch für Landesgeschichte 75, 2004, Seite 417–419.

10 GEBOTE GEGEN DEN TOTALITARISMUS DES NS-STAATES. DER MÜNSTERANER BISCHOF CLEMENS AUGUST VON GALEN VOR DEM URTEIL DER GESCHICHTE. In: K-West Nr. 11, November 2004, S. 52–53.

2005

EFFIZIENZ ODER IDENTITÄT? Verwaltungsreform – Neugliederung – Gebietsreform. In: Michael Hirschfeld (Hrsg.): Die Gemeinde zwischen Territorialherrschaft und Selbstverwaltung. Beiträge zum 7. Studientag des Geschichtsausschusses im Heimatbund für das Oldenburger Münsterland, Cloppenburg 2005, Seite 73–110.

PROPAGANDA, ERINNERUNG UND DAS „RECHT DES STÄRKEREN". Zur Entwicklung der deutschen Volksstimmung gegenüber Polen im Jahre 1939. In: Halbjahresschrift für Südosteuropäische Geschichte, Literatur und Politik 17, 2005, Heft 1, Seite 42–53.

CLEMENS AUGUST GRAF VON GALEN. VOM ,POLITISCHEN' SEELSORGER ZUM SELIGEN. In: engagement. Zeitschrift für Erziehung und Schule H. 3/2005, Seite 284–296.

„…DIE HEIMAT GENOMMEN…" Zur historischen Verortung von Vertreibung und Integration. In: „Alle fingen wir neu an…" – Lohne 1945–1955. Katalog zur gleichnamigen Ausstellung im Industriemuseum in Lohne vom 23.09.2005 bis 31.12.2005, Lohne 2005, Seite 9–20.

FAHRLÄSSIGKEIT UND ALTER FORSCHUNGSSTAND. Historiker Prof. Dr. Joachim Kuropka kritisiert neuen Galen-Film des Landesmedienzentrums. In: Westfälische Nachrichten vom 01.10.2005.

BISCHOF OHNE FURCHT. In: Frankfurter Allgemeine Zeitung vom 08.10.2005, Seite 7.

REZENSION zu Eckhardt, Albrecht und Hoffmann, Katharina (Bearb.): Gestapo Oldenburg meldet… Berichte der Geheimen Staatspolizei und des Innenministers aus dem Freistaat und Land Oldenburg 1933–1936 (Veröffentlichungen der historischen Kommission für Niedersachsen und Bremen,

Bd. 209) Hannover 2002. In: Jahrbuch für das Oldenburger Münsterland 2005, Seite 435–436.

REZENSION zu Mallmann, Klaus-Michael/Paul, Gerhard (Hrsg.): Karrieren der Gewalt. Nationalsozialistische Täterbiographien, Darmstadt 2004. In: Das Historisch-Politische Buch 53, 2005, Seite 392–393.

REZENSION zu McLoughien, Roy: Britische Inseln unterm Hakenkreuz. Die deutsche Besetzung der Channel-Islands 1940–1945, dt. Berlin 2003. In: Das Historisch-Politische Buch 53, 2005, Seite 488–489.

REZENSION zu Gelhaus, Hubert: Das politisch-soziale Milieu in Südoldenburg, Bd. 5, Von 1937 bis in die Nachkriegszeit, Bd. 6, Von der Nachkriegszeit bis in die 1960er/1970er Jahre, Oldenburg 2003, 469 u. 514f. In: Niedersächsisches Jahrbuch für Landesgeschichte 77, 2005, Seite 408.

REZENSION zu Nitschke, Bernadetta: Vertreibung und Aussiedlung der deutschen Bevölkerung aus Polen (1945–1949), (Schriften des Bundesinstituts für Kultur und Geschichte der Deutschen im östlichen Europa, Bd. 20), München 2003. In: Das Historisch-Politische Buch 53, 2005, H. 1, Seite 53.

REZENSION zu Herlemann, Beatrix unter Mitarbeit von Helga Schultz: Biographisches Lexikon Niedersächsischer Parlamentarier 1919–1945 (Veröffentlichungen der historischen Kommission in Niedersachsen und Bremen 222). In: Oldenburger Jahrbuch 105, 2005, Seite 204.

GRAF GALEN GALT ALS EPISKOPABEL. Leserbrief in Frankfurter Allgemeine Zeitung vom 24.03.2005.

2006

VON DER GEBURT DER DEMOKRATIE INS DRITTE JAHRTAUSEND. Landkreis Vechta 1945 bis 2005, Vechta 2006, 148 Seiten.

JOHANNES GÖKEN (1898–1969). In: Michael Hirschfeld/Maria Anna Zumholz (Hrsg.): Oldenburgs Priester unter NS-Terror 1932–1945. Herrschaftsalltag in Milieu und Diaspora (Festschrift für Joachim Kuropka zum 65. Geburtstag), Münster 2006, Seite 223–235.

FRANZ MORTHORST (1894–1970). In: Michael Hirschfeld/Maria Anna Zumholz (Hrsg.): Oldenburgs Priester unter NS–Terror 1932–1945. Herrschaftsalltag in Milieu und Diaspora (Festschrift für Joachim Kuropka zum 65. Geburtstag), Münster 2006, Seite 435–447.

CLEMENS AUGUST GRAF VON GALEN (1878–1946). Bischof von Münster und Kardinal. In: Willi Baumann und Peter Sieve (Hrsg.): Der katholische Klerus im Oldenburger Land. Ein Handbuch, Münster 2006, Seite 281–288.

JOHANNES GÖKEN (1898–1969). Oberstudienrat in Lingen. In: Willi Baumann und Peter Sieve (Hrsg.): Der katholische Klerus im Oldenburger Land. Ein Handbuch, Münster 2006, Seite 299–302.

FRANZ MORTHORST (1894–1970). Kaplan in Cloppenburg und „Heimatpastor". In: Willi Baumann und Peter Sieve (Hrsg.): Der katholische Klerus im Oldenburger Land. Ein Handbuch, Münster 2006, Seite 412–416.

HEINRICH WEMPE (1880–1969). Oberstudienrat in Cloppenburg und Vechta und Zentrumspolitiker. In: Willi Baumann und Peter Sieve (Hrsg.): Der katholische Klerus im Oldenburger Land. Ein Handbuch, Münster 2006, Seite 554–557.

THE MOOD OF THE PEOPLE IN GERMANY IN THE YEAR 1939 AS REFLECTED IN SECRET REPORTS. In: Vēsture: Avoti un Cilvēki. Procedings of the 15th International Scientific Readings, Daugavpils 2006, Seite 96–105.

STABILITÄT UND GEFÄHRDUNG EINER TOTALITÄREN DIKTATUR: NS–REGIME UND DIE KATHOLISCHE KIRCHE. In: Reinhard Dörner (Hrsg.): „Habt Mut! Ich habe die Welt überwunden". Neuaufbrüche im Glauben, Münster 2006, Seite 75–94.

GRUNDSÄTZE, DIE NICHT JEDEN TAG MIT DER AUGENBLICKLICH POPULÄREN TAGESMEINUNG WECHSELN. CLEMENS AUGUST KARDINAL VON GALEN – EIN SELIGER AUS NIEDERSACHSEN. In: Niedersächsisches Jahrbuch für Landesgeschichte 78, 2006, Seite 347–365.

PFARRER UND BISCHOF CLEMENS AUGUST GRAF VON GALEN 1933–1935 IM SPIEGEL DES VATIKANISCHEN GEHEIMARCHIVS. In: Jahrbuch für das Oldenburger Münsterland 2006, Seite 43–65.

REZENSION zu Ploch, Gregor: Heimatwerk schlesischer Katholiken. Anfänge – Verlauf – Aussichten (Arbeiten zur schlesischen Kirchengeschichte 16), Münster 2006. In: Schlesien in Kirche und Welt, 2006, Seite 39.

REZENSION zu Trüper, Henning: Die Vierteljahrschrift für Sozial- und Wirtschaftsgeschichte und ihr Herausgeber Hermann Aubin im Nationalsozialismus (VSWG Beiheft 1981), Wiesbaden 2005. In: Das Historisch-Politische Buch 54, 2006, Seite 380–381.

REZENSION zu Kershaw, Ian: Hitlers Freunde in England. Lord Londonderry und der Weg in den Krieg, dt. München 2005. In: Das Historisch-Politische Buch 54, 2006, Seite 609–610.

REZENSION zu Hirschfeld, Michael/Gröger, Johannes/Marschall, Werner (Hrsg.): Schlesische Kirche in Lebensbildern, Bd. 7, Münster 2006. In: Schlesien in Kirche und Welt 33 Nr. 5, Dezember 2006, Seite 90–91.

REZENSION zu Ploch, Gregor: Heimatwerk schlesischer Katholiken. Anfänge – Verlauf – Aussichten (Arbeiten zur schlesischen Kirchengeschichte 16), Münster 2006. In: Kulturpolitische Korrespondenz vom 20.06.2006, Seite 16–17.

LANGER WEG. Leserbrief in Frankfurter Allgemeine Zeitung vom 06.12.2006.

2007

(Hrsg.): STREITFALL GALEN. Clemens August Graf von Galen und der Nationalsozialismus. Studien und Dokumente, Münster 2007, 2. Aufl. 2007, 541 Seiten.

EIN SELIGER – EIN STREITFALL. In: Joachim Kuropka (Hrsg.): Streitfall Galen. Clemens August von Galen und der Nationalsozialismus. Studien und Dokumente, Münster 2007, 2. Aufl. 2007, Seite 9–19.

DER MANN DER STUNDE. Pfarrer Clemens August Graf von Galen wird Bischof von Münster. In: Joachim Kuropka (Hrsg.): Streitfall Galen, Münster 2007, 2. Aufl. 2007, Seite 37–52.

„ETWAS TEUFLISCHES". Clemens August Graf von Galen und der Nationalsozialismus. In: Joachim Kuropka (Hrsg.): Streitfall Galen, Münster 2007, 2. Aufl. 2007, Seite 115–140.

„DASS FÜR IHN AUCH HEUTE NOCH DIE JUDEN DAS AUSERWÄHLTE VOLK GOTTES SEIEN". Bischof von Galen und die Juden. In: Joachim Kuropka (Hrsg.): Streitfall Galen, Münster 2007, 2. Aufl. 2007, Seite 141–164.

„...MACHT AUS DEM GEBETSAUFRUF EINEN AUFRUF ZUM KRIEG". Die Kontroverse um den Galen-Film des Landesmedienzentrums des Landschaftsverbandes Westfalen-Lippe im Herbst 2005. In: Joachim Kuropka (Hrsg.): Streitfall Galen, Münster 2007, 2. Aufl. 2007, Seite 341–355.

DOKUMENTENEDITION. In: Joachim Kuropka (Hrsg.): Streitfall Galen, Münster 2007, 2. Aufl. 2007, Seite 385–792.

(Hrsg. mit Franz Bölsker): WESTFÄLISCHES AUS ACHT JAHRHUNDERTEN. Zwischen Siegen und Friesoythe – Meppen und Reval (Festschrift für Alwin Hanschmidt zum 70. Geburtstag), Münster 2007, 424 Seiten.

(Mit Franz Bölsker): EINFÜHRUNG. In: Franz Bölsker/Joachim Kuropka (Hrsg.): Westfälisches aus acht Jahrhunderten, Münster 2007, Seite 7–11.

VOLKSPROTEST GEGEN BÜRGERMEISTERWAHL. Eine Fallanalyse zum Umgang mit demokratischen Rechten zu Beginn der Weimarer Republik. In: Franz Bölsker/Joachim Kuropka (Hrsg.): Westfälisches aus acht Jahrhunderten, Münster 2007, Seite 33–50.

(Hrsg. mit Hans-Ulrich Minke): DER HEIMAT GEDENKEN, Oldenburg 2007, 2. Aufl. 2008, 32 Seiten.

POLITIK FÜR DIE SEELSORGE. Anmerkungen zu Rudolf Morseys Beitrag. In: Hubert Wolf/Thomas Flammer/Barbara Schüler (Hrsg.): Clemens August von Galen. Ein Kirchenfürst im Nationalsozialismus, Darmstadt 2007, Seite 136–145.

„DIE MAUER DES SCHWEIGENS DURCHBRECHEN". Bischof von Galen und die „Geltung des Christentums" unter dem NS-Regime. In: Hubert Wolf/Thomas Flammer/Barbara Schüler (Hrsg.): Clemens August von Galen. Ein Kirchenfürst im Nationalsozialismus, Darmstadt 2007, Seite 146–158.

„... BREITE MASSEN GEGEN POLEN GEWONNEN WERDEN KÖNNEN". Krieg gegen Polen und deutsche Volksstimmung im Jahre 1939. In: Hermann von Laer (Hrsg.): Osteuropa und wir (Vechtaer Universitätsschriften, Bd. 24), Berlin 2007, Seite 61–78.

ZUM GELEIT. In: Helmut Jäger: „Wohl tobet um die Mauern der Sturm in wilder Wut...". Das Bistum Osnabrück zwischen Säkularisation und Modernisierung 1802–1858, Osnabrück 2007, Seite 11.

Franz Bölsker/Joachim Kuropka (Hg.)

WESTFÄLISCHES
aus acht Jahrhunderten

Zwischen Siegen und Friesoythe, Meppen und Reval

ester und eifriger Förderer der Gymnasialkonvikte in Vechta • Hans-Jürgen Brandt: Das katholische Frat
tadtentwicklung in Westfalen vom späten Mittelalter bis zum Ersten Weltkrieg – Dortmund, Soest und M
l Hengst: Das Ende der Klöster in Waldeck • Michael Hirschfeld: Katholische oldenburgische Lehrerinne
im Kuropka: Volksprotest gegen Bürgermeisterwahl. Eine Fallanalyse zum Umgang mit demokratischen
nderts • Karl Josef Lesch: Reformer aus christlicher Verantwortung. Eine theologiegeschichtliche Würdi
ningmann, Stephanie Bermges: Zur Professionalisierung der Lehrerschaft protestantischer Gymnasien ir
er: Schule und Bildung im Hochstift Osnabrück und Niederstift Münster im Zeitalter der Konfessionalisie
Maria Anna Zumholz: „Ist nicht der Ackerbau die Seele des Staates?" Die Rezeption der Elementarschu
bert Meistermann (1849–1933), ein streitbarer Priester und eifriger Förderer der Gymnasialkonvikte in Ve
g 1847 • Franz Bölsker: Varianten neuzeitlicher Stadtentwicklung in Westfalen vom späten Mittelalter bi
von Münster, Paderborn und Osnabrück • Karl Hengst: Das Ende der Klöster in Waldeck • Michael Hirsc

Festschrift für Alwin Hanschmidt zum 70. Geburtstag, Münster 2007

WIDERSTAND UND MASSENPROTEST GEGEN DAS NS-REGIME. In: Der Präsident des Nds. Landtages (Hrsg.): Landesgeschichte im Landtag, Hannover 2007, Seite780–785.

AUS HEISSER LIEBE ZU UNSEREM VOLK UND ZU UNSERER HL. KIRCHE. Franz Graf von Galen als Politiker. In: Oldenburger Jahrbuch 107, 2007, Seite 101–125.

DIE STEINE AUF DEM KREUZBERG. Ein Denkmal für Schlageter – und für die treuen Zentrumswähler. In: Jahrbuch für das Oldenburger Münsterland 2007, Seite 82–98.

KEIN ZWEITKLASSIGES LAND. / Zur Vertreibungsdebatte in Deutschland und Polen. In: Hirschberg 60, 2007, Nr. 9, Seite 570.

GEFÄHRLICH FÜR DAS NS-REGIME: CLEMENS AUGUST VON GALEN. In: jahrbuch für geschichte und kunst im bistum hildesheim 74, 2006 (2007), Seite 219–242.

DAS KLEINSTE ÜBEL. DIE GALEN-BRÜDER UNTERSTÜTZEN DIE PAPENREGIERUNG. Ein Beispiel dafür, wie katholische Geistliche und Politiker Hitler verhindern wollten. In: Rheinischer Merkur 47, 2007, Seite 12.

REZENSION zu Godman, Peter: Der Vatikan und Hitler. In: Theologische Revue 103 (3/2007), Spalte 201–202.

REZENSION zu Wolf, Hubert unter Mitarbeit von Ingrid Lueb: Clemens August Graf von Galen. Gehorsam und Gewissen, Freiburg i.Br. u.a. 2006. In: Das Historisch-Politische Buch 55, 2007, Seite 437–438.

REZENSION zu Hömig, Herbert: Brüning: Politiker ohne Auftrag. Zwischen Weimarer und Bonner Republik, Paderborn u.a. 2005. In: Das Historisch-Politische Buch 55, 2007, Seite 578–579.

REZENSION zu Görtemaker, Manfred (ed.): Britain and Germany in the 20th Century (German Historical Perspectives 18), Oxford 2006. In: Das Historisch-Politische Buch 55, 2007, Seite 521–522.

2008

FRANZ VON GALEN UND DAS ENDE DER ZENTRUMSPARTEI. In: Auf roter Erde, Beilage zu Westfälische Nachrichten vom 10.05.2008.

RELIGIÖSE STURKÖPPE. 13 JAHRE NACH DEM 750. FEIERT OLDENBURG NUN DAS 900. STADTJUBILÄUM. In: die tageszeitung (taz) vom 16.09.2008.

REZENSION zu Haunfelder, Bernd/Schollmeier, Axel: Kardinal von Galen. Triumph und Tod, Münster 2005. In: Heimatpflege in Westfalen 21, Heft 4, 2008, Seite 35.

REZENSION zu Schmidt, Christoph: Nationalsozialistische Kulturpolitik im Gau Westfalen-Nord. Regionale Strukturen und lokale Milieus 1933–1945 (Forschungen zur Regionalgeschichte, Bd.54), Paderborn u.a. 2006. In: Rheinische Vierteljahresblätter 72, 2008, Seite 397–398.

REZENSION zu Lachner, Gabriele/Hirschfeld, Michael/Siedenbiedel, Robert (Hrsg.): Nicht zu allem Ja und Amen sagen! Beiträge und Unterrichtsmaterialien zu bemerkenswerten Christen des Oldenburger Landes, Cloppenburg 2008. In: Das Historisch-Politische Buch 56, 2008, Seite 638–639.

WEITERARBEIT UNMÖGLICH. Leserbrief in Westfälische Nachrichten vom 17.04.2008.

2009

(Hrsg. mit Hans-Ulrich Minke und Horst Milde) „FERN VOM PARADIES – ABER VOLLER HOFFNUNG". Vertriebene werden neue Bürger im Oldenburger Land (Oldenburger Forschungen Neue Folge, Bd. 26), Oldenburg 2009, 420 Seiten.

(Mit Hans-Ulrich Minke und Horst Milde): DER LANGE WEG NACH OLDENBURG. In: Hans-Ulrich Minke/Joachim Kuropka/Horst Milde (Hrsg.): „Fern vom Paradies – aber voller Hoffnung". Vertriebene werden neue Bürger im Oldenburger Land, Oldenburg 2009, Seite 7–9.

„DIE HEIMAT IM RAHMEN DES MÖGLICHEN ERSETZEN". Vertriebene im Landkreis Vechta. In: Hans-Ulrich Minke/Joachim Kuropka/Horst Milde (Hrsg.): „Fern vom Paradies – aber voller Hoffnung". Vertriebene werden neue Bürger im Oldenburger Land, Oldenburg 2009, Seite 155–174.

„SEELSORGER UND PATRIOT". In: Dieter Stein (Hrsg.): Helden der Nation. Beiträge und Interviews zum 20. Juli 1944, Berlin 2008, Seite 421–426.

Hans-Ulrich Minke
Joachim Kuropka
Horst Milde
(Hg.)

„Fern vom Paradies – aber voller Hoffnung"

Vertriebene werden
neue Bürger
im Oldenburger Land

Oldenburg 2009

DER „MOORPAPST". Offizial Heinrich Grafenhorst (1906–1970) und der „Kulturkampf" in Niedersachsen. In: Michael Hirschfeld (Hrsg.): Religion und religiöse Identität. Das Oldenburger Münsterland als konfessioneller Erinnerungsort, Cloppenburg 2008, Seite 111–125.

NEUE GESCHICHTSERFAHRUNGEN IN POLEN. In: Halbjahresschrift für südosteuropäische Geschichte, Literatur und Politik 20, 2008, Heft 1, Seite 25–37.

EXEMPLUM GESCHICHTSUNTERRICHT. In: Stephanie Hellekamps/Wilfried Plöger/Wilhelm Wittenbruck (Bearb.): Handbuch der Erziehungswissenschaft, Bd. II/1, Schule, (Studienausgabe) Paderborn 2009, Seite 457–463.

„DER HEUTIGE TAG BRACHTE UNS EINE REVISION DURCH DIE GEHEIME STAATSPOLIZEI". Die Liebfrauenschule unter der NS-Diktatur. In: Manfred Klostermann (Red.): 150 Jahre Liebfrauenschule Vechta, Vechta 2009, Seite 42–54.

„DIE NEUE ZEIT UND DER ALTE GLAUBE". Historische Beobachtungen zum Problem der Kirchenreform. In: Reinhard Dörner (Hrsg.): Die Wahrheit wird euch frei machen (Joh. 8,32b.). Die ewige Wahrheit – Stein des Anstoßes, Norderstedt 2009, Seite 225–243.

IM GESCHICHTSNEBEL. In: Halbjahresschrift für Südosteuropäische Geschichte, Literatur und Politik 21 (2/2009), Seite 61–64.

„HEUTE GEHT ES KLAR UND EINDEUTIG UM DIE RELIGION". Zum Schulkampf in Goldenstedt 1938 um die Geltung des Christentums. In: Jahrbuch für das Oldenburger Münsterland 2009, Seite 102–116.

... UM NICHT DIE EXISTENZ DER FAMILIE ZU GEFÄHRDEN. Hans Watermann und Dr. J. Hermann Siemer waren Mitglieder der NSDAP, ihren christlichen Grundüberzeugungen blieben sie treu. In: Oldenburgische Volkszeitung vom 02.01.2009.

„VERGLEICHBAR MIT 30-JÄHRIGEM KRIEG". Interview zu Vertreibung und Fernsehfilm „Die Flucht" In: Delmenhorster Kreisblatt vom 10.02.2009.

REZENSION zu Wolf, Hubert unter Mitarbeit von Ingrid Lueb: Clemens August Graf von Galen. Gehorsam und Gewissen, Freiburg i.B. u.a. 2006. In: Historische Zeitschrift 288, 2009, Seite 821–823.

REZENSION zu Bayer, Karen: „How Dead Is Hitler?" Der britische Starrepor-
ter Sefton Delmer und die Deutschen (Veröffentlichungen des Instituts für europäische Geschichte Mainz, Abt. für Universalgeschichte, Bd. 219), Mainz
2009. In: Das Historisch-Politische Buch 57 (3/2009), Seite 238–240.

REZENSION zu Hoyer, Christian: Salisbury und Deutschland. Außenpoliti-
sches Denken und britische Deutschlandpolitik zwischen 1856 und 1880 (Historische Studien, Bd. 294), Husum 2008. In: Das Historisch-Politische Buch
57 (3/2009), Seite 267–268.

REZENSION zu Steinbach, Peter/Johannes Tuchel: Georg Elser, Berlin-Bran-
denburg 2008. In: Das Historisch-Politische Buch 57 (6/2009), Seite 599–600.

REZENSION zu Kirschnick, Sylke: Anne Frank und die DDR. Politische Deu-
tungen und persönliche Lesarten des berühmten Tagebuches, Berlin 2009. In:
Das Historisch-Politische Buch 57 (6/2009), Seite 656–657.

2010

(HRSG.): REGIONALE GESCHICHTSKULTUR. Phänomene – Projekte – Probleme aus Niedersachsen, Westfalen, Tschechien, Lettland, Ungarn, Rumänien
und Polen, Berlin 2010, 227 Seiten.

GESCHICHTSKULTUR – DIE BUNTE WELT DES HISTORISCHEN. In: Joachim
Kuropka (Hrsg.): Regionale Geschichtskultur, Berlin 2010, Seite 7–12.

NIEDERSACHSEN – NICHT ERDVERWACHSEN. Oldenburg zwischen Niedersachsen – Konstruktion und Westfalen 1930 – 1975. In: Joachim Kuropka
(Hrsg.): Regionale Geschichtskultur, Berlin 2010, Seite 13–34.

IM KONFLIKT UM DIE ERINNERUNG: Amtshauptmänner und Landräte 1933–
1945 im Oldenburger Münsterland. In: Joachim Kuropka (Hrsg.): Regionale
Geschichtskultur, Berlin 2010, Seite 65–80.

KIRCHE, KATHOLIKEN, STAAT UND GESELLSCHAFT IM 20. JAHRHUNDERT. In:
Gerd Steinwascher (Hrsg.): Geschichte Niedersachsens, Bd. 5, Hannover
2010, Seite 1109–1163.

GEGEN DIE UMWERTUNG DER WERTE. ZU FORMEN DES KATHOLISCHEN WI-
DERSTANDES. In: Andreas Henkelmann/Nicole Priesching (Hrsg.): Widerstand? Forschungsperspektiven auf das Verhältnis von Katholizismus und Nationalsozialismus (theologie. und geschichte, Beiheft 2) Saarbrücken 2010,

Seite 39–61. Als Online-Publikation unter http://aps.sulb.uni-saarland.de/the-ologie.geschichte, erschienen in: Beiheft 2/2010.

SOLLEN UNSERE KINDER GESCHICHTE LERNEN? In: Hermann von Laer (Hrsg.): Was sollen unsere Kinder lernen? Zur bildungspolitischen Diskussion nach dem PISA-Studien (Vechtaer Universitätsschriften, Bd. 25), Berlin 2010, Seite 163–175.

BERNHARD HEUKAMP (1884–1946). In: Maria Anna Zumholz/Michael Hirschfeld/Klaus Deux (Hrsg.): Biographien und Bilder aus 575 Jahren Cloppenburger Stadtgeschichte, Münster 2010, Seite 220–224.

AUGUST MÜNZEBROCK (1893–1974). Amtshauptmann in Cloppenburg 1933–1945. In: Maria Anna Zumholz/Michael Hirschfeld/Klaus Deux (Hrsg.): Biographien und Bilder aus 575 Jahren Cloppenburger Stadtgeschichte, Münster 2010, Seite 447–452.

HEINRICH WEMPE (1880–1963). GEISTLICHER STUDIENRAT UND ZENTRUMS-POLITIKER. In: Maria Anna Zumholz/Michael Hirschfeld/Klaus Deux (Hrsg.): Biographien und Bilder aus 575 Jahren Cloppenburger Stadtgeschichte, Münster 2010, Seite 662–666.

DER HEIMATDICHTER AUGUST HINRICHS UND DIE HEIMAT. In: Abraham P. ten Cate/Reinhard Rapp/Jürg Strässler/Maurice Vliegen/ Heinrich Weber (Hrsg.): Grammatik, Praxis – Geschichte. Festschrift für Wilfried Kürschner, Tübingen 2010, Seite 237–244.

AMBÜHREN (Seite 27–28), BAKUM (Seite 54–58), BETHEN (Seite 58–87), BÜ-SCHEL (Seite 151), CARUM (Seite 171–172); CLOPPENBURG (Seite 178–187), DAREN (Seite 205–206), ELMELAGE (Seite 280), EMSTEKERFELD (Seite 295), HARME (Seite 408), HAUSSTETTE (Seite 428–429), KELLERHÖHE (Seite 539), HARPENDORF, (Seite 564–566). In: Albrecht Eckhardt (Hrsg.): Oldenburgi-sches Ortslexikon. Archäologie, Geographie und Geschichte des Oldenburger Landes, Bd. 1, Oldenburg 2010.

EIN UNBEQUEMER FÜR DAS NS-REGIME, KIRCHE UND NACHKRIEGSGESELL-SCHAFT: DR. JOHANNES GÖKEN. In: Jahrbuch für das Oldenburger Münster-land 2011, Seite 65–85.

WAS BLEIBT NACH 900 JAHREN? Überlegungen zur politischen Kultur Olden-burgs anlässlich der 900-Jahr-Feier der Stadt Oldenburg. In: Jahrbuch für das Oldenburger Münsterland 2010, Seite 84–106.

Joachim Kuropka (Hg.)

Regionale Geschichtskultur

Phänomene - Projekte - Probleme

aus
Niedersachsen
Westfalen
Tschechien
Lettland
Ungarn
Rumänien
und Polen

Berlin 2010

REZENSION zu Arning, Holger: Die Macht des Heils und das Unheil der Macht. Diskurse von Katholizismus und Nationalsozialismus im Jahre 1934 – eine exemplarische Zeitschriftenanalyse. Paderborn u.a. 2008. In: Zeitschrift für Kirchengeschichte 121, 2010, S. 124.

DEUTSCH-POLEN WAREN MEIST EINWANDERER. ANMERKUNGEN VON PROFESSOR KUROPKA. In: Oldenburgische Volkszeitung vom 22.02.2010.

FREIHÄNDIG BELEIDIGT. Leserbrief in Oldenburgische Volkszeitung vom 16.06.2010.

2011

(Hrsg.): GEWALT UND KRIEG, EXTREMISMUS UND TERROR. Beiträge zur immerwährenden Problemen menschlichen Zusammenlebens (Vechtaer Universitätsschriften, Bd. 26), Berlin 2011, 361 Seiten.

„WENN DIE PISTOLE DAS DURCHSCHLAGENDSTE ARGUMENT IM POLITISCHEN KAMPFE BILDET". Zum politischen Extremismus in der Weimarer Republik. In: Joachim Kuropka (Hrsg.): Gewalt und Krieg, Extremismus und Terror, Berlin 2011, Seite 117–131.

DURCH LUFTKRIEG ZUR DEMOKRATIE? „Changing of Germany" als strategisches Kriegsziel im 1. und 2. Weltkrieg. In: Joachim Kuropka (Hrsg.): Gewalt und Krieg, Extremismus und Terror, Berlin 2011, Seite 133–156.

ZUR INTEGRATION DER VERTRIEBENEN FLÜCHTLINGE AM BEISPIEL DES OLDENBURGER LANDES. In: Halbjahresschrift für südosteuropäische Geschichte, Literatur und Politik 23, H. 1/2, Seite 161–175.

„KRACH UM JOLANTHE" UND DER „HEIMATDICHTER" AUGUST HINRICHS. In: Maria Anna Zumholz (Hrsg.): Krach um Jolanthe. Krise und Revolte in einer agrarisch–katholischen Region 1929–1930 und der Konflikt um die Deutungs– und Erinnerungskultur, Münster 2011, Seite 225–242.

LOHE (S. 616–617), LÜSCHE (Seite 636–637), MÄRSCHENDORF (Seite 650–651), SCHLEDEHAUSEN (Seite 886), SCHMERTHEIM (Seite 892–893), STAATSFORSTEN (Seite 933–934), STAPELFELD (Seite 937–939), SÜDHOLZ (Seite 980), VAHREN (Seite 1009–1010), VESTRUP (Seite 1039–1041), WESTERBAKUM (Seite 1097–1098). In: Albrecht Eckhardt (Hrsg.): Oldenburgisches Ortslexikon. Archäologie, Geografie und Geschichte des Oldenburger Landes, Bd. 2, Oldenburg 2011.

2012

(Hrsg.): Wilhelm Middeler: ZWISCHEN SYNAGOGENBRAND UND REIFEPRÜFUNG 1938 – 1955. Erinnerungen aus der Froschperspektive eines mittelmäßigen Schülers. Eine münsterische Chronik, Münster 2012, 253 Seiten.

WIMI UND DIE FROSCHPERSPEKTIVE. In: Joachim Kuropka (Hrsg.): Wilhelm Middeler: Zwischen Synagogenbrand und Reifeprüfung 1938 – 1955, Berlin 2012, Seite 7–8.

KREUZKAMPFFORSCHUNG IM RÜCKBLICK: Volkserhebung ohne Widerstand? In: Maria Anna Zumholz (Hrsg.): Katholisches Milieu und Widerstand. Der Kreuzkampf im Oldenburger Land. Joachim Kuropka zum 70. Geburtstag (Vechtaer Universitätsschriften, Bd. 29), Berlin 2012, Seite 139–150.

RECK-MALLECZEWEN, FRITZ. In: Gertrud Maria Rösch (Hrsg.): Fakten und Fiktionen. Werklexikon der deutschsprachigen Schlüsselliteratur 1900–2010, zweiter Halbband, Stuttgart 2012, Seite 491–494.

„WAS MAN SICH HIERZULANDE VOM KRIEG ERZÄHLT". Volksmeinung zum Krieg 1939 – 1941. In: Michael Hirschfeld (Hrsg.): Kriege und Kriegserfahrungen im Oldenburger Münsterland im 19. und 20. Jahrhundert, Cloppenburg 2012, Seite 121–131.

INDUSTRIALISIERUNG UND KATHOLISCHE LEBENSFORMEN IM SPIEGEL LITERARISCHER WERKE AUS WESTFALEN. In: Marcin Golaszewski/Kalina Kupczynska (Hrsg.): Industriekulturen: Literatur, Kunst und Gesellschaft, Frankfurt a. M. 2012, Seite 265–276.

GESCHICHTE VON UNTEN BRINGT NEUE ERKENNTNISSE – AUCH IN POLEN. In: Halbjahresschrift für südosteuropäische Geschichte, Literatur und Politik 24, H. 1/2 2012, Seite 90–94.

STREITFALL GALEN. STUDIEN UND DOKUMENTE. Auszug in Text- und Bildgeschenke zum 100. Geburtstag von Marga Spiegel, Münster 2012, ohne Paginierung.

GEDENKKULTUR ZWISCHEN WISSENSCHAFT UND ÖFFENTLICHKEIT. Die Vertreibung der Deutschen. In: Wilfried Kürschner (Hrsg.): Kulturerinnerungen – Erinnerungskulturen. Mozart, Heine, Benn: Musik, Literatur, Denkmäler (Vechtaer Universitätsschriften, Bd. 27), Berlin 2012, Seite 213–228.

REZENSION zu Lensing, Helmut: Ludwig Windthorst – Neue Facetten seines politischen Wirkens, Haselünne 2010. In: Jahrbuch für das Oldenburger Münsterland 2012, Seite 458–459.

REZENSION zu Klausch, Hans-Peter (Hrsg.): Oldenburg im Zweiten Weltkrieg. Das Kriegstagebuch des Mittelschullehrers Rudolf Tjaden, Oldenburg 2010. In: Jahrbuch für das Oldenburger Münsterland 2012, Seite 459–460.

REZENSION zu Oberkofler, Gerhard: Georg Fuchs. Ein Wiener Volksarzt im Kampf gegen den Imperialismus, Wien/Bozen 2011. In: Das Historisch-Politische Buch 60 (1/2012), Seite 23–24.

2013

(Hrsg.): GRENZEN DES KATHOLISCHEN MILIEUS. Stabilität und Gefährdung katholischer Milieus in der Endphase der Weimarer Republik und der NS-Zeit. Bayerischer Wald – Eichsfeld – Emsland – Ermland – Grafschaft Glatz – Münsterland – Oberpfalz – Oberschlesien – Oldenburger Münsterland – Passau – Pfalz – Rheinland-Westfalen – Südbaden/Südwürttemberg/Bayerisch Schwaben – Unterfranken, Münster 2013, 552 Seiten.

REGIONALMILIEUS – RESISTENZ UND RESILIENZ. In: Joachim Kuropka (Hrsg.): Grenzen des katholischen Milieus, Münster 2013, Seite 9–21.

ZWISCHEN EROSION UND ERNEUERUNG: Katholisches Milieu im Oldenburger Münsterland 1919 bis 1939. In: Joachim Kuropka (Hrsg.): Grenzen des katholischen Milieus, Münster 2013, Seite 387–405.

VOM ‚POLITISCHEN SEELSORGER‘ ZUM SELIGEN – Clemens August von Galen in der wissenschaftlichen Diskussion. In: Mitteilungen K.D.St.V. Sauerlandia Münster Dezember 2013, Seite 15–32.

REZENSION zu Esposito, Fernando: Mythische Moderne. Aviatik, Faschismus und die Sehnsucht nach Ordnung in Deutschland und Italien, München 2011. In: Das Historisch-Politische Buch 61 (2/2013), Seite 129.

REZENSION zu Ueberschär, Gerd R. (Hrsg.): Handbuch zum Widerstand gegen den Nationalsozialismus und Faschismus in Europa 1933/39 bis 1945, Berlin/New York 2011. In: Das Historisch-Politische Buch 61 (3/2013), Seite 234–235.

REZENSION zu Plaggenborg, Stefan: Ordnung und Gewalt. Kemalismus – Faschismus – Sozialismus, München 2012. In: Das Historisch-Politische Buch 61 (3/2013), Seite 235–236.

REZENSION zu Kösters, Christoph/Ruff, Mark Edward (Hrsg.): Die katholische Kirche im Dritten Reich. Eine Einführung, Freiburg/Br. 2011. In: Wichmann Jahrbuch des Diözesangeschichtsvereins Berlin 52/53, 2012/2013, Seite 266–267.

REZENSION zu Faust, Anselm/Bernd A. Rusinek/Bernhard Dietz (Bearb.): Lageberichte rheinischer Gestapostellen, Bd. I: 1934 (Publikationen der Gesellschaft für Rheinische Geschichtskunde LXXI), Düsseldorf 2012. In: Rheinische Vierteljahrsblätter 77, 2013, Seite 433–435.

REZENSION zu Dierig, Harald: Der leidvolle Weg zu einem neuen Zuhause. Ostdeutsche Heimatvertriebene im Landkreis Münster nach 1945, Münster 2013. In: Westfälische Forschungen 63, 2013, Seite 489–490.

REZENSION zu Brechenmacher, Thomas/Oelke, Harry (Hrsg.): Die Kirchen und die Verbrechen im nationalsozialistischen Staat, Göttingen 2011. In: Das Historisch-Politische Buch 61 (5/2013), Seite 489–490.

ÜBERFALL? Leserbrief in Frankfurter Allgemeine Zeitung vom 04.06.2013.

EHRENDES ANDENKEN. Leserbrief in Westfälische Nachrichten v. 12.08.2013.

2014

HEIMAT UND IDENTITÄT. In: Hirschberg 01 (2014), Seite 11–16.

GESCHICHTSSTELLER. WIE MAN DEUTSCH-POLNISCHE GESPRÄCHE (NICHT) FÜHREN SOLLTE. In: Halbjahresschrift für südosteuropäische Geschichte, Literatur und Politik 1/2 2014, Seite 119–126.

REZENSION zu Mauss, Susanne: Nicht zugelassen. Die jüdischen Rechtsanwälte im Oberlandesgerichtsbezirk Düsseldorf 1933–1945, Essen 2013. In: Rheinische Vierteljahrsblätter 78, 2014, Seite 401–402.

REZENSION zu Gross, Jan Tomasz: Angst. Antisemitismus nach Ausschwitz in Polen, Berlin 2012. In: Das Historisch-Politische Buch 62 (5/2014), Seite 453–454.

REZENSION zu Zeitgeschichtliche Kenntnisse und Urteile von Jugendlichen (Studien des Forschungsverbundes SED-Staat an der Freien Universität Berlin), Frankfurt/Main 2012. In: Das Historisch-Politische Buch 62 (5/2014), Seite 506–507.

REZENSION zu Schroeder, Klaus/Deutz-Schroeder, Monika/Quasten, Rita/Schulze Heuing, Dagmar: Später Sieg der Diktaturen? Zeitgeschichtliche Kenntnisse und Urteile von Jugendlichen (Studien des Forschungsverbundes SED-Staat an der Freien Universität Berlin), Frankfurt/Main 2012. In: Das Historisch-Politische Buch 62 (5/2014), Seite 506–507.

HINTERGRÜNDE ZU KOPF-STRASSE FEHLEN. Leserbrief in Oldenburgische Volkszeitung vom 12.12.2014.

2015

GALEN. WEGE UND IRRWEGE DER FORSCHUNG, Münster 2015, 457 Seiten.

„MIT EINGABEN WIRD WOHL NICHTS ZU ERREICHEN SEIN …". Zur kirchenpolitischen Konzeption Kardinal Bertrams gegenüber dem NS-Regime. In: Thomas Scharf-Wrede (Hrsg.): Adolf Kardinal Bertram (1859–1945). Sein Leben und Wirken, Regensburg 2015, Seite 207–222.

EINE „ZENTRUMSFAMILIE". DIE FAMILIE VON GALEN VOM KAISERREICH BIS ZUR NS-ZEIT. In: Andreas Linsenmann und Markus Raasch (Hrsg.): Die Zentrumspartei im Kaiserreich. Bilanz und Perspektiven, Münster 2015, Seite 423–435.

EINFÜHRUNG zu: Clemens August von Galen: Predigt über Lk 19,41–47, Lambertikirche zu Münster, 3. August 1941. In: Johann Hinrich Claussen/Martin Rößler (Hrsg.): Große Predigten. 2000 Jahre Gottes Wort und christlicher Protest, Darmstadt 2015, Seite 287–290.

Münster 2015, 457 Seiten

„GESCHICHTE KAPITALISIEREN ...". ÜBER ANGEWANDTE GESCHICHTE. In: Karl Josef Lesch (Hrsg.): Die Ökonomisierung der Welt und das Schicksal des Humanum (Vechtaer Universitätsschriften, Bd. 32), Berlin 2015, Seite 109–121.

REZENSION zu Lageberichte rheinischer Gestapostellen, Bd. II,1, Januar bis Juni 1935, bearb. von Faust, Anselm/Rusinek, Bernd A./Dietz, Burkhard, Düsseldorf 2014. In: Rheinische Vierteljahrsblätter 79, 2015, Seite 416–419.

REZENSION zu Thull, Philipp (Hrsg.): Christen im Dritten Reich, Darmstadt 2014. In: Rheinische Vierteljahrsblätter 79, 2015, Seite 421–422.

REZENSION zu Kirschbaum, Charlotte/von Freiling Elisabeth: Briefwechsel 1934 bis 1939, bearb. von Günther van Norden, Göttingen 2014. In: Rheinische Vierteljahrsblätter 79, 2015, Seite 422–424.

REZENSION zu Blaschke, Olaf: Die Kirchen und der Nationalsozialismus, Ditzingen 2014. In: Das Historisch-Politische Buch 63 (2/2015), Seite 202–203.

2016

„PSYCHOLOGIE UND DYNAMIK DER KRISE". Zum Krisenbewusstsein in den 1930er Jahren. In: Wilfried Kürschner (Hrsg.): Krisen und Krisenbewältigung (Vechtaer Universitätsschriften, Bd. 35), Berlin: 2015 (2016), Seite 145–159.

EINE „GERECHTE" GRENZE FÜR POLEN. In: Hermann von Laer (Hrsg.): Schlagwort Gerechtigkeit: Kampfbegriff oder ethische Maxime? (Vechtaer Universitätsschriften, Bd. 33), Berlin 2015 (2016), Seite 107–120.

„KEINER WOLLTE UNS" – WEGE DER INTEGRATION DER VERTRIEBENEN SEIT 1945. In: Wilfried Kürschner (Hrsg.): Formen des Miteinanders in Zeiten der Globalisierung (Vechtaer Universitätsschriften, Bd. 36), Berlin 2015 (2016), Seite 143–161.

WARUM STÖRTEN DIE DICHTER DAS NS-REGIME? In: Marcin Golaszewski/Magdalena Kardach/Leonore Krenzlin (Hrsg.): Zwischen innerer Emigration und Exil. Deutschsprachige Schriftsteller 1933–1945, Berlin/Boston 2016, Seite 49–62.

TECHNISCHE REALUTOPIE UND UTOPISCHE POLITIK. H.G. Wells und die britische Luftkriegsstrategie gegen Deutschland im Ersten Weltkrieg. In: Monika Kucner/Elzbieta Katarzyna Dzikowska/Agnieszka Godzisz (Hrsg.): Der

Erste Weltkrieg. Ostmitteleuropäische Einblicke und Perspektiven, Frankfurt a.M. 2016, Seite 197–204.

ERNST VON SALOMON, DIE LANDVOLKBEWEGUNG UND DIE ‚NEUORDNUNG DER DEUTSCHEN DINGE'. In: Wietold Sadzinski/Marcin Golaszewski (Hrsg.): Konstanz und Wandel in Sprache und Literatur, Lodz 2015 (2016), Seite 147–156.

FLUCHT IN DIE ÖFFENTLICHKEIT. Vor 75 Jahren hielt der Bischof von Münster Clemens August Graf von Galen drei Predigten, die die Welt bewegten und ihm die Wut der Nazis bescherten. In: Deutsches Adelsblatt, 55. Jg., Nr. 7 v. 15.07.2016, Seite 11–13.

NUR EIN „TOTES BILD" – NUR EIN „HOLZKREUZ"? Vor 80 Jahren Kreuzkampf in Oldenburg und die Schwierigkeiten des Erinnerns. In: Jahrbuch für das Oldenburger Münsterland 2016, Seite 26–40.

REZENSION zu Lagebericht rheinischer Gestapostellen, Bd. II, 2: Juli bis Dezember 1935, bearb. von Faust, Anselm/Rusinek, Bernd A./Dietz, Burkhard, (Publikationen der Gesellschaft für Rheinische Geschichtskunde 81), Düsseldorf 2015. In: Rheinische Vierteljahrsblätter 80, 2016, Seite 395–397.

REZENSION zu Form, Wolfgang/Schiller, Theo/Seitz, Lothar (Hrsg.): NS-Justiz in Hessen. Verfolgung, Kontinuitäten, Erbe (Veröffentlichungen der Historischen Kommission für Hessen 65,4), Marburg 2015. In: Rheinische Vierteljahrsblätter 80, 2016, Seite 406–408.

REZENSION zu Heim, Bernd: Braune Bischöfe für's Reich? Das Verhältnis katholischer Kirche und totalitärem Staat, dargestellt anhand der Bischofsernennungen im nationalsozialistischen Deutschland, Bad Langensalza 2007. In: Das Historisch-Politische Buch 64 (2/2016), Seite 210–211.

REZENSION zu Conrad, Benjamin: Umkämpfte Grenze, umkämpfte Bevölkerung. Die Entstehung der Staatsgrenzen der Zweiten Polnischen Republik (1918–1923), Stuttgart 2014. In: Das Historisch-Politische Buch 64 (2/2016), Seite 155–156.

2017

HEIMAT ZWISCHEN DEUTSCHLAND, POLEN UND EUROPA. Historische Blicke – Geschichtserinnerungen – Geschichtserfahrungen. Münster 2017, 443 Seiten.

Joachim Kuropka

HEIMAT ZWISCHEN DEUTSCHLAND, POLEN UND EUROPA

Historische Blicke | Geschichtserinnerungen | Geschichtserfahrungen

Aschendorff Verlag

Münster 2017, 443 Seiten

(Hrsg. mit Wilfried Kürschner und Hermann von Laer): „WIR SCHAFFEN DAS!‟? Migration, Zuwanderung, Flucht (Vechtaer Universitätsschriften, Bd. 39), Berlin 2017, 183 Seiten.

ÜBER DEUTSCHE WILLKOMMENSKULTUREN. In: Joachim Kuropka/Wilfried Kürschner/Hermann von Laer (Hrsg.): „Wir schaffen das!?‟, Berlin 2017, Seite 27–39.

RADIKALE IM LÄNDLICHEN RAUM. ZUR LANDVOLKBEWEGUNG 1928 BIS 1933. In: Wilfried Kürschner (Hrsg.): Der ländliche Raum. Politik – Wirtschaft – Gesellschaft (Vechtaer Universitätsschriften, Bd. 38), Berlin 2017, Seite 143–155.

TECHNISCHE REALUTOPIE UND UTOPISCHE POLITIK. H. G. WELLS UND DIE BRITISCHE LUFTKRIEGSSTRATEGIE IM ERSTEN WELTKRIEG. In: Monika Kucner/Agnieszka Godzisz/Piotr Zawilski/Elzbieta Katarzyna Dzikowska (Hrsg.): Kriegserklärung an das alte Europa. Literarische, historiographische und autobiographische Sichtweisen auf den Ersten Weltkrieg, Frankfurt a. M. 2017, Seite 201–209.

HELDENGEDENKEN BEI DER SCHMERZHAFTEN MUTTER ODER BEIM NATIONALEN MÄRTYRER? Zur politischen Funktion des Schlageter-Denkmals auf dem Kreuzberg in den 1920er/1930er Jahren. In: Industrie Museum Lohne (Hrsg.): Die Heimat im Krieg – Lohne und die Region 1914–1918. Begleitband zur Ausstellung im Industrie Museum Lohne, Lohne 2017, Seite 363–372.

REZENSION zu Nilles, Werner: Ich kann mich nicht vor der Wahrheit drücken. Vikar Ernst Henn (1909–1945). Priester in der Zeit des Nationalsozialismus, Münster 2015. In: Jahrbuch für das Oldenburger Münsterland 2017, Seite 464.

DIE POTENTIALE DER REGION AUSNUTZEN. Leserbrief in Frankfurter Allgemeine Zeitung vom 18.02.2017.

ERINNERUNG AN DAS GRUNDGESETZ. Leserbrief in Oldenburgische Volkszeitung vom 28.04.2017.

2018

ZWISCHEN SEELSORGE UND POLITIK. DIE KATHOLISCHEN BISCHÖFE DEUTSCHLANDS UNTER DEM NS-REGIME. Zeitgenössische und aktuelle Kritik an den Bischöfen. In: Maria Anna Zumholz/Michael Hirschfeld (Hrsg.):

Zwischen Seelsorge und Politik. Katholische Bischöfe in der NS-Zeit. Joachim Kuropka zum 75. Geburtstag, Münster 2018, Seite 15–33.

UNABHÄNGIG VON „MENSCHENGUNST UND MENSCHENLOB". Clemens August Graf von Galen 1878–1946 – Der Bischof von Münster (1933–1946) als Seelsorger. In: Maria Anna Zumholz/Michael Hirschfeld (Hrsg.): Zwischen Seelsorge und Politik, Münster 2018, Seite 195–208.

CLEMENS AUGUST VON GALEN ALS SEELSORGER IN BERLIN. In: Josef Wieneke (Hrsg.): Fest im Glauben. 150 Jahre St. Matthias Berlin-Schöneberg, St. Ottilien 2018, Seite 101–112.

‚FLÜCHTLINGSKRISE' VOR 70 JAHREN – EINE ERFOLGSGESCHICHTE? In: Harald Dierig (Hrsg.): Erinnerungsstätte Heidefriedhof in Coesfeld-Lette am historischen Barackenlager. Entwürfe – Realisierung – Einweihung, Coesfeld 2018, Seite 41–48.

TOLERANZ ALS CHRISTLICHE ERFINDUNG. Lesermeinung in Oldenburgische Volkszeitung vom 04.05.2018.

KRITISCHER BLICK AUF DIE AUFKLÄRUNG. Leserbrief in Oldenburgische Volkszeitung vom 01.06.2018.

„DIE DARSTELLUNG IST SCHLICHT FALSCH". 1932 lag die Erteilung der Staatsbürgerschaft bei den Ländern. Leserbrief in Oldenburgische Volkszeitung vom 23.07.2018.

2019

HISTORISCHE CAMOUFLAGE. ZUR REZEPTIONSGESCHICHTE DES LITERARISCHEN KAMPFES FRIEDRICH RECK-MALLECZEWENS GEGEN DAS NS-REGIME. In: Marcin Golaszewski/Leonore Krenzlin/Anna Wilk (Hrsg.): Schriftsteller in Exil und Innerer Emigration. Literarische Widerstandspotentiale und Wirkungschancen ihrer Werke (Schriften der Internationalen Ernst-Wiechert-Gesellschaft, Bd. 6), Berlin 2019, Seite 176–190.

POTEMKIN IN DEUTSCHLAND. Die DDR im Blick von Medien und Wissenschaft in der Bundesrepublik Deutschland vor 1989. In: Wilfried Kürschner (Hrsg.): Alternative Fakten, Fake News und Verwandtes. Wissenschaft und Öffentlichkeit (Vechtaer Universitätsschriften, Bd. 41), Berlin 2019, Seite 83–95.

DIE ‚DRITTE REVOLUTION‘ IST VERGESSEN. EINE ERINNERUNG AN DIE OLDENBURGER REVOLUTIONEN. In: Land-Berichte. Beiträge zu ländlichen und regionalen Lebenswelten, Jg. XXII, H. 2/2019, Seite 73–84.

„WEIL DIE ANORDNUNG EINER STRAFVERFOLGUNG ZU EINER AUSSEROR-DENTLICHEN VERSCHÄRFUNG DER LAGE FÜHREN WIRD“. Ermittlungs- und Strafverfahren gegen katholische Bischöfe unter dem NS-Regime. In: Reimund Haas/Albrecht Graf von Brandenstein-Zeppelin (Hrsg.): Zeugnis für Christus. Die Martyrerkirche des 20. Jahrhunderts. Festschrift für Prälat Prof. Dr. Helmut Moll, Weilheim-Bierbronnen 2019, Seite 153–170.

„US HITLER BRINGT DIE WER UP ANNER BAOHNEN. HEI FÖHRT WÄGE, WOR DE SÜNNE SCHINNT.“ Der Heimatbund für das Oldenburger Münsterland in der NS-Zeit. In: Michael Hirschfeld (Hrsg.): Im Einsatz für die Heimat. 100 Jahre Heimatbund für das Oldenburger Münsterland 1919–2019, Cloppen-burg 2019, Seite 53–72.

REZENSION zu Willems, Susanne: Der entsiedelte Jude. Albert Speers Woh-nungsmarktpolitik für den Berliner Hauptstadtbau, Berlin 2018. In: Das His-torische-Politische Buch 67 (3/2019), Seite 396.

REZENSION zu Wolfsteiner, Alfred: „Der stärkste Mann im Katholizismus in Deutschland“. Pater Augustin Rösch und sein Kampf gegen den Nationalso-zialismus, Regensburg 2018. In: Theologische Literaturzeitung 9, 2019, Spalte 933–934.

2020

LORENZ JAEGER – GEISTLICHER STUDIENRAT, DIVISIONSPFARRER, ERZBI-SCHOF VON PADERBORN. Historisch-kritische Studien zur Kritik an Erzbi-schof Lorenz Jaegers Haltung zum Nationalsozialismus im Kontext der Kont-roverse um die Ehrenbürgerschaft Jaegers. In: Josef Meyer zu Schlochtern/Jo-hannes W. Vutz (Hrsg.): Lorenz Jaeger. Ein Erzbischof in der Zeit des Natio-nalsozialismus, Münster 2020, Seite 247–326.

DIE HEIMAT UND EUROPA. In: Ulrike Kurth/Innara Guseynova (Hrsg.): Bil-dung und Europa. Anmerkungen zur Europaarbeit des Westfälischen Forums für Kultur und Bildung 1999–2019, Bielefeld 2020, Seite 87–92.

VORWORT. In: Willi Rülander: „Der Kulturkampf geht in seinem Sturmschritt weiter“. Kulturkampf in der Region – Das Emsland (Emsland/Bentheim. Beiträge zur Geschichte, Bd. 25), Sögel 2020, S. 7–8.

Rudolf Willenborg

Die Schule muß bedingungslos nationalsozialistisch sein

Erziehung und Unterricht im Dritten Reich

Dokumente und Materialien
zur Geschichte und Kultur
des Oldenburger Münsterlandes

vdv

2

Vechta 1986

2021

NACH 80 JAHREN VOR TRIBUNALEN. Bischöfe unter dem NS-Regime zwischen Wissenschaft und Öffentlichkeit. In: Edwin Ernst Weber/Christoph Schmider/Dietmar Schiersner (Hrsg.): Die Bischöfe Conrad Gröber und Joannes Baptista Sproll und der Nationalsozialismus. Historischer Kontext und historisches Erinnern, Ostfildern 2021 (im Druck).

LORENZ JAEGER UND DER NATIONALSOZIALISMUS. Eine Podiumsdiskussion von Joachim Kuropka und Klaus Große Kracht (moderiert von Nicole Priesching). In: Nicole Priesching (Hrsg.): Lorenz Kardinal Jaeger, Bd. 3. Eine

Publikation der Kommission für kirchliche Zeitgeschichte im Erzbistum Paderborn, Paderborn 2021, S. 87–116 (im Druck).

IN OLDENBURGISCHER LIBERALITÄT. ZU REVOLUTIONEN UND VERFASSUNGEN IM GROSSHERZOGTUM UND FREISTAAT OLDENBURG. In: Historische Mitteilungen der Ranke-Gesellschaft 32, 2021 (im Druck).

II.2 HERAUSGEBER/MITHERAUSGEBER VON REIHEN/REIHENBÄNDEN

II.2.1 DOKUMENTE UND MATERIALIEN ZUR GESCHICHTE UND KULTUR DES OLDENBURGER MÜNSTERLANDES

Bd. 1: Joachim Kuropka: Für Wahrheit, Recht und Freiheit – Gegen den Nationalsozialismus, Vechta 1983, 154 Seiten.

Bd. 2: Rudolf Willenborg: Die Schule muß bedingungslos nationalsozialistisch sein. Erziehung und Unterricht im Dritten Reich, Vechta 1986, 148 Seiten.

Bd. 3: Werner Teuber: Als gute Unterthanen und Bürger … geduldet, verfolgt, vertrieben, ermordet. Jüdisches Schicksal 1350–1945, Vechta 1988, 162 Seiten.

II.2.2 „PERSÖNLICHKEIT IM ZEITGESCHEHEN" IM LIT-VERLAG

Die Reihe PERSÖNLICHKEIT IM ZEITGESCHEHEN des LIT-Verlages dokumentiert biographische und autobiographische Studien zu bemerkenswerten Lebenswegen in ihren Zeitumständen.

Bd. 2: Ferdinand Kerstiens: Umbrüche – eine Kirchengeschichte von unten. Autobiographische Notizen, LIT Verlag, 2. überarb. Auflage 2013.

Bd. 3: Gernot Folkers, Elsbeth Dangel-Pelloquin, Ulfrid Kleinert (Hrsg.): Ein Gedenkbuch, LIT Verlag 2014.

Bd. 4: Anton Kolb: Brücken bauen zwischen Wissenschaft, Politik, Religion und Medien. Grundmotive und Ziele meines Lebens- und Berufsweges, LIT Verlag 2016.

Vechta 1988

Bd. 5: Ilse Zelle: Karl Knaake – Begründer der Weimarer Lutherausgabe. Hintergründe zu Person und Werk. Eine Spurensuche in Bildern, Briefen und Begegnungen, LIT Verlag 2017.

Bd. 8: Klaus Kornwachs: Staub und Hoffnung. José Majer – ein Leben für den Gran Chaco, LIT Verlag 2017.

Bd. 9: Klaus Schmidt: Dran bleiben – Zuversichtliche Rückblicke eines „Alt-68ers". Mit einem Nachwort von Günter Wallraff, LIT Verlag 2018.

Bd. 10: Georg Schwedt/Helmut Heckelmann: Kölnisch Wasser und Melissengeist. Die Geschichte der Klosterfrau Maria Clementine Martin (1775–1843). Eine kritische Rückschau, LIT Verlag 2019.

Bd. 11: Helmut Heckelmann/Gabriele M. Berberich/Georg Schwedt: Das Erbe der „Klosterfrau" in Köln. Aufstieg und Fall der Unternehmerfamilie Schaeben (1843–1933), LIT Verlag 2020.

II.2.3 (MIT HANS GALEN, FRANZ JOSEF JAKOBI UND HELMUT LAHRKAMP): GESCHICHTE ORIGINAL – AM BEISPIEL DER STADT MÜNSTER IM VERLAG ASCHENDORFF

Bd. 1: Hans Galen: Durchsetzung des Absolutismus. Hrsg. vom Stadtarchiv Münster durch Hans Galen, Joachim Kuropka und Helmut Lahrkamp, Münster 1978.

Bd. 2: Joachim Kuropka, Joa: Die Machtergreifung der Nationalsozialisten. Hrsg. vom Stadtarchiv Münster durch Hans Galen, Joachim Kuropka und Helmut Lahrkamp, Münster 1978.

Bd. 3: Karl-Heinz Kirchhoff: Utopia 1534/35 – Entstehung und Untergang der „Gemeinde Christi", der sogenannten Wiedertäufer. Hrsg. vom Stadtarchiv Münster und Stadtmuseum Münster durch Hans Galen, Joachim Kuropka und Helmut Lahrkamp, 3. Auflage Münster 1979.

Bd. 4: Bernd Haunfelder: Erhebung der Bürger 1848–1849. Hrsg. vom Stadtarchiv Münster und Stadtmuseum Münster durch Hans Galen, Joachim Kuropka und Helmut Lahrkamp, Münster 1981.

Bd. 5: Diethard Aschoff: Die Juden in Münster. Von den Anfängen bis zur Gegenwart. Hrsg. vom Stadtarchiv Münster und Stadtmuseum Münster durch Hans Galen, Franz-Josef Jakobi, Joachim Kuropka und Helmut Lahrkamp, 3. Auflage Münster 1981.

Bd. 6: Monika Lahrkamp: Die napoleonische Zeit 1800–1815. Auswirkungen der Säkularisation. Hrsg. vom Stadtarchiv Münster und Stadtmuseum Münster durch Hans Galen, Franz-Josef Jakobi, Joachim Kuropka und Helmut Lahrkamp, 2. Auflage Münster 1981.

Bd. 7: Clemens von Looz-Corswarem: Die Hansestadt. Wirtschaftliche Verflechtung vom 12.–17. Jahrhundert. Hrsg. vom Stadtarchiv Münster und

Stadtmuseum Münster durch Hans Galen, Joachim Kuropka und Helmut Lahrkamp, Münster 1982.

Bd. 8: Hans-Dieter Homann: Die Gilden. Berufsgenossenschaften, Sozialverbände, Standesvertretung. Hrsg. vom Stadtarchiv Münster und Stadtmuseum Münster durch Hans Galen, Franz-Josef Jakobi, Joachim Kuropka und Helmut Lahrkamp, 2. Auflage Münster 1982

Bd. 9: Wilfried Beer: Im Inferno des Bombenkrieges. Hrsg. vom Stadtarchiv Münster und Stadtmuseum Münster durch Hans Galen, Joachim Kuropka und Helmut Lahrkamp, 2. Auflage Münster 1983.

Bd. 10: Gerd Dethlefs: Soldaten und Bürger. Münster als Festung und Garnison. Hrsg. vom Stadtarchiv Münster und Stadtmuseum Münster durch Hans Galen, Joachim Kuropka und Helmut Lahrkamp, Münster 1983.

Bd. 11: Herta Sagebiel: Der Kulturkampf im Bismarckreich. Hrsg. vom Stadtarchiv Münster und Stadtmuseum Münster durch Hans Galen, Joachim Kuropka und Helmut Lahrkamp, Münster 1983.

Bd. 12: Helmut Lahrkamp: Der Westfälische Friede. Zur Kulturgeschichte des Friedenskongresses. Hrsg. vom Stadtarchiv Münster und Stadtmuseum Münster durch Hans Galen, Joachim Kuropka und Helmut Lahrkamp, Münster 1983.

Bd. 13: Otto-Ehrenfried Selle/Wilhelm Winkelmann: Mimigernaford-Monasterium. Sachsenort – Domburg – Bischofsstadt. Hrsg. vom Stadtarchiv Münster und Stadtmuseum Münster durch Hans Galen, Joachim Kuropka und Helmut Lahrkamp, Münster 1984.

Bd. 14: Peter Veddeler: Erster Weltkrieg und Revolution (1914–1919). Hrsg. vom Stadtarchiv Münster und Stadtmuseum Münster durch Hans Galen, Joachim Kuropka und Helmut Lahrkamp, Münster 1986.

Bd. 15: Joachim Kuropka: 1945/1946 – Ende und Neubeginn. Hrsg. vom Stadtarchiv Münster und Stadtmuseum Münster durch Hans Galen, Joachim Kuropka und Helmut Lahrkamp, Münster 1987.

Bd. 16: Gerd Dethlefs: Pest und Lepra. Seuchenbekämpfung in Mittelalter und früher Neuzeit. Hrsg. vom Stadtarchiv Münster und Stadtmuseum Münster durch Hans Galen, Franz-Josef Jakobi, Joachim Kuropka und Helmut Lahrkamp, Münster 1989.

Bd. 17: Wolfgang R. Krabbe: Auf dem Weg zur modernen Großstadt – Münster um 1900. Hrsg. vom Stadtarchiv Münster und Stadtmuseum Münster durch Hans Galen, Franz-Josef Jakobi, Joachim Kuropka und Helmut Lahrkamp, Münster 1990.

Bd. 18: Udo Grote: Architektur. Hrsg. vom Stadtarchiv Münster und Stadtmuseum Münster durch Hans Galen, Franz-Josef Jakobi, Joachim Kuropka und Helmut Lahrkamp, Münster 1992.

Bd. 19: Ludger Grevelhörster: Die Zeit der Weimarer Republik (1918–1933). Hrsg. vom Stadtarchiv Münster und Stadtmuseum Münster durch Hans Galen, Franz-Josef Jakobi, Joachim Kuropka und Helmut Lahrkamp, Münster 1995.

Bd. 20: Hans Galen/Axel Schollmeier: Malerei der Neuzeit. Hrsg. vom Stadtarchiv Münster und Stadtmuseum Münster durch Hans Galen, Franz-Josef Jakobi, Joachim Kuropka und Helmut Lahrkamp, Münster 1996.

Bd. 21: Rita Kauder-Steiniger/Anette Wohlgemuth: Annette von Droste-Hülshoff: Adliges Fräulein und selbstbewußte Dichterin. Hrsg. vom Stadtarchiv Münster und Stadtmuseum Münster durch Hans Galen, Franz-Josef Jakobi, Joachim Kuropka und Helmut Lahrkamp, Münster 1997.

Bd. 22: Bernd Haunfelder: Die Preußen in Münster 1815–1870. Hrsg. vom Stadtarchiv Münster und Stadtmuseum Münster durch Hans Galen, Franz-Josef Jakobi, Joachim Kuropka und Helmut Lahrkamp, Münster 1998.

II.2.4 Münstersche Gespräche zu Themen der Wissenschaftlichen Pädagogik im Verlag Aschendorff

Bei dieser Reihe handelt es sich um 27 Bände mit wechselnden Herausgebern, beteiligt war Joachim Kuropka an den Bänden 16 und 17.

Bd. 16: Wilhelm Wittenbruch (Hrsg.): Europa – eine neue Lektion für die Schule. Hrsg. von Irmgard Bock, Ursula Frost, Hugo Goeke, Norbert Hilgenheger, Joachim Kuropka, Jürgen Rekus, Johannes Schneider, Wilhelm Wittenbruch, Münster 1999.

Band 17: Reinhard Schilmöller, Aloysius Regenbrecht, Karl Gerhard Pöppel (Hrsg.): Ethik als Unterrichtsfach. Herausgegeben von Irmgard Bock, Ursula Frost, Gerhard Fuest, Norbert Hilgenheger, Joachim Kuropka, Jürgen Rekus, Johannes Schneider, Wilhelm Wittenbruch, Münster 2000.

II.2.5 (MIT HANS-WILHELM WINDHORST). UNSER LANDKREIS … ARBEITSBÜCHER FÜR DEN SACHUNTERRICHT

Im Zeitraum von 1986 bis 1997 erschienen Arbeitsbücher für den Sachunterricht im 3. und 4. Schuljahr unter den Titeln UNSER KREIS VECHTA (1986) bzw. UNSER LANDKREIS VECHTA (2., verb. Auflage 1990), UNSER LANDKREIS DIEPHOLZ (1988), UNSER LANDKREIS EMSLAND (1991), UNSER LAND BREMEN (1992), UNSERE STADT OSNA-BRÜCK (1997). Zum KREIS/LANDKREIS VECHTA und zum LANDKREIS DIEPHOLZ wurden zudem Beihefte für Lehrer und interessierte Eltern verfasst. Joachim Kuropka gab diese Schriften nicht nur heraus, er ist auch Verfasser bzw. Mitverfasser dieser Arbeitsbücher und Beihefte. Sie sind daher oben im Schriftenverzeichnis aufgelistet.

II.2.6 (MIT ALWIN HANSCHMIDT UND BERND ULRICH HUCKER): SCHRIFTEN DES INSTITUTS FÜR GESCHICHTE UND HISTORISCHE LANDESFORSCHUNG VECHTA

In dieser Schriftenreihe bot Joachim Kuropka seinen Schülern die Möglichkeit, ihre Forschungen zu veröffentlichen:

Bd. 4: Werner Teuber: Jüdische Viehhändler in Ostfriesland und im nördlichen Emsland 1871-1942. Eine vergleichende Studie zu einer jüdischen Berufsgruppe in zwei konfessionell und wirtschaftlich unterschiedlichen Regionen, Cloppenburg 1995, 287 Seiten (zugleich Dissertation, Vechta 1994).

Bd. 6: Julius Graw: Arnoldsdorf, Kreis Neisse. Untersuchungen zur Sozialstruktur und Mentalität einer oberschlesischen Dorfgemeinschaft 1920–1950, Cloppenburg 1996, 352 Seiten (zugleich Dissertation, Vechta 1996).

Bd. 7: Peter Sieve: Friesoythe im 18. Jahrhundert. Bevölkerung, Wirtschaft, Verfassung und Gesellschaft in einer Kleinstadt des Niederstifts Münster, Oldenburg 1997, 247 Seiten (zugleich Magisterarbeit, Universität Münster).

Bd. 9: Otto Böckmann: Landwirtschaft im Oldenburger Münsterland 1919–1933. Untersuchungen zur wirtschaftlichen, sozialen und politischen Struktur, Vechta 2000, 263 Seiten (zugleich Magisterarbeit, Universität Vechta).

Bd. 12: Maria Anna Zumholz: Volksfrömmigkeit und Katholisches Milieu. Marienerscheinungen in Heede 1937–1940 im Spannungsfeld von Volksfrömmigkeit, nationalsozialistischem Regime und kirchlicher Hierarchie, Cloppenburg 2004, 745 Seiten (zugleich Dissertation, Vechta 2004).

Die Herausgeber Joachim Kuropka (links) und Willigis Eckermann (rechts) präsentieren 1988 den Band „Neubeginn 1945". Foto: Heimatbund für das Oldenburger Münsterland

II.2.7 (MIT WILFRIED KÜRSCHNER, HERMANN VON LAER UND WEITEREN): VECHTAER UNIVERSITÄTSSCHRIFTEN

Die Vechtaer Universitätsschriften basieren im Kern auf seit 1983 als interdisziplinäre Vortragsreihen angelegten und jeweils im Sommersemester angebotenen Ringvorlesungen der Universität Vechta. Diese richten sich an ein universitäres und außeruniversitäres Publikum und wurden maßgeblich von Hermann von Laer (Politik) und Wilfried

Kürschner (Germanistik) sowie von Joachim Kuropka geprägt und anschließend als Sammelbände herausgegeben.[2] Im Folgenden werden nicht die in dieser Reihe gleichfalls publizierten Sonder- und Tagungsbände, sondern ausschließlich die Ringvorlesungspublikationen aufgeführt:

Bd. 1: Willigis Eckermann/Edgar Papp (Hrsg.): Martin Luther: Annäherungen und Anfragen, Vechta 1985, 184 Seiten (Ringvorlesung SS 1983).

Bd. 2: Willigis Eckermann (Hrsg.): Der Mensch und die Natur: Wege und Perspektiven, Vechta 1986, 195 Seiten, (Ringvorlesung SS 1984).

Bd. 4: Willigis Eckermann/Joachim Kuropka (Hrsg.): Neubeginn 1945 zwischen Kontinuität und Wandel, Cloppenburg 1988, [2]1989, 189 Seiten (Ringvorlesung SS 1987).

Bd. 5: Wilfried Kürschner/Edgar Papp (Hrsg.): Jacob und Wilhelm Grimm: Fachwissenschaftliche und fachdidaktische Beiträge zur Werk- und Wirkungsgeschichte, Cloppenburg 1989, 247 Seiten (Ringvorlesung SS 1985).

Bd. 6: Joachim Kuropka/Willigis Eckermann (Hrsg.): Oldenburger Profile, Cloppenburg 1989, 260 Seiten (Ringvorlesung SS 1988).

Bd. 7: Hermann von Laer (Hrsg.): Volk und Bevölkerung, Cloppenburg 1992, 255 Seiten (Ringvorlesung SS 1986).

Bd. 10: Edgar Papp/Werner Raffke (Hrsg.): Neuere Ansätze in der Didaktik der Schulfächer, Cloppenburg 1992, 288 Seiten (Ringvorlesung SS 1991).

Bd. 11: Wilfried Kürschner (Hrsg.): Zwischen Heimat und Fremde: Aussiedler, Ausländer, Asylanten, Cloppenburg 1993, 232 Seiten (Ringvorlesung SS 1990).

Bd. 12: Volker Schulz (Hrsg.): Region und Regionalismus, Cloppenburg 1994, 202 Seiten (Ringvorlesung SS 1992).

---

[2] Alle zwischen 1985 und 2019 erschienenen Bände sind aufgelistet in Wilfried Kürschner (Hrsg.): Alternative Fakten, Fake News und Verwandtes. Wissenschaft und Öffentlichkeit (Vechtaer Universitätsschriften, Bd. 41), Berlin 2019, S. 219–224.

Bd. 14: Hermann von Laer/Astrid Schmitt-von Mühlenfels (Hrsg.): Frauenfragen – Frauensachen, Cloppenburg 1994, 342 Seiten (Ringvorlesung
SS 1993).

Bd. 15: Wilfried Lippitz (Hrsg.): MenschensKinder im „Internationalen Jahr
der Familie 1994", Cloppenburg 1995, 272 Seiten (Ringvorlesung SS 1994).

Bd. 16: Joachim Kuropka (Hrsg.): Woher kommt und was haben wir an Niedersachsen, Cloppenburg 1996, 386 Seiten (Ringvorlesung SS 1995).

Bd. 18: Joachim Kuropka/Wilfried Kürschner (Hrsg.): Deutschland und Europa – Europa und die Deutschen, Münster 1988, 331 Seiten (Ringvorlesung
SS 1996).

Bd. 19: Franz Bölsker/Hermann von Laer (Hrsg.): Die Stadt – Lebensraum
und Lebensform, Münster 1999, 301 Seiten (Ringvorlesung SS 1997).

Bd. 21: Hermann von Laer/Klaus-Dieter Scheer (Hrsg.): Nachhaltigkeit –
Konzept für die Zukunft? Münster 2002, 193 Seiten (Ringvorlesung SS 1999).

Bd. 22: Hermann von Laer/Wilfried Kürschner (Hrsg.): Die Wiederentdeckung der Familie: Probleme der Reorganisation von Gesellschaft, Münster
2004, 241 Seiten (Ringvorlesung SS 2000).

Bd. 23: Hermann von Laer/Klaus-Dieter Scheer (Hrsg.): Kultur und Kulturen,
Münster 2004, 282 Seiten (Ringvorlesung SS 2002).

Bd. 24: Hermann von Laer (Hrsg.): Osteuropa und wir, Berlin 2007, 147 Seiten (Ringvorlesung SS 2003).

Bd. 25: Hermann von Laer (Hrsg.). Was sollen unsere Kinder lernen: Zur bildungspolitischen Diskussion nach den Pisa-Studien, Berlin 2010, 209 Seiten
(Ringvorlesung SS 2005).

Bd. 26: Joachim Kuropka (Hrsg.): Gewalt und Krieg, Extremismus und Terror: Beiträge zu immerwährenden Problemen menschlichen Zusammenlebens, Berlin 2011, 360 Seiten (Ringvorlesungen SS 2001 und SS 2004).

Bd. 27: Wilfried Kürschner (Hrsg.): Kulturerinnerungen – Erinnerungskulturen: Mozart, Heine, Benn. Musik, Literatur, Denkmäler, Berlin 2012, 241 Seiten (Ringvorlesung SS 2006).

Bd. 28: Hermann von Laer (Hrsg.): Multi-Kulti am Ende? Perspektiven einer heterogenen Gesellschaft, Münster 2012, 128 Seiten (Ringvorlesung SS 2007).

Bd. 32: Karl Josef Lesch (Hrsg.): Die Ökonomisierung der Welt und das Schicksal des Humanum, Berlin 2015, 203 Seiten (Ringvorlesung SS 2012).

Bd. 33: Hermann von Laer (Hrsg.): Schlagwort Gerechtigkeit: Kampfbegriff oder ethische Maxime? Berlin 2015, 150 Seiten (Ringvorlesung SS 2008).

Bd. 34: Christine Meyer/Lukas Scherak/Margit Stein (Hrsg.): Ernährung – eine multiperspektivische Synthese, Berlin 2015, 215 Seiten (Ringvorlesung SS 2013).

Bd. 35: Wilfried Kürschner (Hrsg.): Krisen und Krisenbewältigung, Berlin 2015, 181 Seiten (Ringvorlesung SS 2009).

Bd. 36: Wilfried Kürschner (Hrsg.): Formen des Miteinanders in Zeiten der Globalisierung, Berlin 2015, 263 Seiten (Ringvorlesung SS 2011).

Bd. 37: Daniela Steenkamp/Margit Stein (Hrsg.): Kinderrechte sind Menschenrechte: Stand, Perspektiven und Herausforderungen, Berlin 2017, 337 Seiten (Ringvorlesung SS 2014).

Bd. 38: Wilfried Kürschner (Hrsg.): Der ländliche Raum: Politik, Wirtschaft, Gesellschaft, Berlin 2017, 177 Seiten (Ringvorlesung SS 2015).

Bd. 39: Wilfried Kürschner/Joachim Kuropka/Hermann von Laer (Hrsg.): „Wir schaffen das!"?: Migration, Zuwanderung, Flucht, Berlin 2917, 183 Seiten (Ringvorlesung SS 2016).

Bd. 41: Wilfried Kürschner (Hrsg.): Alternative Fakten, Fake News und Verwandtes: Wissenschaft und Öffentlichkeit, Berlin 2019, 223 Seiten (Ringvorlesung SS 2017).

Bd. 42: Wilfried Kürschner (Hrsg.): Heterogenität: Phänomene, Chancen und Probleme, Berlin 2020, 215 Seiten (Ringvorlesung SS 2018).

Bd. 43: Wilfried Kürschner/Hermann von Laer (Hrsg.): „Populismus" – Zwischen Wissenschaft und Öffentlichkeit, Berlin 2021, 173 Seiten (Ringvorlesung SS 2019). Die beiden Herausgeber widmen diesen Band „in großer Verbundenheit" ihrem verstorbenen Reihenmitherausgeber Joachim Kuropka.

II.3 Promotionen und Habilitationen

Übergabe der Promotionsurkunde an Dr. Marina Schmieder durch den Prä-
sidenten der Universität Vechta, Prof. Dr. Burghart Schmidt, am 25. Okto-
ber 2017. Foto: Pressestelle der Universität Vechta

1989 – Disputation am 12.05.1989

KLEMENS-AUGUST RECKER: „... meinem Volke und meinem Herrgott dienen...". Das Gymnasium Carolinum zwischen partieller Kontinuität und Resistenz in der NS-Zeit. Ein Beitrag zur Bildungsgeschichte der Stadt und des
Bistums Osnabrück zwischen 1848 und 1945 (Osnabrücker Geschichtsquellen
und Forschungen). Hrsg. vom Verein für Geschichte und Landeskunde von
Osnabrück, Osnabrück 1989, 344 Seiten.

1994 – Disputation am 16.12.1994

WERNER TEUBER: Jüdische Viehhändler in Ostfriesland und im nördlichen
Emsland 1871–1942. Eine vergleichende Studie zu einer jüdischen Berufs-
gruppe in zwei wirtschaftlich und konfessionell unterschiedlichen Regionen
(Schriften des Instituts für Geschichte und Historische Landesforschung –
Vechta, Bd. 4), Cloppenburg 1995, 287 Seiten.

1996 – Disputation am 18.06.1996

Julius Graw: Arnoldsdorf/Kreis Neisse. Untersuchungen zur Sozialstruktur und Mentalität einer oberschlesischen Dorfgemeinschaft 1920–1950 (Schriften des Instituts für Geschichte und Historische Landesforschung – Vechta, Bd. 6), Cloppenburg 1996, 352 Seiten.

2001 – Disputation am 02.07.2001

Michael Hirschfeld: Katholisches Milieu und Vertriebene: Eine Fallstudie am Beispiel des Oldenburger Landes 1945–1965 (Forschungen und Quellen zur Kirchen- und Kulturgeschichte Ostdeutschlands, Bd. 32), Köln, Weimar, Wien 2002, 634 Seiten.

2002 – Disputation am 12.02.2002

P. Rainer Maria Groothuis OP: Im Dienste einer überstaatlichen Macht. Die deutschen Dominikaner unter der NS-Diktatur, Münster 2002, 620 Seiten.

2004 – Disputation am 04.06.2004

Maria Anna Zumholz: Volksfrömmigkeit und Katholisches Milieu. Marienerscheinungen in Heede 1937–1940 im Spannungsfeld von Volksfrömmigkeit, nationalsozialistischem Regime und kirchlicher Hierarchie (Schriften des Instituts für Geschichte und Historische Landesforschung – Vechta, Bd. 12), Cloppenburg 2004, 745 Seiten.

2004 – Disputation am 22.06.2004

Helmut Jäger: „Wohl tobet um die Mauern der Sturm in wilder Wut ...“ Das Bistum Osnabrück zwischen Säkularisation und Modernisierung 1802–1858, Osnabrück 2007, 447 Seiten.

2006 – Disputation am 03.02.2006

Rainer Opitz: Das Oberlandesgericht Celle 1933–1945. Strafrechtsprechung unter dem Einfluss des Nationalsozialismus, Maschinenschrift und CD-ROM, 330 Seiten.

2011 – Habilitationskolloquium am 31.03.2011

Michael Hirschfeld: Die Bischofswahlen im Deutschen Reich 1887–1914. Ein Konfliktfeld zwischen Staat und katholischer Kirche zwischen dem

Ende des Kulturkampfes und dem Ersten Weltkrieg, Münster 2012, 1003 Seiten.

2015 – Disputation am 01.09.2015

MARINA SCHMIEDER: „Fremdkörper im Sowjet-Organismus". Deutsche Agrarkonzessionen in der Sowjetunion 1922–1934 (Quellen und Studien zur Geschichte des östlichen Europa, Bd. 86), Stuttgart 2017, 339 Seiten.

2017 – Habilitationskolloquium am 03.07.2017

MARIA ANNA ZUMHOLZ: „Das Weib soll nicht gelehrt seyn." Konfessionell geprägte Frauenbilder, Frauenbildung und weibliche Lebensentwürfe von der Reformation bis zum frühen 20. Jahrhundert. Eine Fallanalyse am regionalen Beispiel der Grafschaft Oldenburg und des Niederstifts Münster, seit 1774/1803 Herzogtum Oldenburg, Münster 2017, 512 Seiten.

Übergabe der Habilitationsurkunde an PD Dr. Maria Anna Zumholz durch den Präsidenten der Universität Vechta, Prof. Dr. Burghart Schmidt, und den Vizepräsidenten für Forschung und Lehre, Prof. Dr. Michael Ewig, am 11. Dezember 2017. Foto: Pressestelle der Universität Vechta

2019 – Disputation am 25.03.2019

HEIKO SUHR: Wilhelm Canaris. Lehrjahre eines Geheimdienstchefs (1905–1934) (Quellen und Forschungen zur Geschichte Schleswig-Holsteins, Bd. 130). Hrsg. von der Gesellschaft für Schleswig-Holsteinische Geschichte, Kiel 2020, 600 Seiten.

2020 – Willi Rülander ist am 2. Februar 2018 an den Folgen einer Krebserkrankung gestorben, bevor er seine nahezu abgeschlossene Dissertation einreichen konnte, die postum veröffentlicht wurde:

WILLI RÜLANDER (†): „Der Kulturkampf geht in seinem Sturmschritt weiter". Kulturkampf in der Region – Das Emsland (Emsland/Bentheim. Beiträge zur Geschichte, Bd. 25). Hrsg. von der Emsländischen Landschaft e.V. für die Landkreise Emsland und Grafschaft Bentheim, Sögel 2020, 315 Seiten.

Promotionskommission mit dem letzten Promovenden am 1. Juli 2020 von links Prof. Dr. Michael Hirschfeld, Prof. Dr. Joachim Kuropka, PD Dr. Maria Anna Zumholz, Prof. Dr. Hermann von Laer, Dr. (des.) Andreas Gayda, Prof. Dr. Hans-Georg Aschoff. Foto: Privat

2020 – Disputation am 01.07.2020

ANDREAS GAYDA: Katholische Milieubildung im oberschlesischen Industriegebiet (Beiträge zur Kirchen- und Kulturgeschichte der Deutschen in Ostmittel- und Südosteuropa, Bd. 28), Münster 2021.

II.4 MITGLIEDSCHAFT UND TÄTIGKEIT IN WISSENSCHAFTLICHEN VEREINIGUNGEN

Beirat der Görres-Gesellschaft

Gewähltes Mitglied der Historischen Kommission für Westfalen

Gewähltes Mitglied der Historischen Kommission für Niedersachsen und Bremen

Gewähltes Mitglied des Arbeitskreises Neueste Geschichte der Historischen Kommission für Niedersachsen und Bremen

Arbeitsgemeinschaft Landes- und Regionalgeschichte der Oldenburgischen Landschaft

Beirat der Oldenburgischen Landschaft

Beirat der Historisch-Ökologischen Bildungsstätte Papenbug

Schwerter Arbeitskreis Katholizismusforschung

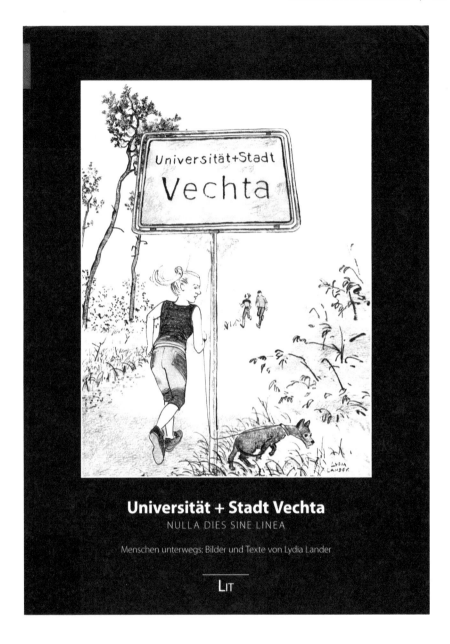

Ein besonders gelungenes Beispiel für die Sonderbände der von Wilfried Kürschner, Joachim Kuropka und Hermann von Laer herausgegebenen Vechtaer Universitätsschriften stellt der oben abgebildete, von Wilfried Kürschner bearbeitete Sonderband 6, Berlin 2018, dar

III. Arbeiten im Team

Maria Anna Zumholz (Bearb.)

III.1 Tagungen

III.2 Ausstellungen

III.2.1 Die Kreuzkampfausstellung

Exkurs: Eine Exkursion nach Rom

III.2.2 Die Galen-Ausstellung

III.3 Die Arbeitsstelle für Katholizismus- und Widerstandsforschung an der Hochschule/Universität Vechta

*Vorbereitung der Galen-Ausstellung 1992 mit Maria Anna Zumholz und Mi-
chael Grotke – das Ausstellungsplakat. Foto: Andreas Kathe*

III.1 Tagungen

Kardinal-von-Galen-Symposion – 50 Jahre Galen-forschung

Tagung anlässlich des 50. Todestages Kardinal von Galens in der Katholischen Akademie und Heimvolkshochschule Kardinal von Galen in Stapelfeld
16. März bis 17. März 1996

Angesichts anhaltender Diskussionen über die Bewertung des Lebens und Wirkens Clemens August von Galens wurden 1996 drei Tagungen veranstaltet, eine in der Katholischen Akademie Franz-Hitze-Haus in Münster unter Leitung von Dr. Thomas Sternberg und Dompropst Josef Alfers, eine in Rom unter Leitung von Prof. Dr. Gian Luigi Falchi sowie eine von Prof. Dr. Joachim Kuropka und Dr. Franz-Josef Schröder geleitete dritte Tagung in Stapelfeld, bei der die Widerstandsproblematik und der Neubeginn 1945 im Mittelpunkt standen.

Das Tagungsteam in Stapelfeld bestand aus: Prof. Dr. Wilhelm Damberg (Universität Münster), Prof. Dr. Bernd Hey († 2011) (Direktor des Landeskirchenamts der Evangelischen Kirche von Westfalen, Bielefeld), Dr. Nicolas M. Hope, (Universität Heidelberg/University of Glasgow), Prof. Dr. Heinz Hürten († 2018) (Kath. Universität Eichstätt), Prof. Dr. Jürgen Kampmann (Universität Münster), Prof. Dr. Lothar Kettenacker (Stellvertr. Direktor des Deutschen Historischen Instituts, London), Prof. Dr. Klemens von Klemperer († 2012) (University of Massachusetts), Prof. Ulrich Wagener († 2007) (kath. Fachhochschule NRW, Abt. Paderborn) und Prof. Dr. Joachim Kuropka († 2021) (Universität Vechta). Die Beiträge aller drei Tagungen sind veröffentlicht in:

Joachim Kuropka (Hrsg.) unter Mitarbeit von Gian Luigi Falchi, Franz-Josef Schröder und Thomas Sternberg: Clemens August Graf von Galen. Menschenrechte – Widerstand – Euthanasie – Neubeginn, Münster 1998, 2. Aufl. 2001.

Münster 1998, 2. Aufl. 2001, 345 Seiten

GEISTLICHE UND GESTAPO – KLERUS ZWISCHEN STAATSALLMACHT
UND KIRCHLICHER HIERARCHIE

Tagung des Instituts für Geschichte und historische Landesforschung
der Universität Vechta und der Katholischen Akademie Stapelfeld unter
Leitung von Professor Dr. Joachim Kuropka und Prof. Dr. Günter Wil-
helms in der Katholischen Akademie Stapelfeld

24. bis 25. August 2002

Projektbeschreibung: „In der wissenschaftlichen Diskussion ist das
Verhältnis von katholischer Kirche und NS-Regime nach wie vor umstritten. Mit dem Konzept der ‚Politischen Religion' ist in der wissenschaftlichen Diskussion ein Ansatz aufgegriffen worden, der nach dem
grundsätzlichen Kern des Problems fragt. Durch eine Analyse von Konflikten von der staatlichen und kirchlichen Leitungsebene bis auf die
Pfarr-/Ortsgruppenebene wurde ein Beitrag zur Identifizierung der sich
ausschließenden Grundüberzeugungen von katholischem Glauben und
nationalsozialistischen Grundsätzen geleistet." [1]

Das Tagungsteam bestand aus: Dr. Wolfgang Dierker (Berlin),
Dr. Thomas Fandel (Speyer), Dr. Rainer Maria Groothuis OP (Berlin),
Prof. Dr. Joachim Kuropka (Universität Vechta), Dr. Klemens-August
Recker (Osnabrück), Rudolf Willenborg (Vechta), Dr. Maria Anna
Zumholz (Cloppenburg). Die um zwei Beiträge des Herausgebers er-
gänzten Vorträge sind veröffentlicht in:

Joachim Kuropka (Hrsg.): GEISTLICHE UND GESTAPO. KLERUS ZWI-
SCHEN STAATSALLMACHT UND KIRCHLICHER HIERARCHIE, Münster
2004, 307 Seiten. [2]

---

[1] Forschungsbericht 2003–2005 der Hochschule Vechta. Wissenschaftliche Hochschule
     des Landes Niedersachsen mit Universitätsstatus. Dokumentation, S. 91. Abrufbar
     über die Homepage der Universität Vechta.
[2] Vgl. Ulrich von Hehl: Hakenkreuz gegen Kreuz. Der nationalsozialistische Überwa-
     chungsstaat und der Klerus. Rezension von Joachim Kuropka (Hrsg.): Geistliche und
     Gestapo. Klerus zwischen Staatsallmacht und kirchlicher Hierarchie, Münster 2004.
     In: FAZ vom 08.10.2005.

Joachim Kuropka (Hg.)

Geistliche
und Gestapo

Klerus zwischen
Staatsallmacht und
kirchlicher Hierarchie LIT

Münster 2004, 2. Aufl. 2005, 307 Seiten

Hakenkreuz gegen Kreuz

Der nationalsozialistische Überwachungsstaat und der Klerus

Joachim Kuropka (Herausgeber): Geistliche und Gestapo. Klerus zwischen Staatsallmacht und kirchlicher Hierarchie. LIT-Verlag, Münster 2004. 303 Seiten, 24,90 €.

Thema des Sammelbands ist das spannungsreiche Verhältnis von katholischem Klerus beziehungsweise evangelischer Pfarrerschaft und den nationalsozialistischen Überwachungsorganen. Die Konflikte entzündeten sich stets am totalitären – politischen wie ideologischen – Erfassungsanspruch des nationalsozialistischen Regimes. Während es den Geistlichen in der Regel um unverkürzte Weitergabe der christlichen Botschaft, um weltanschauliche Immunisierung der Gläubigen und um kirchlich institutionelle Selbstbehauptung ging (also keineswegs um grundsätzliche politische Opposition), interpretierte die Gestapo diese Haltung als generelle Kampfansage an das Regime.

Selbst auf Entspannung bedachte Oberhirten wie der Osnabrücker Bischof Wilhelm Berning erschienen in ihrer Optik als „gefährliche Vertreter der politischen Romkirche", und für den notorischen Kirchenhasser Joseph Goebbels waren die „politisierenden Pfaffen . . . so ungefähr und nächst den Juden das widerwärtigste Gesindel, das wir heute noch im Reich beherbergen." Entsprechend oft und hart schlug die Gestapo zu, wann immer sich ihr Gelegenheit bot. Welches Ausmaß ihre Drangsalierungen annahmen und welche Möglichkeiten vom Verhör bis zur KZ-Einweisung oder Hinrichtung ihr oder einer willfährigen Justiz zu Gebote standen, zeigt sich daran, daß im Reichsdurchschnitt mehr als 36 Prozent des katholischen Klerus mit dem Regime in Konflikt geraten sind.

In vorliegenden Band geht es nicht um den statistischen Befund, sondern um dessen exemplarische Verdeutlichung, wobei sich der regionale Schwerpunkt der Fallstudien im nordwestdeutschen Raum aus vom Herausgeber betriebenen oder angeregten Forschungen erklären dürfte. In der Tat stellt das oldenburgische Münsterland mit seiner ausgeprägten, in festen Milieustrukturen wurzelnden Katholizität ein Untersuchungsobjekt dar, das sich für tiefere Einblicke in gesellschaftliches Beharrungsvermögen hervorragend eignet und schon mit dem Kreuzkampf von 1936 überregionales Aufsehen erregt hat. Daher überrascht auch nicht, daß die einzelnen Beiträge hinter das pauschale, mit reichlich viel linker Selbstgerechtigkeit gewürzte Verdammungsurteil „vom fundamentalen Versagen auch der katholischen Kirche gegenüber dem Nationalsozialismus" deutliche Fragezeichen setzen. Ihm stellt beispielsweise Maria Anna Zumholz die gut begründete These vom relativen Schutz entgegen, den das dörfliche Milieu selbst besonders streitbaren Geistlichen geboten habe, solange nicht „milieufremde Elemente" im Ort wie etwa ein Lager des Reichsarbeitsdienstes für eine Eskalation gesorgt hätten oder gar die Aufmerksamkeit des Reichssicherheitshauptamtes in Berlin geweckt worden sei.

Indessen zeigen der Beitrag über den couragierten Oldenburger Bekenntnispfarrer Hermann Buck sowie namentlich Thomas Fandels Untersuchung über die evangelischen und katholischen Pfarrer der Pfalz, wie sehr es sich lohnt, beide Konfessionen vergleichend zu betrachten, da das Verhältnis der christlichen Kirchen zum Nationalsozialismus „nur mit Blick auf die konfessionelle Spaltung Deutschlands verstehbar ist". So führten die bestehenden Spannungen einerseits zu unterschiedlicher politischer Orientierung der Katholiken und Protestanten in Zentrum und NSDAP. Letzteres wurde in der Pfalz nachgerade zur „protestantischen Milieupartei". Andererseits verstärkte dieses politische Lagerdenken die konfessionellen Spannungen weiter. Eine Folge der „Segmentierung der deutschen Gesellschaft in weitgehend geschlossene Milieus" war jene häufig kritisierte „Blickverengung auf die jeweils eigenen Interessen", die gerade auch die Judenfrage für die Kirchen zu einem „Randproblem" werden ließ.

Während zwei einleitende Beiträge von Joachim Kuropka die Ergebnisse der lokalen und regionalen Einzelstudien in größere Erklärungs- und Deutungszusammenhänge einordnen, wendet sich ein gleichfalls perspektivisch übergreifender Beitrag von Wolfgang Dierker der Verfolgerseite zu. Er untersucht die Kirchen- und Religionspolitik des Sicherheitsdienstes der SS und unterstreicht einmal mehr, welches Gefahrenpotential der SD in den christlichen Wertvorstellungen sah. Als „ideologischer Gesinnungshüter" geriet er dabei in eine Dauerkonkurrenz zur Gestapo, die ihre Alleinzuständigkeit für die Bekämpfung von „Staatsfeinden" eifersüchtig wahrte. Die für das NS-Regime so typische Kompetenzenüberschneidung führte indessen nicht zu wechselseitiger Behinderung, sondern „steigerte die Effizienz und Radikalität des Gesamtapparates". Die Kriegshysterie bewirkte einen weiteren Radikalisierungsschub, wie der Fall der 1943 hingerichteten Lübecker Geistlichen Hermann Lange, Eduard Müller und Johannes Prassek zeigt, um deren Begnadigung Bischof Berning sich vergeblich bemühte. An diesen wie zahlreiche weitere Vorgänge ist angesichts der von der jüngeren NS-Forschung vorgenommenen Entmonumentalisierung des Klerus zu erinnern.

Der umfassenden Beobachtung des Klerus korrespondierten weniger erfolgreiche Versuche, ihn durch Spitzel zu unterwandern – darunter nicht wenige ehemalige Priester, die mit ihrer vorgesetzten kirchlichen Behörde eine Rechnung offen hatten. Einer von ihnen, Albert Hartl, der es in der Berliner SD-Zentrale bis zum Leiter der kirchenpolitischen Abteilung gebracht hatte, brüstete sich nach dem Krieg damit, über 200 kirchliche V-Leute verfügt zu haben. Wie hoch der Anteil an Klerikern dabei auch immer war, er kann nach den Forschungen Dierkers nur etwa 0,6 Prozent der deutschen Welt- und Ordenspriester betragen haben. Geistliche, die ihren Mitbrüdern als „braun" bekannt waren, besaßen überdies nur begrenzte Informationsmöglichkeiten.   ULRICH VON HEHL

FAZ vom 8. Oktober 2005

„STREITFALL GALEN" – ANFRAGEN, KONTROVERSEN
UND ANTWORTEN[3]

Tagung in der Katholischen Akademie Stapelfeld
10. März bis 11. März 2006

Mehr Seelsorger als Politiker

BILDUNG Vechtaer Wissenschaftler mit neuen Ergebnissen der Galen-Forschung

Die Forschungen zeigen die Verbundenheit den Hochschule zur katholischen Kirche. Eine Tagung in Stapelfeld dient als Diskussionsforum.

VON CHRISTOPH FLOREN

VECHTA – Mit der Seligsprechung des als „Löwe von Münster" bekannten Kardinals Clemens August Graf von Galens am 9. Oktober 2005 (die **NWZ** berichtete) hat die Galen-Forschung noch lange nicht ihr Ziel erreicht. Gestern stellte eine aus Prof. Joachim Kuropka, Dr. Anna

*Neu erschlossene
Quellen sollen
fundierte
Antworten geben*

Maria Zumholz und Dr. Michael Hirschfeld bestehende Wissenschaftlergruppe der Hochschule Vechta ihre neuesten Ergebnisse und Erkenntnisse vor. Dazu wurden unter anderem erstmals zugängliche historische Dekanatsakten der Pfarrei St. Lamberti in Münster aufgearbeitet.

Demnach, so unterstrich Kuropka, seien die Versuche von Galens, verfolgten Juden zu helfen, weitaus intensiver gewesen, als bislang bekannt. Hirschfeld verwies unter anderem darauf, dass es in den

Dr. Heinrich Dickerhoff, Dr. Maria Anna Zumholz, Prof. Marianne Assenmacher, Dr. Michael Hirschfeld und Prof. Joachim Kuropka (von links) freuen sich auf die „Von-Galen-Tagung" in Stapelfeld. BILD: CHRISTOPH FLOREN

Familie des Kardinals keine Militaristen gegeben habe. Er skizzierte die Angehörigen des Kirchenfürsten als „ultramontan", was papsttreu bedeutet. Zumholz verwies auf die Notwendigkeit der „Differenzierung zwischen einer politischen und einer theologischen Deutungsebene". Überdies habe sie nach Sichtung weiterer Quellen die Erkenntnis gewonnen, dass „für von

Galen die seelsorgliche Komponente wichtiger als die politische" gewesen sei.

Um Details zum aktuellen Stand der „Von-Galen-Forschung" geht es bei der Tagung „Streitfall Galen – Anfragen, Kontroversen und Antworten" am 10. und 11. März in der Katholischen Akademie und Heimvolkshochschule Stapelfeld. Dort soll der Frage nach der Wirkung

und Bedeutung des Kardinals mit besonderem Augenmerk auf bislang nicht hinreichend geklärte Akzente seines Lebens nachgegangen werden. Zum Programm der Veranstaltung „für Wissenschaftler und wissenschaftlich Interessierte", so Kuropka, gehören etwa Vorträge und Diskussionen zum Umfeld von Galens sowie zu seinem Wirkungsbereich als Pfarrer und Bischof.

NWZ vom 14. Februar 2006

---

[3]   Vgl. Peter Sieve: Tagungsbericht „Streitfall Galen" – Anfragen, Kontroversen und Antworten, 10.03.2006–11.03.2006, Cloppenburg. In: H-Soz-Kult, 10.04.2006, <www.hsozkult.de/conferencereport/id/tagungsberichte-1099>.

Im Kontext der Seligsprechung Clemens August von Galens am 9. Oktober 2005 lebten die Kontroversen um die Bewertung des Lebens und Wirkens des neuen Seligen erneut auf. Aus diesem Grund fand im Frühjahr 2006 in der Katholischen Akademie Kardinal von Galen eine vom Forschungskreis um Joachim Kuropka, der damaligen Arbeitsgruppe Katholizismusforschung, vorbereitete Tagung statt.

Umfeld bietet viel Neues im „Streitfall Galen"

Vechtaer Historiker ernten großes Echo auf Tagung / Neue Quellen über den „Löwen von Münster" entdeckt

Vechta – Die Galen-Forschung an der Hochschule Vechta besitzt internationale Anerkennung: Dies wurde am vergangenen Wochenende einmal mehr deutlich als italienische Journalisten eine von Professor Dr. Joachim Kuropka konzipierte Tagung besuchten. Hochschul-Präsidentin Prof. Dr. Marianne Assenmacher betonte in ihrem Grußwort den Stellenwert der Vechtaer Katholizismus-Forschung.

Der Galen-Experte Kuropka hatte mit „Streitfall Galen" zweifellos einen provokanten Titel gewählt. Gestritten wurde auf der zweitägigen Veranstaltung in der Katholischen Akademie Stapelfeld allerdings weniger. Statt dessen konnten sich die rund 60 Teilnehmer einen Eindruck vom hohen Niveau der Galen-Rezeption in Vechta machen. „Ziel und Zweck dieser Tagung ist es, Antworten auf Anfragen und Kontroversen auf Galens Persönlichkeit zu vermitteln", führte Kuropka in die Tagungsveranstaltung ein.

So gelte es im Kontext der Seligsprechung des Kardinals neu aufgetauchte oder wiederholte Kritik an dessen Haltung zum Krieg, zu den Juden und zur Demokratie kritisch auf den Prüfstand zu stellen. Nur aus immer wieder neuen Quellen lasse sich Erkenntnis über die Einstellung des „Löwen von Münster" gewinnen. Die Quellen aber müssten nüchtern analysiert und in den Kontext der jeweiligen Epoche gestellt werden. Kuropka selbst

hältnis Galens zu den Juden vor dem Hintergrund des Mythos von der jüdisch-bolschewistischen Weltverschwörung auf der Basis neuer Quellen.

Ausgewogen ließ Dr. Stefan Gerber aus Jena Galen als gemäßigten Gegner der „Weimarer und Zeitungsartikeln aus seiner Berliner Wirkungszeit zu Wort kommen. Und Dr. Maria Anna Zumholz aus Cloppenburg ordnete seine Stellung zum Krieg in die etablierte Kriegstheologie der Zeit ein. Im Vergleich zu anderen Bischöfen habe Galen im Krieg

Gebrechen des kranken Menschheit gesehen".

Der Vechtaer Rudolf Willenborg erschloss das Internet als Quelle für die Bewertung des Bischofs von Münster als „Kriegshetzer" im Hinblick auf dort zu findende Reaktionen linkskatho-

Kreise im Umfeld der Seligsprechung. Als unzutreffend wies Dr. Michael Hirschfeld aus Vechta den auch in der wissenschaftlichen Wahrnehmung zu hörenden Vorwurf vom national und rechts eingestellten Kardinal am Beispiel von drei geistlichen Vorfahren Galens zurück. Kirche und Papst hätten bei der Familie stets Vorrang vor Kaiser und Nation gehabt. Diese Grundlinie habe auch den Kardinal davor geschützt, dem pseudoreligiösen Anstrich des NS-Regimes Glauben zu schenken.

Einen spannenden Einblick in Hitlers Kirchenpläne vermittelte Prof. Dr. Manfred Eder aus Osnabrück. Den religiöse Symbole aufgreifenden Führerkult Hitlers präsentierte er anschaulich als neue Religion des NS-Staates. Dass diese Gefahr gerade für Intellektuelle zumindest am Beginn der NS-Diktatur nicht sichtbar waren, zeigte Thomas Flammer aus Münster anhand biographischer Skizzen von Münsteraner Theologieprofessoren. Dr. Helmut Lensing aus Greven beleuchtete die zeitweiligen NS-Sympathien eines der zahlreichen Vettern des Kardinals im Emsland.

Als Ergebnis sah Prof. Kuropka einen Nachholbedarf in der Beschäftigung mit dem Umfeld Galens. Beispielsweise müssten seine Bezüge zum deutschen Episkopat und zu seiner Familie noch intensiver untersucht werden. Wesentliche Impulse dazu lieferte die Stapelfelder Tagung, deren Beiträge im Herbst 2006

Kontroverse Aussagen über Kardinal von Galen standen im Mittelpunkt der Tagung, die unter anderem mitgestaltet wurde von (von links) Gianni Valente, Dr. Maria Anna Zumholz, Dr. Michael Hirschfeld, Hochschulpräsidentin Professorin Dr. Marianne Assenmacher, Stefania Falasca, Professor Dr. Joachim Kuropka und Prälat Martin Hülskamp. Foto: Kaiser

Oldenburgische Volkszeitung vom 18. März 2006

Referenten der Tagung waren: Dr. Paul-Heinz Dünnebacke (Münster), Prof. Dr. Manfred Eder (Universität Osnabrück), Dr. Thomas Flammer (Institut für die Geschichte des Bistums Münster, Universität Münster) Dr. Stefan Gerber (Universität Jena), Dr. Michael Hirschfeld (Universität Vechta), Prof. Dr. Michael Höhle (Universität Frankfurt/Oder), Prof. Dr. Jürgen Kampmann (Universität Tübingen), Prof. Dr. Joachim Kuropka (Universität Vechta), Dr. Helmut Lensing (Greven),

Dr. Winfried Süß (Universität München), Rudolf Willenborg (Vechta), Dr. Maria Anna Zumholz (Universität Vechta).

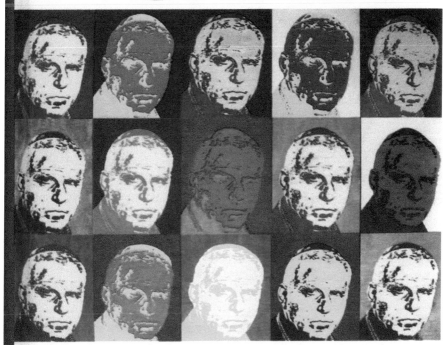

Münster 2007, 2. Aufl. 2007, 541 Seiten

Die Tagungsbeiträge sind veröffentlicht in:

Joachim Kuropka (Hrsg.): STREITFALL GALEN. STUDIEN UND DOKU-
MENTE, Münster 2007, 2. Aufl. 2007, 541 Seiten.[4]

Der Sammelband wurde der Öffentlichkeit am 22. März 2007, dem
61. Todestag des Kardinals, in der Diözesanbibliothek in Münster im
Rahmen der Eröffnung einer Ausstellung von Schriften Bischof Galens
der Öffentlichkeit übergeben.

Kardinal hält die Forscher weiter in Atem

Neues Buch „Streitfall Galen" vorgestellt

Von unserem
Redaktionsmitglied
Johannes Loy

Münster. Man könnte meinen, mit der Seligsprechung
des Kardinals von Galen im
Oktober 2005 sei der Fall abgeschlossen. Doch das Gegenteil ist der Fall. „Die Seligsprechung sollte ja keine Mo-
numentalisierung oder gar
Mumifizierung darstellen,
sondern den Auftakt für eine

Auch Sendenhorst erhob Kardinal von Galen zum Ehren-
bürger. Die Urkunde zeigt es.

segensreiche Zukunft, nicht
nur für den Seligen, sondern
auch für uns", unterstreicht
Domkapitular Martin Hüls-
kamp, der die Seligsprechung
damals als Vizepostulator
maßgeblich vorantrieb. Ver-
ehrer, Zeitzeugen und natürlich auch Wissenschaftler be-
schäftigen sich weiter mit Leben und Wirken des Kardi-
nals, und deshalb gibt es jetzt
ein weiteres diskursives Buch
mit dem beziehungsreichen
Titel „Streitfall Galen", das einer der führenden Galen-Forscher, Prof. Dr. Joachim Kuropka (Vechta), im münsterschen Verlag Aschendorff herausgebracht hat.

Gestern wurde der gewich-
tige und schön gestaltete Band
vorgestellt, und zwar an einem beziehungsreichen Tag.
Gestern vor 61 Jahren nämlich
starb Kardinal von Galen, kurz
nach seiner triumphalen
Rückkehr von der Kardinals-
erhebung in Rom. Keine
Frage, Kuropka und seine Mitstreiter wollen einiges gera-
derücken und richtigstellen,
was im Zuge der Diskussion
um die Seligsprechung 2005
behauptet oder ohne hinrei-
chende historische Grundlage
in ein falsches Licht gerückt
wurde. So ordnet Kuropka in
einem der lesenswerten Bei-

Zu den Autoren des neuen Buches mit dem Titel „Streitfall Galen" zählen auch Helmut
Lensing, Michael Hirschfeld, Rudolf Willenborg, Maria Anna Zumholz, Joachim Kuropka
und Paul-Heinz Dünnebacke (von links). Fotos: -loy-

träge Galen noch einmal in
seinen zeithistorischen Kontext ein. Dr. Paul-Heinz Dünnebacke beschreibt kenntnisreich die Jahre Galens als Pfarrer an St. Lamberti in Münster
von 1929 bis 1933. Kuropka
unterstreicht in einem weiteren Aufsatz, dass Galen, obwohl nicht ursprünglich an
erster Stelle nominiert, durchaus „erste Wahl" als Bischof
von Münster war. Jürgen
Kampmann untersucht erst-
mals die Reaktion leitender
Ämter der Evangelischen Kir-

che auf die berühmten Galen-
schen Predigten. Er kommt zu
dem Schluss, dass es eine „er-
schreckende Nicht-Bezie-
hung" zu Galen gab. Zudem
ging offenbar unter dem Protestanten die Angst um, dass
eine Verbreitung der Predigten
zu Konflikten mit der Gestapo
führen könnte. Im übrigen
kann Joachim Kuropka erstmals einen Beleg von Seiten
des NS-Regimes dafür vor-
legen, dass im Herbst 1938 in
den Kirchen des Bistums
Münster für die Juden gebetet

wurde. Das Buch mit über 15
Beiträgen und zahlreichen Do-
kumenten setzt Maßstäbe für
die aktuelle Galenforschung.
In der Diözesanbibliothek in
Münster, wo das Buch gestern
präsentiert wurde, ist bis Ende
April eine Ausstellung mit
Dokumenten und Utensilien
aus dem Besitz von Galens zu
sehen.
► Jochim Kuropka: Streitfall
Galen. Studien und Doku-
mente. Aschendorff Verlag
Münster, 541 Seiten, 29.80
Euro.

Westfälische Nachrichten vom 23. März 2007

---

4 Vgl. Hans Maier: Mit großem Mut das Rechte getan. Rezension von Hubert
Wolf/Thomas Flammer/Barbara Schüler (Hrsg.): Clemens August von Galen. Ein Kirchenfürst im Nationalsozialismus, Darmstadt 2007, 277 Seiten und Joachim Kuropka
(Hrsg.): Streitfall Galen. Studien und Dokumente, Münster 2007, 541 Seiten. In: FAZ
vom 22.10.2007.

DIE GRENZEN DES KATHOLISCHEN MILIEUS[5]

Vom 22. bis zum 24. Oktober 2009 fand in der Universität Vechta eine von Professor Dr. Joachim Kuropka und der Arbeitsstelle für Katholizismus und Widerstandsforschung konzipierte internationale Tagung mit dem Thema „Die Grenzen des Milieus. Vergleichende Analysen zu Stabilität und Gefährdung katholischer Milieus in der Endphase der Weimarer Republik und in der NS-Zeit" statt.

Katholische Milieus zur Zeit des NS-Regimes

Hochschule Vechta eröffnet dreitägige Tagung / Wissenschaftler aus Israel und USA zu Gast

Vechta (jm) – Warum waren einige katholische Milieus resistent gegenüber dem nationalsozialistischen Regime, warum andere nicht? Dieser Frage gehen zur Zeit zahlreiche Wissenschaftler an der Hochschule Vechta nach. Zur Eröffnung der dreitägigen Tagung „Die Grenzen des Milieus" begrüßte Joachim Kuropka, der die Idee zu dieser Tagung hatte, Wissenschaftler aus Deutschland, Polen, Israel und den USA. Sie alle haben die katholischen Milieus in Deutschland während des NS-Regimes analysiert.

„Das ist ein besonderes, wenn auch kein einfaches Thema", stellte Präsidentin Professor Dr. Marianne Assenmacher gestern während der Begrüßung in der kleinen Aula der Hochschule fest. Während der anschließenden Einführung betonte Kuropka: „Wir befinden uns in Vechta ja mitten in einem katholischen Milieu." Das Oldenburger Münsterland sei traditionell sehr katholisch geprägt. „Dennoch gibt es nicht ein oder das katholische Milieu in Deutschland", sagte Kuropka. Anhand einer repräsentativen Auswahl stellen Wissenschaftler wie Oded Heilbronner aus Jerusalem oder der US-Amerikaner William Muggli in Vorträgen und Diskussionen verschiedene Regionalmilieus während des NS-Regimes dar. Analysiert werden neben dem Oldenburger Münsterland auch katholische Milieus in der Pfalz, in Oberschlesien und Passau.

Oldenburgische Volkszeitung vom 24.10.2009

In vierzehn Regionalstudien zeigte sich, dass in Deutschland nicht „das" eine homogene katholische Milieu, sondern durchaus unterschiedliche Regionalmilieus existierten, die von vielfältigen Traditionen, sozialen und wirtschaftlichen Strukturen sowie sich in Teilen überlagernden Konfliktkonstellation geprägt waren.

Teilnehmer der Tagung bzw. Verfasser der anschließend veröffentlichen Beiträge sind: Prof. Dr. Winfried Becker (Universität Passau), PD Dr. Helmut Braun (Universität Regensburg), Prof. Oded Heilbronner (Hebräische Universität Jerusalem, Israel), PD Dr. Michael Hirschfeld (Universität Vechta), Prof. Dr. Ryszard Kaczmarek (Schlesische Universität Kattowitz, Polen), Dr. Hans-Jürgen Karp (Marburg), Prof. Dr. Dietmar Klenke (Universität Paderborn), Prof. Dr. Joachim Kuropka (Universität Vechta), Ph.D. William Muggli (St. Paul, USA),

---

[5] Vgl. Rudolf Willenborg: Tagungsbericht: Die Grenzen des Milieus. Vergleichende Analysen zu Stabilität und Gefährdung katholischer Milieus in der Endphase der Weimarer Republik und in der NS-Zeit, 22.10.2009 – 24.10.2009 Vechta. In: H-Soz-Kult, 29.03.2010, <www.hsozkult.de/conferencereport/id/tagungsberichte-3036>.

Ass. Prof. Dr. Michael O'Sullivan (Marist College, Poughkeepsie/New York, USA), Dr. Klemens-August Recker (Osnabrück), M.A. Johann Riermeier (Malching), Dr. Theo Schwarzmüller (Institut für pfälzische Geschichte und Volkskunde, Kaiserslautern), PD Dr. Klaus Unterburger (Westfälische Wilhelm-Universität, Münster), Prof. Dr. Wolfgang Weiß (Universität Würzburg), Dr. Maria Anna Zumholz (Universität Vechta).

Gemeinsam diskutieren in der Hochschule (von links): Oded Heilbronner, Joachim Kuropka, Michael Hirschfeld, Prof. Dr. Marianne Assenmacher (Präsidentin Hochschule), Claus Dalinghaus (stellvertretender Bürgermeister) und Dietmar Klenke. Foto: Martin

Oldenburgische Volkszeitung vom 24.Oktober 2009

Die Beiträge der oben genannten Autoren wurden 2013 von Joachim Kuropka publiziert:

Joachim Kuropka (Hrsg.): GRENZEN DES KATHOLISCHEN MILIEUS. STABILITÄT UND GEFÄHRDUNG KATHOLISCHER MILIEUS IN DER ENDPHASE DER WEIMARER REPUBLIK UND DER NS-ZEIT. Bayerischer Wald – Eichsfeld – Emsland – Ermland – Grafschaft Glatz – Münsterland – Oberpfalz – Oberschlesien – Oldenburger Münsterland – Passau – Pfalz

– Rheinland-Westfalen – Südbaden/Südwürttemberg/Bayerisch Schwaben – Unterfranken, Münster 2013, 552 Seiten.[6]

Die Tagungsteilnehmer: 1. Reihe von links: Helmut Braun, Dietmar Klenke, Maria Anna Zumholz, Wolfgang Weiß; 2. Reihe links: Hans-Jürgen Karp; 3. Reihe von links: Ryszard Kaczmarek, Winfried Becker, William Muggli, Theo Schwarzmüller; 4. Reihe von links: Michael Hirschfeld, Joachim Kuropka, Johann Riermeier. Foto: Universitätsarchiv Vechta

[6] Vgl. Rudolf Morsey: Wenn Schwarze auf Braune treffen … Katholische Milieus in der Endphase der Weimarer Republik und während der Zeit des Nationalsozialismus. Rezension von Joachim Kuropka (Hrsg.): Grenzen des katholischen Milieus. Stabilität und Gefährdung katholischer Milieus in der Endphase der Weimarer Republik und in der NS-Zeit, Münster 2013. In: FAZ vom 05.07.2013; weitere Rezensionen u.a. von James Chappel in The Catholic Historical Review 100.3 (2014), S. 628–630. Online abrufbar unter muse.jhu.edu; Norbert Köster in Niedersächsisches Jahrbuch für Landesgeschichte 85 (2013), S. 404–407; Andreas Henkelmann in Vierteljahrsschrift für Sozial- und Wirtschaftsgeschichte 100 (4/2013), S. 511–512; Joachim Schmiedl in Theologische Literaturzeitung 3 (2014), Sp. 358–359.

Joachim Kuropka (Hg.)

Grenzen des katholischen Milieus

Stabilität und Gefährdung katholischer
Milieus in der Endphase der
Weimarer Republik und der NS-Zeit

Aschendorff
Verlag

Münster 2013, 552 Seiten

III.2 Ausstellungen

DIE MACHTERGREIFUNG DER NATIONALSOZIALISTEN IN MÜNSTER.
Historische Ausstellung vom 2. Februar 1983 bis 17. März 1983 in der
Bürgerhalle des Rathauses in Münster

NACHBARN IM HAUS EUROPA – UND WAS SIE VONEINANDER HALTEN –
POLITISCHE KARIKATUREN VON 1900 BIS 1996. Historische Ausstellung
in der Katholischen Akademie Franz-Hitze-Haus Münster im April
1998.[7] Die Ausstellung wurde unter dem Namen DAS BILD DER VÖL-
KER EUROPAS VONEINANDER konzipiert für das 16. Münstersche Gespräch für Pädagogik (1998)[8] und anschließend gezeigt in der Volks-
bank Vechta-Langförden sowie in der Hochschule Vechta.

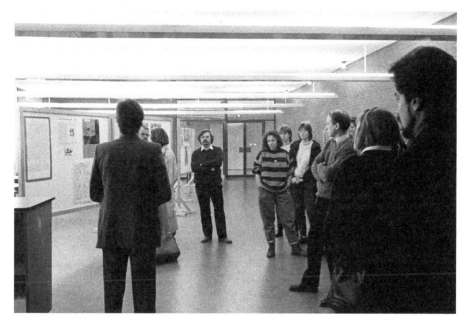

*Karikaturen-Ausstellung in der Hochschule Vechta. Foto: Heimatbund für
das Oldenburger Münsterland*

---

[7] Vgl. Forschungsbericht der Hochschule Vechta 1998–2002, abrufbar auf der Homepage der Universität Vechta.
[8] Vgl. Wilhelm Wittenbruch: Vorwort. In: Ders. (Hrsg.): Europa – eine neue Lektion für
die Schule, Münster 1999, S. VII–VIII, hier S. VIII.

III.2.1 Die Kreuzkampfausstellung[9]

Zur Sache–Das Kreuz! Historische Ausstellung zum Konflikt
um Kreuz und Lutherbild in den Schulen Oldenburgs im Jahre
1936

In den Jahren 1983 bis 1986 befasste sich ein regionalgeschichtlicher
Arbeitskreis unter Leitung von Joachim Kuropka mit dem Kreuzkampf
in Oldenburg und seinen nationalen und internationalen politischen und
religiösen Verflechtungen. Die Ausstellung entstand unter Mitarbeit
von Irmgard gr. Austing, Martina Bahl, Willi Baumann, Georg Böske,
Heinrich Hachmöller, Helmut Hinxlage, Barbara Imbusch, Bernd
Koopmeiners, Franz-Josef Luzak, Anke Müller, Amalia dos Santos
Mauricio, Peter Sieve, Conrad Tapke-Jost, Bernard Völkerding, Rudolf
Willenborg, Astrid Zirkel und Maria Anna Zumholz. Zu der Ausstellung verfassten Lehrer, die in der Arbeitsgruppe mitarbeiteten, didakti-
sches Material für die Unterrichtsarbeit in Schulklassen und zur Füh-
rung durch die Ausstellung.

Als Ergebnis wurde eine Wanderausstellung erarbeitet, die unter der
Schirmherrschaft des Bundestagspräsidenten Dr. Philipp Jenninger
stand, sowie ein Begleitband veröffentlicht:

Joachim Kuropka (Hrsg.): Zur Sache – Das Kreuz! Untersuchungen zur Geschichte des Konflikts um Kreuz und Lutherbild in
den Schulen Oldenburgs, zur Wirkungsgeschichte eines Massenprotests und zum Problem nationalsozialistischer Herrschaft in einer agrarisch-katholischen Region, Vechta 1986,
2. Aufl. 1987, 511 Seiten. [10]

---

[9]   Vgl. Jasper von Altenbockum: Kreuzkampf. Ein Cloppenburger Fall. In: FAZ vom
      05.12.1986.
[10] Vgl. Jasper von Altenbockum: Der Kreuzkampf. Der Volksaufstand im Münsterland.
      Rezension von Joachim Kuropka (Hrsg.): Zur Sache – Das Kreuz, Vechta 1986, ²1987.
      In: FAZ vom 04.08.1987.

Joachim Kuropka (Hg.)

Zur Sache – Das Kreuz!

Vechta 1986, 2. Aufl. 1987, 511 Seiten

Die Ausstellung wurde am 20. November 1986 von Bundestagspräsident Dr. Philipp Jenninger im Museumsdorf Cloppenburg eröffnet und weiterhin gezeigt in:

der Bürgerhalle des Rathauses zu Münster, Eröffnung durch Oberbürgermeister Dr. Jörg Twenhöven am 4. Februar 1987,

der Aula der Universitätsabteilung Vechta am 9. März 1987 – siehe die Einladung unten

Die Ausstellung

Zur Sache — Das Kreuz

wurde mit großem Erfolg im Museumsdorf Cloppenburg und in der Bürgerhalle des Rathauses zu Münster gezeigt und wird

vom 9. März bis 3. April 1987

in der Stadt Vechta, dem dritten zentralen Ort des Kampfes um Kreuze und Lutherbilder, zu sehen sein.

Als Besucher der Ausstellung hat sich

Se. Exzellenz der Herr Apostolische Nuntius Erzbischof Dr. Joseph Uhaĉ

angesagt.

Wir würden uns freuen, wenn Sie die Ausstellung ebenfalls am Montag, dem 9. März 1987,

um 10.00 Uhr in der Aula der Universitätsabteilung Vechta besuchen würden.

Die Gäste werden begrüßt durch

Landrat Clemens August Krapp, MdL

und

den Vorsitzenden der Verwaltungskommission Prof. Dr. H. Geuß

Einige Texte zum Thema trägt vor

Prof. Dr. Eberhard Ockel

Eine Einführung in die Geschichte des Kreuzkampfes gibt

Prof. Dr. Joachim Kuropka

Dabei werden einige Dokumente in Großprojektion gezeigt.

Anschließend Besichtigung der Ausstellung.

Clemens August Krapp	Bernhard Kühling	Weihbischof
Landrat	Bürgermeister	Dr. Max-Georg
Wilhelm Bitter	Heinrich Lienesch	Freiherr v. Twickel
Oberkreisdirektor	Stadtdirektor	Bischöflich Münsterscher Offizial

Weitere Stationen waren: Foyer des Rathauses Visbek, Eröffnung durch den niedersächsischen Minister für Bundes- und Europangelegenheiten, Heinrich Jürgens mit Visbeks Bürgermeister Heinrich Wempe am 11. April 1987,

Niedersächsische Landesvertretung in Bonn, Eröffnung durch den niedersächsischen Minister für Bundes- und Europaangelegenheiten, Heinrich Jürgens[11],

Stadtmuseum Oldenburg,

Rathaus Friesoythe,

Schulzentrum Dinklage,

Schulzentrum Molbergen,

Hasetal-Forum Löningen

Ausstellungseröffnung in Molbergen mit Repräsentanten der Gemeinde und Theodor Lake, Mitglied einer Molberger Delegation, der bei Gauleiter Carl Röver in Oldenburg persönlich gegen den Kreuzerlass protestierte (zweiter von rechts). Foto: Universitätsarchiv Vechta

---

[11] Vgl. Helmut Herles: Spaziergang zu den Schaufenstern der Bundesländer. Vielerlei Ausstellungen in den Bonner Landesvertretungen. In: FAZ vom 12.03.1988.

„50 Jahre nach dem Kreuzkampf veranschaulicht und bewertet die Ausstellung die Ereignisse erstmals umfassend im Zusammenhang nationalsozialistischer Schul- und Kulturpolitik sowie auf dem Hintergrund der innen- und außenpolitischen Situation des Deutschen Reiches. Der Historiker Prof. Dr. Joachim Kuropka, der mit einer 16-köpfigen Arbeitsgruppe der Universitätsabteilung Vechta diese Ausstellung nach mehr als zweijähriger Forschungstätigkeit konzipiert hat, tritt damit den wissenschaftlichen Nachweis an, dass der Kreuzkampf im Oldenburger Land als Massenprotest eines geschlossenen Bevölkerungsteils die einzige Volkserhebung während der Herrschaft der Nationalsozialisten war. 65 Stellwände mit Fotografien, Graphiken, Landkarten und Texten lassen die Vergangenheit des Kreuzkampfes aufleben".[12]

Exkurs: Eine Studienfahrt nach Rom

Den krönenden Abschluss der Kreuzkampfforschungen bildete eine Exkursion nach Rom mit Besichtigungen der Hauptattraktionen der Ewigen Stadt, dem Besuch im Mutterhaus der Schwestern Unserer Lieben Frau auf dem Monte Mario und bei Radio Vatikan sowie als Höhepunkt der Reise die Überreichung des Kreuzkampf-Buches im Rahmen einer Audienz an Papst Johannes Paul II. Am 16. Mail 1987 machten sich etliche Mitglieder der „Forschungsgruppe Kreuzkampf" auf den Weg nach Rom: Irmgard gr. Austing, Helmut Hinxlage, Bernd Koopmeiners, Anke Müller, Peter Sieve, Conrad Tapke-Jost, Bernard Völkerding, Rudolf Willenborg, Astrid Zirkel, Maria Anna Zumholz und Joachim Kuropka.

---

[12] Peter Waschinski: „Zur Sache – Das Kreuz". Eine Ausstellung informiert über den Cloppenburger Kreuzkampf. In: KNA Nr. 115 vom 02.12.1986,

Ankunft in Rom am Bahnhof Termini. Foto: Privat

Besuch bei den Schwestern Unserer Lieben Frau auf dem Monte Mario. Foto: Privat

Gemeinsames fröhliches Abendessen. Foto: Privat

Besuch der Callisto-Katakomben. Foto: Privat

Zu Gast bei Pater Eberhard von Gemmingen SJ, dem Leiter der deutsch-sprachigen Redaktion von Radio Vatikan. Foto: Privat

Die Reisegruppe bei Radio Vatikan. Foto: Privat

Der große Moment – Übergabe des Kreuzkampf-Buches an Papst Johannes Paul II. bei strömendem Regen. Foto: Privat

Praktischer Regenschutz. Foto: Privat

Gedankenaustausch bei einem Treffen mit Erzbischof Josip Uhač, dem Apostolischen Nuntius in der Bundesrepublik Deutschland. Foto: Privat

Rückkehr – Ankunft in Diepholz am 23. Mai 1987. Foto: Privat

III.2.2 Die Galen-Ausstellung

Clemens August Graf von Galen. Historische Ausstellung zum
Leben und Wirken des Bischofs von Münster

Nach der Beendigung des Kreuzkampfprojekts konstituierte sich
eine Forschungsgruppe zur Aufarbeitung von Leben und Wirken des in
Dinklage geborenen Bischofs von Münster, Clemens August Kardinal
von Galen, für den historisch-kritische wissenschaftliche Arbeiten bis
dahin nicht vorlagen. Die Ausstellung sowie die beiden zu Beginn der
Ausstellung erschienenen Publikationen, ein Forschungsband:

Joachim Kuropka (Hrsg.): Clemens August Graf von Galen.
Neue Forschungen zum Leben und Wirken des Bischofs von
Münster, Münster 1992, 2. Aufl. 1993, 439 Seiten

sowie der Begleitband zur Ausstellung

Joachim Kuropka unter Mitarbeit von Maria Anna Zumholz: Clemens August Graf von Galen. Sein Leben und Wirken in Bildern
und Dokumenten, Cloppenburg 1992, 2., erw. Aufl. 1993, 3. Aufl.
1997, 295 Seiten,

fanden überregional große Aufmerksamkeit.[13]

Die Ausstellung entstand unter Mitarbeit von Herbert Behnke, Otto
Böckmann, Michael Grotke, Barbara Imbusch, Bernd Koopmeiners,
Arnold Kordes, Susanne Leschinski, Gertrud Seelhorst, Conrad Tapke-
Jost, Werner Teuber, Rudolf Willenborg und Maria Anna Zumholz.

---

[13]   Vgl. u.a. Ausstellung über den „Löwen von Münster". In: Bild v. 13.11.1992 und Ham-
burger Abendblatt v. 04.11.1993; Ausstellung über Graf von Galen. In: Berliner Mor-
genpost v. 06.09.1994; Heinz Hürten: Rezension zu Joachim Kuropka (Hrsg.): Clemens August von Galen. Neue Forschungen zum Leben und Wirken des Bischofs von
Münster, Münster 1992. In: Rheinische Vierteljahrsblätter 57 (1993), S. 363–464; Rudolf Morsey: Der Löwe von Münster. Zwei Bücher über Clemens August von Galen.
Rezension von Clemens August von Galen: Neue Forschungen zum Leben und Wirken
des Bischofs von Münster, hrsg. von Joachim Kuropka, Münster 1992 und Joachim
Kuropka unter Mitarbeit von Maria Anna Zumholz: Clemens August von Galen. Sein
Leben und Wirken in Bildern und Dokumenten, Cloppenburg 1992. In: FAZ vom
08.04.1993. Weitere Rezensionen der beiden Bände sind u.a. erschienen von Nicholas
Hope, Glasgow University, in: German Historical Institute London, Volume VX,
Nr. 2, May 1993, S. 30–34, und David J. Diephouse, Grand Rapids, Michigan, in:
Francia. Forschungen zur westeuropäischen Geschichte, hrsg. vom Deutschen Histo-
rischen Institut Paris, Bd. 21/3 (1994), S. 319–320.

Joachim Kuropka (Hg.)

Clemens August Graf von Galen

Neue Forschungen zum
Leben und Wirken des
Bischofs von Münster

Verlag Regensberg

Münster 1992, 2 Aufl. 1993, 439 Seiten

Sein Leben und Wirken in Bildern und Dokumenten

Cloppenburg 1992, 2., erw. Aufl. 1993, 3. Aufl. 1997, 295 Seiten

Kurzführung durch die Ausstellung:

(Die Tafeln sind numeriert; die darauf präsentierten Fotos, Reproduktionen und Texte sind auch im Katalog abgebildet.)

1. **Clemens August Graf von Galen (1878-1946)**
   Überblick
   Tafeln 1 - 3 (Katalog S. 6-7),
   Einführungstext: Tafel 2 (Katalog S. 6-7)

2. **Clemens August Graf von Galen wird Bischof von Münster**
   Tafeln 4 - 9 (Katalog S. 9-28),
   Einleitungstext: Tafel 4 (Katalog S. 10)

3. **Ein Sohn des Oldenburger Münsterlandes**
   Überblick über Herkunft, Schule, Studium und seelsorgliche
   Tätigkeit vor der Bischofsweihe
   Tafeln 10 - 16 (Katalog S. 29-105).

4. **"Was toben die Heiden und erfinden Truggebilde die Völker?"**
   Bischof von Galen gegen Reichsleiter Rosenberg im Kampf um das Christentum:
   Tafeln 17 - 24 (Katalog S. 106-127),
   Einleitungstext: Tafel 17 (Katalog S. 107)

5. **Von diesem Ostertag (1934) an war Galen der Liebling seiner**
   Diözese, ... ein leuchtendes Licht in der Finsternis
   Begeisterte Reaktionen des Kirchenvolks auf Predigten Galens
   Tafeln 25 -31 (Katalog S. 128-150)

6. **" Gleichschaltung" der Katholischen Vereine, der Jugendverbände,**
   des Schulwesens
   Tafeln 32 - 41 (Katalog S. 151-186),
   Einleitungstext: Tafel 32 (Katalog S. 152)

7. **Im Schatten des Krieges**
   Klostersturm und Vernichtung 'lebensunwerten Lebens'
   Tafeln 42 - 62 (Katalog S. 187-245)
   Einleitungstext: Tafel 42 (Katalog S. 188)

8. **"Es muß etwas Durchgreifendes geschehen ..."**
   Maßnahmen gegen den Bischof von Münster
   Tafeln 63 - 65 (Katalog S. 246-253)

9. **Der Bischof von Münster und die Juden**
   Tafeln 66 - 69 (Katalog S. 254-260)
   Einleitungstext: Tafel 66 (Katalog S. 254)

10. **"Nach christlicher Auffassung haben sie mit der Macht auch die**
    Pflicht übernommen, Leben und Eigentum zu schenken."
    Nachkriegszeit - Kardinalserhebung - Tod
    Tafeln 70 - 84 (Katalog S. 261-291, in der ersten Auflage S. 246-275)
    Einleitungstext: Tafel 70 (Katalog S. 261)

„Auf 84 Schautafeln über den 1878 bei Vechta geborenen von Galen hat das Institut für Geschichte und historische Landesforschung der Universität Osnabrück [Abteilung Vechta] unter Leitung von Prof. Dr. Joachim Kuropka auch bislang wenig bekannte Aspekte aus dem Leben des späteren Bischofs von Münster/Westfalen dargestellt. Dabei kam den Historikern die Öffnung der ostdeutschen Archive zu Hilfe. In den Akten des Ministeriums für Staatssicherheit und des zentralen Staatsarchivs der DDR fanden sich im Westen bislang unveröffentlichte Dokumente über katholische Gegner des NS-Staates."[14]

Die Ausstellung wurde am 10. Juni 1992 von Landtagspräsident Horst Milde im Niedersächsischen Landtag in Hannover eröffnet und dort gezeigt vom 10. bis 19. Juni 1992. Weitere Stationen waren:

Vechta, Gymnasium Antonianum: 26. August 1992 bis 9. September 1992,

Dinklage, Forum der Schule für Körperbehinderte im Kardinal-von-Galen-Haus: 6. Oktober bis 18. Oktober 1992,

Münster, Stadtmuseum: 12. November 1992 bis 10. Januar 1993,

Löningen, Volksbank/Forum Hasetal: 4. Februar bis 21. Februar 1993,

Cloppenburg, Stadthalle: 18. März bis 29. März 1993,

Xanten, St. Victor Dom: 27. April bis 13. Juni 1993,

Friesoythe, Spar- und Darlehenskasse: 13. September bis 3. Oktober 1993,

Lübeck, St. Marienkirche: 2. November bis 18. November 1993,

Neuenkirchen, Clemens-August-Klinik: 23. November bis 2. Dezember 1993,

Brakel, Haus des Gastes: 3. März 1994 bis 16. März 1994,

---

[14] Gregor Krumpholz: Todesstrafe bis zum „Endsieg aufgeschoben. Ausstellung über Bischof und NS-Gegner Graf von Galen. In: KNA Korrespondentenbericht 107 vom 08.12.1994.

Duisburg, Kultur- und Stadthistorisches Museum: 30. April bis 25. Mai 1994,

Düsseldorf, Kreuzgang der St. Maximilian-Kirche: 5. Juni bis 3. Juli 1994,

Berlin, Foyer des Preußischen Landtags/Abgeordnetenhaus: 6. September bis 21. Oktober 1994,

Rheine, Josef-Winckler-Schule: 16. Januar bis 10. Februar 1995,

Dorsten, Bildungszentrum Maria Lindenhof: 24. Februar bis 30. März 1995,

Gelsenkirchen, Liebfrauenstift: 23. April bis 10. Mai 1995,

Kevelaer, Niederrheinisches Museum für Volkskunde und Kulturgeschichte: 17. März bis 21. April 1996,

Warendorf, Heimathaus: 26. Mai bis 16. Juni 1996,

Die Ausstellung ging anschließend in den Besitz der Stiftung Kardinal von Galen, Dinklage, über.

Diese Forschungen lieferten letztlich die wissenschaftliche Grundlage für die Seligsprechung Clemens August von Galens in Rom am 9. Oktober 2005 durch Papst Benedikt XVI.

Mitglieder des Forschungsteams mit Angehörigen anlässlich der Seligsprechung im Oktober 2005 in Rom. Foto: Privat

„Seliger Clemens August eine ganz wichtige Gestalt"

Papst Benedikt XVI. lobt den Kardinal von Galen und die Arbeit der Vechtaer Geschichtsforscher

Vechta/Rom (ak) – „Der selige Clemens August ist eine ganz wichtige Gestalt für Deutschland und Europa." Mit diesen Worten dankte Papst Benedikt XVI. am Mittwoch dem Vechtaer Professor Dr. Joachim Kuropka, der im Rahmen einer Audienz den von ihm herausgegebenen Sammelband „Streitfall Galen. Clemens August von Galen und der Nationalsozialismus" überreichte.

Namens der Vechtaer Arbeitsgruppe „Katholizismusforschung" erläuterte Kuropka dabei die wichtigsten Forschungsergebnisse und den methodischen Ansatz, der vom Papst ausdrücklich gelobt wurde. So werden unter anderem auch in den Archiven des Vatikans neue Quellen erschlossen, mit historisch-kritischen Methoden ausgewertet und im jeweiligen zeitgenössischen Zusammenhang verortet.

„Mit ihren Forschungen haben sie und ihre Mitautoren eine sehr wichtige historische Arbeit geleistet", so der Papst: „Es freut mich sehr, dass an der Universität in Vechta solch wichtige Arbeiten entstehen, die durch historisch-kritische Forschung zur Klärung der Vergangenheit und auch kontroverser Fragen beitragen. Gottes Segen für ihre und ihrer Forschungsgruppe weitere Arbeit." Auf die Vorstellung Kuropkas als Wissenschaft-

Ein Buch für Papst Benedikt XI.: Der Vechtaer Historiker Joachim Kuropka (rechts) konnte dem Oberhaupt der katholischen Kirche am Mittwoch seinen jüngsten Sammelband über Kardinal von Galen überreichen. Foto: privat

ler der Universität Vechta reagierte der Papst auch ganz spontan: „So, aus Vechta kommen sie. Ja, Vechta war immer eine Bastion des Glaubens in Deutschland und ich hoffe sehr, dass dieses auch so bleiben wird."

Die Arbeitsgruppe Katholizismusforschung an der Universität Vechta hat bereits eine ganze Reihe von Veröffentlichungen zur regionalen Geschichte der katholischen Kirche und zu bedeutenden Persönlichkeiten herausgebracht. Aktuell forscht Professor Kuropka wieder in den Vatikanischen Archiven, in denen laufend weitere Quellen vor allem zur NS-Zeit freigegeben werden.

Oldenburgische Volkszeitung vom 7. Juni 2008

III.3 Die Arbeitsstelle Katholizismus- und Widerstands-
forschung

Eine „Arbeitsstelle Widerstandsforschung" im Institut für Geschichte und historische Landesforschung der Hochschule Vechta erwähnt Joachim Kuropka bereits im Forschungsbericht der Hochschule
Vechta 1998–2002. Sie „registriert, initiiert, begleitet und unterstützt
Forschungsvorhaben zum Themenfeld Widerstand gegen den Nationalsozialismus aus christlicher Motivation insbesondere im Raum Nord-
westniedersachsen sowie die NS-Zeit betreffende Teilbereiche der Katholizismusforschung"[15]. Ansonsten firmierte die Forschungsgruppe
unter der Bezeichnung „Arbeitsgruppe Katholizismusforschung".

Die heutige Arbeitsstelle Katholizismus- und Widerstandsforschung
wurde 2008 von Professor Dr. Joachim Kuropka ins Leben gerufen,
nachdem er 2006 in den „aktiven Unruhestand" eingetreten war. In seinem Antrag vom 20. Juni 2008 an die damalige Präsidentin, Frau
Prof.in Dr. Marianne Assenmacher, schrieb er:

*„Ausgangspunkt der Forschungen zum Widerstand gegen den Natio-
nalsozialismus war ein von der Stadt Münster finanziertes Drittmittel-
projekt, in dem der Widerstand gegen den Nationalsozialismus in
Münster untersucht wurde. Die Ergebnisse wurden in einem umfangreichen Band[16] sowie einer Reihe von Aufsätzen in der ‚Westfälischen
Zeitschrift' und einem größeren Beitrag in der „Geschichte der Stadt
Münster" publiziert.[17]*

*Noch in der Laufzeit dieses Projekts habe ich die Reihe ‚Dokumente
und Materialien zur Geschichte und Kultur des Oldenburger Münsterlandes' begründet, deren erster Band 1983 erschien, und meine wissen-*

---

[15] Vgl. Forschungsbericht 1998–2002 der Hochschule Vechta. Wissenschaftliche Hochschule mit Universitätsstatus. Dokumentation der Institute, Fächer, Lehrstühle und Ar-
beitsstellen. Abrufbar über die Homepage der Universität Vechta.

[16] Vgl. Joachim Kuropka (Bearb.): Meldungen aus Münster 1924 – 1944. Geheime und
vertrauliche Berichte von Polizei, Gestapo, NSDAP und ihren Gliederungen, staatlicher Verwaltung Gerichtsbarkeit und Wehrmacht über die politische und gesellschaftliche Situation in Münster und Umgebung, Münster 1992, 691 Seiten.

[17] Vgl. Joachim Kuropka: Münster in der nationalsozialistischen Zeit. In: Franz-Josef Jakobi (Hrsg.): Geschichte der Stadt Münster, Bd. 2, Münster 1992, 3. Aufl. 1995, Seite
285–330.

schaftlichen Aktivitäten verstärkt auf regionale Zugänge zum Wider-
stand und zum zweiten auf dessen christliche Motivation gerichtet.[18] Es
gelang mir, sowohl Studierende als auch Lehrer, Archivare und verein-
zelt Geistliche für diesen Themenbereich zu interessieren, so dass ein
Arbeitskreis entstand, zu dessen engerem Kern heute neun Wissen-
schaftler und zum weiteren Kreis 12 weitere Wissenschaftler gehören,
darunter solche aus Osnabrück, Haselünne, Recklinghausen, Wil-
helmshaven, Meppen, Dissen, Münster und Berlin. Zur Mitwirkung bei
Tagungen und Veröffentlichungen konnte ich darüber hinaus Kollegen
aus Vechta und aus einer Reihe deutscher Universitäten gewinnen.

Aus diesem Arbeitskreis konstituierten sich unter meiner Leitung For-
schungsgruppen zu einzelnen Themenbereichen, von denen die wich-
tigsten hier genannt werden sollen: In den Jahren 1983 bis 1986 wurde
der Kreuzkampf in Oldenburg mit seinen nationalen und internationa-
len politischen und religiösen Verflechtungen aufgearbeitet und als Er-
gebnis ein Sammelband veröffentlicht sowie eine Wanderausstellung
erarbeitet, die u.a. gezeigt wurde im Museumsdorf Cloppenburg, in der
Bürgerhalle des Rathauses zu Münster, in der Niedersächsischen Lan-
desvertretung in Bonn, im Stadtmuseum Oldenburg sowie in einer
Reihe von Städten und Gemeinden des Oldenburger Münsterlandes.[19]
Das Projekt wurde über Drittmittel finanziert und hat eine hohe Reso-
nanz gefunden, die sich neben Zeitungsberichten über die Ausstellung
in ca. 40 Besprechungen niederschlug, darunter in der überregionalen
Presse und in den deutschen Fachzeitschriften sowie in Fachzeitschrif-
ten der Niederlande, Großbritanniens und Italiens. Zu der Ausstellung
wurde von Lehrern, die in der Forschungsgruppe mitarbeiteten, didak-
tisches Material zur Unterrichtsarbeit in Schulklassen vorgelegt.

1990 konstituierte sich eine Forschungsgruppe zur Aufarbeitung des
Lebens und Wirkens des Kardinals von Galen, für den historisch-kriti-
sche wissenschaftliche Arbeiten bisher nicht vorlagen. Im Ergebnis

---

[18] Vgl. Joachim Kuropka: Für Wahrheit, Recht und Freiheit – gegen den Nationalsozialismus (Dokumente und Materialien zur Geschichte und Kultur des Oldenburger
Münsterlandes, Bd. 1), Vechta 1983, 154 Seiten.

[19] Vgl. Joachim Kuropka (Hrsg.): Zur Sache – Das Kreuz! Untersuchungen zur Geschichte des Konflikts um Kreuz und Lutherbild in den Schulen Oldenburgs, zur Wirkungsgeschichte eines Massenprotests und zum Problem nationalsozialistischer Herrschaft in einer agrarisch-katholischen Region, Vechta 1986, 2. Aufl. 1987, 511 Seiten.

wurde eine Ausstellung erarbeitet, die in ca. 25 Städten und Gemeinden gezeigt wurde, darunter im Niedersächsischen Landtag, im Berliner Abgeordnetenhaus, im Stadtmuseum Münster, im Museum Gelsenkirchen, im Kulturgeschichtlichen Museum Duisburg, im Xantener Dom, im Kreuzgang der Maximiliankirche in Düsseldorf, in der Marienkirche zu Lübeck (evangelisch), um nur die wichtigsten Ausstellungsorte zu nennen. Die beiden zu Beginn der Ausstellung erschienenen Publikationen[20] fanden national und international hohe Aufmerksamkeit, die sich in einer großen Anzahl von Besprechungen in der überregionalen Presse, in Zeitungsberichten und in Rezensionen in den historischen und theologischen Fachzeitschriften niederschlug.

Das Thema Galen wurde weiterverfolgt und 1998 erschien ein weiterer Sammelband unter Mitarbeit von Wissenschaftlern deutscher und italienischer Universitäten[21] und angesichts der öffentlichen Kontroversen um die Seligsprechung ein weiterer Sammelband im Jahre 2007[22], für den umfangreiche Besprechungen in der FAZ (Hans Maier) und in der Süddeutschen Zeitung vorliegen.

Beide Publikationen wurden durch Tagungen unter Beteiligung zahlreicher auswärtiger Wissenschaftler vorbereitet.

Dies gilt auch für den im Jahre 2004 unter dem Paradigma der ‚politischen Religion‘ erarbeiteten Sammelband ‚Geistliche und Gestapo‘.[23]

Zum Themenbereich der Arbeitsstelle habe ich in den letzten Jahren sieben Promotionen betreut, die erfolgreich abgeschlossen wurden, vier weitere einschlägige Themen sind derzeit in Bearbeitung.

---

[20] Joachim Kuropka unter Mitarbeit von Maria Anna Zumholz: Clemens August Graf von Galen. Sein Leben und Wirken in Bildern und Dokumenten, Cloppenburg 1992, 2., erw. Aufl. 1993, 3. Aufl. 1997, 279 Seiten; Joachim Kuropka (Hrsg.): Clemens August Graf von Galen. Neue Forschungen zum Leben und Wirken des Bischof von Münster, Münster 1992, 2 Aufl. 1993, 439 Seiten.

[21] Joachim Kuropka unter Mitwirkung von Gian Luigi Falchi, Franz-Josef Schröder, Thomas Sternberg (Hrsg.): Clemens August Graf von Galen. Menschenrechte – Widerstand – Euthanasie – Neubeginn, Münster 1998.

[22] Joachim Kuropka (Hrsg.): Streitfall Galen. Clemens August Graf von Galen und der Nationalsozialismus. Studien und Dokumente, Münster 2007, 2. Aufl. 2007, 541 Seiten.

[23] Joachim Kuropka (Hrsg.): Geistliche und Gestapo. Klerus zwischen Staatsallmacht und kirchlicher Hierarchie (Anpassung – Selbstbehauptung – Widerstand, Bd. 23), Münster 2004, 2. Aufl. 2005, 307 Seiten.

Die Finanzierung der Forschungsarbeiten erfolgte zum größten Teil aus Drittmitteln, so wurden von der Stadt Münster 60.000 DM zur Verfügung gestellt, die Kreuzkampf-Forschungen wurden über ABM-Maßnahmen finanziert, deren Eigenanteil aus Drittmitteln kam, mit einem Gesamtvolumen von ca. 200.000 DM. Das Galen-Projekt wurde mit Mitteln der Stiftung Niedersachsen (240.000 DM) und aus weiteren Drittmitteln in Höhe von ca. 120.000 DM finanziert. […]

Zusammenfassend ist zu bemerken, dass unsere Universität mit der Arbeitsstelle ein Alleinstellungsmerkmal in Niedersachsen aufzuweisen hat. Zum Erfolg hat der interdisziplinäre Ansatz beigetragen, Religion und Kirche, religiös geprägte Milieus und Mentalitäten nicht unter kirchengeschichtlicher Perspektive, sondern als gesellschaftlich-politische Phänomene zu analysieren und zu interpretieren. Dies hat zu einer erheblichen Breitenwirkung geführt, weil die Ergebnisse nicht nur in historischen, sondern auch in theologischen Fachzeitschriften rezipiert und diskutiert wurden und werden. Die Breitenwirkung lässt sich an der Vielzahl von (durchweg positiven) Rezensionen ebenso beobachten, wie an der Würdigung der Publikationen – auch der Ausstellungen – in den führenden deutschen Tageszeitungen, im Rundfunk und z.T. auch im Fernsehen. Mit den beiden Ausstellungen wurden die wissenschaftlichen Ergebnisse didaktisch umgesetzt und damit ein außerordentlich zahlreiches Publikum von Schülergruppen und Schulklassen bis zur breiten populärwissenschaftlich interessierten Öffentlichkeit erreicht. Rezensionen, Presseberichte, Rundfunkinterviews wurden in Italien, Großbritannien, den Niederlanden und den USA veröffentlicht."

Es gelang Joachim Kuropka mit der ihm eigenen Begeisterung für die Geschichte, seinem pädagogischen Geschick und seinem Teamgeist, auch künftig Forschungsgruppen aus Studierenden, Lehrern, Archivaren und Wissenschaftlern um sich zu versammeln. Er bot weiterhin ein regionalgeschichtliches Seminar in Kombination mit einem Doktorandenkolloquium an. Themen dieses Seminars waren etwa „Regionalpolitiker seit 1848 in der biographischen Forschung" (SS 2008), „Gesellschaft, Religion und politische Modernisierung (WS 2008/09), „Wahlrecht, Wahlen und politische Emanzipation im 19. und 20. Jahrhundert" (SS 2009), „Erinnerungskultur und Geschichtspolitik" (WS 2009/10), „Regionalität und Konfessionalität" (SS 2010), „Milieu und

Modernisierung" (SS 2011) „Kirche und Gesellschaft. Forschungsprobleme zum 19. und 20. Jahrhundert" (WS 2011/12), „Wieder gefragt: Heimat. Bindungen und Brechungen in ‚regionalistische Milieus'
(WS 2012/13), „Seelsorger oder Politiker – Deutsche Bischöfe im Dritten Reich (WS 2014/15).

Vortragsreihe startet
Arbeitsstelle Katholizismusforschung lädt ein

Vechta – Unter dem Leitthema „Gesellschaft, Religion und politische Modernisierung" lädt die Arbeitsstelle Katholiszismus- und Widerstandsforschung ab Donnerstag (13. November) jeweils von 18 bis 20 Uhr zu Vorträgen in den Raum E 137b der Hochschule Vechta ein.

Am 13. November spricht Professor Dr. Joachim Kuropka zum Thema „Die Katholische Kirche in Niedersachsen im 20. Jahrhundert". Am 20. November berichtet Maria Theresia Haschke über die Katholische Kirche in Jever unter der Herrschaft des Hauses Zerbst. Michael Hirsch-feld spricht am 4. Dezember über die politische Modernisierung am Beispiel der Stadt Friesoythe von 1918 bis 1945. Am 11. Dezember referiert Rudolf Willenborg über die „Wandlungen des Galen-Bildes im Internet – Fortsetzungen und allgemeine Tendenzen". Im Anschluss hält Maria Anna Zumholz einen Vortrag zum Thema „Das Frauenbild Clemens August von Galens im Kontext kirchlicher Moralprinzipien". Am 18. Dezember erörtert Professor Dr. Joachim Kuropka die Frage „Was bleibt nach 900 Jahren? Zur politischen Kultur Oldenburgs".

Oldenburgische Volkszeitung vom 11. November 2008

Im Rahmen des Seminars konnten eine Habilitandin und ein Habili-
tand sowie eine Doktorandin und drei Doktoranden ihre Forschungs-
fortschritte präsentieren und zur Diskussion stellen, so Marina Schmieder ihr Thema „Deutsche Agrarkonzessionen in der Sowjetunion",
Heiko Suhr sein Promotionsprojekt über Wilhelm Canaris, Andreas

Gayda seine Studien über den Kulturkampf in Oberschlesien sowie Willi Rülander (†) den Kulturkampf im Emsland.

Kreuzkampf-Band als Festgabe für Historiker Kuropka

GESCHICHTE Sammlung der Arbeitsstelle Katholizismus- und Widerstandsforschung

VECHTA/CCF – „Katholisches Milieu und Widerstand – der Kreuzkampf im Oldenburger Land": Unter diesem Titel hat Dr. Maria Anna Zumholz den inzwischen 29. Band der Vechtaer Universitätsschriften vorgelegt.

Er enthält überarbeitete und ergänzte Vorträge, die am 20. September 2011 bei einem Kreuzkampf-Akademieabend anlässlich des 70. Geburtstages von Prof. Joachim Kuropka in der Katholischen Akademie Stapelfeld gehalten wurden. Hinzu kommen zwei weitere Studien, erläuterte Zumholz bei der Vorstellung. Dazu gehören auch Anmerkungen aus evangelischer Perspektive, die Reinhard Rittner verfasst hat.

Dank für Engagement

Am Dienstag, 27. November, überreichte die Herausgeberin das Buch dem emeritierten Historiker Kuropka bei einer Akademischen Feier in der von ihm gegründeten Arbeitsstelle Katholizismus- und Widerstandsforschung der Universität Vechta. Kuropka dankte allen an dem Projekt Beteiligten. Er betonte, der Band erinnere an die wissenschaftliche Erforschung des Kreuzkampfes. Dabei handelt es sich um eine öffentlichen Protest gegen die

Referenz an einen Wissenschaftler: Dr. Maria Anna Zumholz (rechts) überreichte Prof. Joachim Kuropka (links) ein druckfrisches Exemplar der Festgabe. BILD: CHRISTOPH FLOREN

1936 erfolgte Anordnung der Nationalsozialisten, religiöse Zeichen, vor allem Kreuze, aus staatlichen Gebäuden zu entfernen.

Die Vechtaer Universitätsschriften erscheinen seit 1984. Sie dienen, so Mitherausgeber Prof. Wilfried Kürschner, die Forschungen vor Ort zu publizieren. Band I beschäftigte

sich mit den Vorträgen der damals ins Leben gerufenen ersten Ringvorlesung an der Universität.

Wissenschaftliche Arbeit

Sie hatte Martin Luther zum Thema. In Vorbereitung sind derzeit drei bis vier weitere Bände.

Die „Arbeitsstelle" ist am Standort Füchtel der Universität Vechta untergebracht. In ihr engagiert sich, unterstützt von Sponsoren sowie der Universität, ein Stamm von zurzeit etwa zehn bis 20 Historikern. Lehrern und Doktoranden.

▶ NWZTV zeigt einen Beitrag unter www.nwz.tv/vechta

Nordwest-Zeitung vom 28. November 2012

Auswärtige Referenten bereicherten die Vielfalt der Themen: Söhnke Thalmann (†), Oldenburg, stellte die Archivalien zur Geschichte des Oldenburger Münsterlandes im NLA-Staatsarchiv Oldenburg vor, Peter Fleck, Münster, sprach über „Peter Tischleder – Moraltheologe an der Universität Münster – ein Berater Bischof von Galens", William Muggli, St. Pauls/USA, referierte über „Religion trotz Moderne. Die USA als Sonderfall gesellschaftlicher Modernisierung", Marcin Golaszewski, Lodz/Polen, analysierte inhaltlich-kontextuell die Predigt Bischof von Galens am 03. August 1941, Peter Voswinckel thematisierte die „Ökumene in der Bewährung. Die Lübecker Märtyrer

(† 1943) und ihre Rezeptionsgeschichte" und Michael O'Sullivan, Marist College/USA, berichtete über „Bewegungen im Katholizismus der 1950er Jahre: Konnersreuther Kreis, Müttervereine, Johannes-Leppich-Bewegung".

Die erste bedeutende Tagung nach der Gründung der Arbeitsstelle widmete sich 2009 der Frage nach den „GRENZEN DES KATHOLISCHEN MILIEUS". In dem anschließend 2013 veröffentlichten Tagungsband sind Beiträge von Wissenschaftlern aus Israel, Polen, den USA und Deutschland sowie dreier seiner Doktoranden enthalten.[24] Die zweite große, von seinen Schülern PD Dr. Maria Anna Zumholz und apl. Prof. Dr. Michael Hirschfeld veranstaltete Tagung fand anlässlich des 75. Geburtstages von Prof. Dr. Joachim Kuropka 2016 in Stapelfeld zum Thema „ZWISCHEN SEELSORGE UND POLITIK. KATHOLISCHE BISCHÖFE IN DER NS-ZEIT" statt, der Joachim Kuropka zum 75. Geburtstag gewidmete Tagungsband wurde Ende 2017 publiziert.[25]

Dem angefügten Forschungsbericht für 2019 und 2020 ist zu entnehmen, welche Aktivitäten die Arbeitsstelle bzw. die Mitglieder der Arbeitsstelle allein in den letzten beiden Jahren vor dem Tod Joachim Kuropkas entfaltet haben.

---

[24] Vgl. Joachim Kuropka (Hrsg.): Grenzen des katholischen Milieus. Stabilität und Gefährdung katholischer Milieus in der Endphase der Weimarer Republik und der NS-Zeit, Münster 2013.

[25] Vgl. Maria Anna Zumholz/Michael Hirschfeld (Hrsg.): Zwischen Seelsorge und Politik. Katholische Bischöfe in der NS-Zeit, Münster 2018.

ARBEITSSTELLE KATHOLIZISMUS- UND WIDERSTANDS-FORSCHUNG

FORSCHUNGSBERICHT 2019/20

MITGLIEDER

PROF. DR. JOACHIM KUROPKA, Gründer und langjähriger Leiter der der Arbeitsstelle (* 20.09.1941 † 22.02.2021)

PD DR. MARIA ANNA ZUMHOLZ, stellvertretende Leiterin der Arbeitsstelle

APL. PROF. DR. MICHAEL HIRSCHFELD, Leiter des Geschichtsausschusses im Heimatbund für das Oldenburger Münsterland

STD ANDREAS GAYDA, Haltern

OSTR I.R. DR. KLEMENS AUGUST RECKER, Osnabrück

DR. MARINA SCHMIEDER M.A., Visbek, Leiterin der Arbeitsgemeinschaft für Kulturpflege im Heimatverein der Deutschen aus Russland e.V.

PETER SIEVE, M.A., Archivar im Offizialatsarchiv Vechta

DR. HEIKO SUHR M.A., Leiter des Stadtarchivs Wesel

Forschungen

I. INHALTLICHE SCHWERPUNKTE

- Milieutheoretische Aspekte regionaler Geschichte
- Religiöse und politische Eliten in Kirche und Gesellschaft
- Katholische Kirche und Gesellschaft im 19. und 20. Jahrhundert
- Migration, Konfession und kulturelle Identität in der Bundesrepublik Deutschland/Aspekte der Integration von Vertriebenen und Aussiedlern im Oldenburger Land
- Ländlicher Raum – Konfession – Gender – Bildung: konfessionsspezifische Frauenbilder, Frauenbildung und weibliche Lebensentwürfe in der Region
- Geschlechts- und konfessionsspezifische Aspekte historischer Bildungsforschung: Das Kolleg St. Thomas 1947 bis 1990
- Kooperationsprojekte mit über/regionalen Institutionen

II. MITWIRKUNG IN WISSENSCHAFTLICHEN EINRICHTUNGEN – KOOPERATIONSPROJEKTE – LAUFENDE PROJEKTE

1. PROF. DR. JOACHIM KUROPKA (†)

- Theologische Fakultät Paderborn: Projekt „Biographische Studien zu Erzbischof Lorenz Jaeger (1892–1975)"

- Bistum Münster: Historische Kommission im Seligsprechungsverfahren Wilhelm Frede

2. PD DR. MARIA ANNA ZUMHOLZ

- Projekt „Das Kolleg St. Thomas, Gymnasium und Internat der Dominikaner in Vechta 1947–1990 – Ein Beitrag zur historischen Bildungsforschung"

– Landesfrauenrat Niedersachsen/Gleichstellungsbeauftragte der Stadt Haren: frauenORTE Niedersachsen: „Schwester Kunigunde – Haren (EMS). Pionierin sozialer und seelsorglicher Arbeit"

– Bistum Münster: Historische Kommission im Seligsprechungsverfahren Wilhelm Frede

– Heimatbund für das Oldenburger Münsterland, Cloppenburg:

– Projekt in Vorbereitung: Frauen und Frauenvereine in der Region Oldenburger Münsterland

3. APL. PROF. DR. MICHAEL HIRSCHFELD

– Heimatbund für das Oldenburger Münsterland, Cloppenburg:

– Projekt: Geschichte der Heimatbewegung im Oldenburger Münsterland

– Projekt: Folgen der Reformation für das Oldenburger Münsterland

– Projekt: Wandel des katholischen Milieus im Oldenburger Münsterland nach 1945

– Projekt in Vorbereitung: Kirchliche Vereine in der Region Oldenburger Münsterland

– Institut für Kirchen- und Kulturgeschichte der Deutschen in Ostmittel- und Südosteuropa (IKKDOS), Tübingen:

– Milieubildungsprozesse in Ostmitteleuropa

– Vorbereitung Tagungspublikation: Veränderte Räume: Katholische Kirche in Ostmitteleuropa nach 1918

– Historische Kommission für Schlesien: Lehrstuhl Frühe Neuzeit (Prof. Dr. Joachim Bahlcke), Universität Stuttgart:

– Mitwirkung an Historiographiegeschichte Schlesiens und am neuen Band der Reihe „Schlesische Lebensbilder"

– Nordwestdeutsches Museum für Industriekultur Delmenhorst: Vorbereitung Buchpublikation Arbeitswanderer in Delmenhorst im Kaiserreich (1871–1918)

– Institut für Personengeschichte in Bensheim: Religiöse Eliten und sozialer Führungsanspruch

III. SCHWERPUNKT WISSENSKOMMUNIKATION

Die Arbeitsstelle Katholizismus- und Widerstandsforschung legt ihren Schwerpunkt auf die Wissenskommunikation im Sinne des Push-Memorandums. Der Dialog zwischen Wissenschaft und Gesellschaft, die allgemeinverständliche Vermittlung von Forschungsergebnissen erfolgt in Form von Vorträgen außerhalb des universitären Rahmens, Interviews mit Zeitschriften sowie der Mitarbeit in regionalgeschichtlichen Institutionen wie etwa dem Geschichtsausschuss des Heimatbundes für das Oldenburger Münsterlandes oder der Studiengesellschaft des Emsländischen Heimatbundes. Hinzu kommt die Publikation von Forschungsprojekten bzw. -ergebnissen in einer eine breite Öffentlichkeit ansprechenden und zugänglichen Weise sowie in Ausstellungen und Ausstellungskatalogen. Tagungen sind grundsätzlich allgemein zugänglich und die Themen für ein breites Publikum interessant und verständlich. Die Gesellschaft wird zudem in Form von Befragungen bzw. Zeitzeugeninterviews oder über Aufrufe nach Überlassung von Quellen nach Möglichkeit in die Forschung eingebunden.

IV. PROMOTIONEN

SUHR, HEIKO: Wilhelm Canaris. Lehrjahre eines Geheimdienstchefs. Die Marinelaufbahn des späteren Admirals Wilhelm Canaris (1905–1934), Betreuer und Erstgutachter: PROF. DR. JOACHIM KUROPKA. Disputation am 25. März 2019. Magna cum laude.

GAYDA, ANDREAS: Katholische Milieubildung in den urbanen Zentren des Oberschlesischen Industriegebiets im Kontext von Kulturkampf und Hochindustrialisierung. Betreuer und Erstgutachter: PROF. DR. JOACHIM KUROPKA. Disputation am 1. Juli 2020. Magna cum laude.

V. Veröffentlichungen

KUROPKA, JOACHIM (2019): Historische Camouflage. Zur Rezeptionsgeschichte des literarischen Kampfes Friedrich Reck-Malleczewens gegen das NS-Regime. In: Marcin Golaszweski/Leonore Krenzlin/Anna Wilk (Hrsg.) Schriftsteller in Exil und Innerer Emigration. Literarische Widerstandpotentiale und Wirkungschancen ihrer Werke (Schriften der Internationalen Ernst-Wiechert-Gesellschaft, Bd. 6), Berlin 2019, Seite 176–190.

KUROPKA, JOACHIM (2019): Potemkin in Deutschland. Die DDR im Blick von Medien und Wissenschaft in der Bundesrepublik Deutschland vor 1989. In: Wilfried Kürschner (Hrsg.): Alternative Fakten, Fake News und Verwandtes. Wissenschaft und Öffentlichkeit (Vechtaer Universitätsschriften, Bd. 41), Berlin, Seite 83–95.

KUROPKA, JOACHIM (2019): Die ‚dritte Revolution‘ ist vergessen. Eine Erinnerung an die Oldenburger Revolutionen. In: Land-Berichte. Beiträge zu ländlichen und regionalen Lebenswelten, Jg. XXII, H. 2/2019, Seite 73–84.

KUROPKA, JOACHIM (2019): „Weil die Anordnung einer Strafverfolgung zu einer außerordentlichen Verschärfung der Lage führen wird". Ermittlungs- und Strafverfahren gegen katholische Bischöfe unter dem NS-Regime. In: Reimund Haas/Albrecht Graf von Brandenstein-Zeppelin (Hrsg.): Zeugnis für Christus. Die Martyrerkirche des 20. Jahrhunderts. Festschrift für Prälat Prof. Dr. Helmut Moll, Weilheim-Bierbronnen, Seite 153–170.

KUROPKA, JOACHIM (2019): „Us Hitler bringt die wer up anner Baohnen. Hei föhrt Wäge, wor de Sünne schinnt." Der Heimatbund für das Oldenburger Münsterland in der NS-Zeit. In: Michael Hirschfeld (Hrsg.): Im Einsatz für die Heimat. 100 Jahre Heimatbund für das Oldenburger Münsterland 1919–2019, Cloppenburg, Seite 53–72.

KUROPKA, JOACHIM (2019): Rezension von Susanne Willems: Der entsiedelte Jude. Albert Speers Wohnungsmarktpolitik für den Berliner Hauptstadtbau, Berlin 2018. In: Das Historische-politische Buch 67 (2019), Heft 3, Seite 396.

KUROPKA, JOACHIM (2019): Rezension von Alfred Wolfsteiner: „Der stärkste Mann im Katholizismus in Deutschland". Pater Augustin Rösch und sein Kampf gegen den Nationalsozialismus, Regensburg 2018, in: Theologische Literaturzeitung 9 (2019), Spalte 933–934.

KUROPKA, JOACHIM (2020): Lorenz Jaeger – Geistlicher Studienrat, Divisionspfarrer, Erzbischof von Paderborn. Historisch-kritische Studien zur Kritik an Erzbischof Lorenz Jaegers Haltung zum Nationalsozialismus im Kontext der Kontroverse um die Ehrenbürgerschaft Jaegers. In: Josef Meyer zu Schlochtern/Johannes W. Vutz (Hrsg.): Lorenz Jaeger. Ein Erzbischof in der Zeit des Nationalsozialismus, Verlag Aschendorff: Münster, Seite 247–326.

KUROPKA, JOACHIM (2020): DIE HEIMAT UND EUROPA. In: Ulrike Kurth/Innara Guseynova (Hrsg.): Bildung und Europa. Anmerkungen zur Europaarbeit des Westfälischen Forums für Kultur und Bildung 1999–2019, Bielefeld, Seite 87–92.

ZUMHOLZ, MARIA ANNA (2019): Katholisches Bildungsdefizit und protestantische Bildungsnähe am Beispiel des „katholischen Arbeiter-/Bauernmädchens vom Land" (Ralf Dahrendorf). In: Wilfried Kürschner (Hrsg.): Alternative Fakten, Fake News und Verwandtes. Wissenschaft und Öffentlichkeit (Vechtaer Universitätsschriften, Bd. 41), LIT Verlag: Berlin, Seite 127–144.

ZUMHOLZ, MARIA ANNA (2019): Schwester Kunigunde. Pionierin sozialer und seelsorglicher Arbeit. Broschüre zum frauenORT Schwester Kunigunde Haren (Ems), hrsg. von Annegret Schepers, Haren.

ZUMHOLZ, MARIA ANNA (2019): Der „Doppelstaat" als Strukturmerkmal des NS-Regimes. Die Devisenprozesse gegen Ordensangehörige und katholische Priester 1935/36. In: Historisches Jahrbuch 139 (2019), Seite 410–462.

ZUMHOLZ, MARIA ANNA (2019): Frauen im Heimatbund für das Oldenburger Münsterland. Elisabeth Reinke (1882–1981) – Die „Dichterin des Münsterlandes". In: Michael Hirschfeld (Hrsg.): Im Einsatz für die Heimat. 100 Jahre Heimatbund für das Oldenburger Münsterland 1919–2019, Cloppenburg, Seite 176–193.

ZUMHOLZ, MARIA ANNA (2019): Volksfrömmigkeit als Konfliktfeld: Auseinandersetzungen um Marienerscheinungen in Heede/Emsland (1937–1940). In: Sedes Sapientiae. Mariologisches Jahrbuch 23 (2019), Seite 57–72.

ZUMHOLZ, MARIA ANNA (2019): Rezension von Anna-Maria Schmidt: Katholisch und emanzipiert. Elisabeth Gnauck-Kühne und Pauline Herber als Leitfiguren der Frauen- und Mädchenbildung um 1900, Röhrig Universitätsverlag: St. Ingbert 2018. In: H-Soz-Kult vom 24.04.2019.

ZUMHOLZ, MARIA ANNA (2020): „Als gläubiger Katholik kann ich nicht zwei Weltanschauungen zu gleicher Zeit dienen." Wilhelm Frede (* 1875 in Meiderich, † 1942 in Sachsenhausen). In: Rheinische Vierteljahrsblätter (84), Seite S 178–203.

HIRSCHFELD, MICHAEL (2018/19): Katholische Vereine in der Grafschaft Glatz zwischen dem Ersten und dem Zweiten Weltkrieg. In: Archiv für schlesische Kirchengeschichte 76, Seite 123–136.

HIRSCHFELD, MICHAEL (2019): Schlesische Priesterhistoriker vor dem Ersten Weltkrieg. Geschichtsschreibung zwischen institutionellen Anforderungen und individueller Schwerpunktsetzung. In: Joachim Bahlcke/Roland Gehrke (Hrsg.): Gelehrte – Schulen – Netzwerke. Geschichtsforscher in Schlesien im langen 19. Jahrhundert, Köln, Seite 307–329.

HIRSCHFELD, MICHAEL (Hrsg.) (2019): Im Einsatz für die Heimat. 100 Jahre Heimatbund für das Oldenburger Münsterland 1919–2019, Cloppenburg, 288 Seiten.

HIRSCHFELD, MICHAEL (2019): „Die Heimat ist der festeste Halt, der uns geblieben ist." Gründung und Neugründung des Heimatbundes im Zeitalter der Weltkriege (1919 und 1949). In: Michael Hirschfeld (Hrsg.): Im Einsatz für die Heimat. 100 Jahre Heimatbund für das Oldenburger Münsterland 1919–2019, Cloppenburg, Seite 9–52.

HIRSCHFELD, MICHAEL (2019): „Ein berufener Fachmann auf dem Gebiete der Heimatkunde." Professor Dr. Georg Reinke (1874–1955) als Mitbegründer des Heimatbundes. In: Michael Hirschfeld (Hrsg.): Im Einsatz für die Heimat. 100 Jahre Heimatbund für das Oldenburger Münsterland 1919–2019, Cloppenburg, Seite 136–150.

HIRSCHFELD, MICHAEL (2019): Vom geschlossenen Kreis ausgesuchter Heimatforscher zur offenen Vermittlungsinstanz für Regionalgeschichte. Bausteine aus der Arbeit des Geschichtsausschusses. In: Michael Hirschfeld (Hrsg.): Im Einsatz für die Heimat. 100 Jahre Heimatbund für das Oldenburger Münsterland 1919–2019, Cloppenburg, Seite 194–207.

HIRSCHFELD, MICHAEL (2019): Sozial-karitative weibliche Ordensleute in der Grafschaft Glatz. Professioneller Dienst am Menschen von der Mitte des 19. Jahrhunderts bis nach 1945. In: AGG-Mitteilungen, Bd. 18, Seite 15–37.

HIRSCHFELD, MICHAEL (2019): Spuren einer kirchlichen Besonderheit – 125 Jahre "Georgs-Ritter". In: Heimatblätter. Beilage zur „Oldenburgischen Volkszeitung", Bd. 98, Seite 21–25 und Seite 34–37.

HIRSCHFELD, MICHAEL (2019): Mauritzer Franziskanerinnen zwischen Mittelwalde und Lohne. Ein Beitrag zur Beziehungsgeschichte der Grafschaft Glatz zu Südoldenburg. In: Laon – Lohne, Bd. 19, Seite 150–155.

HIRSCHFELD, MICHAEL (2019): Chrzaszcz, Johannes. In: Biographisch-Bibliographisches Kirchenlexikon, Bd. 40, Spalte 148–153.

HIRSCHFELD, MICHAEL (2019): Heimatliebe und Heimatsinn wecken. In: Andreas Kathe/Martin Pille (Red.): Oldenburger Münsterland. Eine kleine Landeskunde, Cloppenburg 2019, Seite 290–291.

HIRSCHFELD, MICHAEL (2019): Rezension von Katharina Aubele: Vertriebene Frauen in der Bundesrepublik Deutschland. Engagement in Kirchen, Verbänden und Parteien 1945–1970 (Veröffentlichungen des Collegium Carolinum 138), München: Vandenhoeck & Rupprecht. In: H-Soz-Kult vom 24.05.2019.

HIRSCHFELD, MICHAEL (2019): Rezension von Frank Wiggermann: Vom Kaiser zum Duce. Lodovico Rizzi (1859–1945). Eine österreichisch-italienische Karriere in Istrien, Innsbruck/Wien 2017, 613 Seiten. In: Quellen und Forschungen aus italienischen Archiven und Bibliotheken (QFIAB), Bd. 99, Seite 693–695.

HIRSCHFELD, MICHAEL (Hrsg.) (2020): Luthers Lehre im Oldenburger Münsterland, Cloppenburg, 117 Seiten.

HIRSCHFELD, MICHAEL (2020): Luthers Lehre im Oldenburger Münsterland. Einleitung. In: Michael Hirschfeld (Hrsg.): Luthers Lehre im Oldenburger Münsterland, Cloppenburg, Seite 6–10.

HIRSCHFELD, MICHAEL (2020): Protestantische Provokationen oder katholische Ressentiments? Konfessionelle Kontroversen in Südoldenburg im Kontext des Flüchtlings- und Vertriebenenzustroms ab 1945/46. In: Michael Hirschfeld (Hrsg.): Luthers Lehre im Oldenburger Münsterland, Cloppenburg, Seite 93–114.

HIRSCHFELD, MICHAEL (2020): Die Delmenhorster Katholiken und die Weimarer Republik. Politisches Engagement aus christlicher Motivation nach dem Ersten Weltkrieg. In: Delmenhorster Heimatjahrbuch, Seite 79–87.

HIRSCHFELD, MICHAEL (2020): Die Bedeutung des Kulturkampfes für das kirchliche Leben in der Grafschaft Glatz. In: AGG-Mitteilungen, Bd. 19, Seite 15–29.

Hirschfeld, Michael (2020): Im Dienst der politischen Willensbildung. Die Zeit des Nationalsozialismus im Spiegel der „Heimatblätter" in den Jahren von 1933 bis 1941. In: Oldenburgische Volkszeitung vom 23.10.2020, Seite 22.

HIRSCHFELD, MICHAEL (2020): Von der Homogenität zur Heterogenität!? Katholisches Milieu und Oldenburger Münsterland seit 1945. In: Wilfried Kürschner (Hrsg.): Heterogenität – Phänomene, Chancen und Probleme (Vechtaer Universitätsschriften, Bd. 42), Berlin, Seite 165–184.

HIRSCHFELD, MICHAEL (2020): „Häuserbau ist Dombau!" Über das Kardinal Graf von Galen-Siedlungswerk im Kreis Vechta nach dem Zweiten

Weltkrieg. In: Jahrbuch für das Oldenburger Münsterland 2021, Cloppenburg, Seite 161–171.

HIRSCHFELD, MICHAEL (2020): Dr. Karl Bittner (1897–1970) – Ein Lohner Bürger aus dem Sudetenland im Einsatz für die Vertriebenen und Flüchtlinge. In: Laon – Lohne, Bd. 20, Seite 109–120.

HIRSCHFELD, MICHAEL (2020): „Fern, doch treu" und „Das alle Grafschafter und deren Freunde in der Ferne umschlingende heimatliche Band". Gestaltung und Gestalter von Grafschaft Glatzer Heimatzeitschriften in den 1950er Jahren. In: Jahrbuch Kulturelle Kontexte des östlichen Europa, Bd. 61, Seite 111–138.

HIRSCHFELD, MICHAEL (2020): „Wir Katholiken machen keine Revolution mit, sondern erkennen nur gesetzmäßige Zustände an". Die Zentrumspartei in der Frühphase des Freistaats Oldenburg (1919–1923). In: Oldenburger Jahrbuch, Bd. 120, Seite 95–116.

HIRSCHFELD, MICHAEL (HRSG.) (2020): Die katholische Kirche in Ostmitteleuropa. Neuordnung der Staaten – Neuordnung der Seelsorge (Beiträge zur Kirchen- und Kulturgeschichte der Deutschen in Ostmittel- und Südosteuropa, Bd. 27), Münster, 320 Seiten.

HIRSCHFELD, MICHAEL (2020): Zur Nutzung von Raumkonzepten für eine Neubewertung der katholischen Kirchenlandschaft in Ostmitteleuropa nach 1918. In: Michael Hirschfeld (Hrsg.): Die katholische Kirche in Ostmitteleuropa. Neuordnung der Staaten – Neuordnung der Seelsorge (Beiträge zur Kirchen- und Kulturgeschichte der Deutschen in Ostmittel- und Südosteuropa, Bd. 27), Münster, Seite 11–19.

HIRSCHFELD, MICHAEL (2020): Katholische Kirche an der Peripherie Schlesiens. Die Katholiken der Generalvikariate Glatz und Katscher (Branitz) zwischen kirchlichem Selbstbewusstsein und Nationalismus im Kontext der Zäsur 1918. In: Michael Hirschfeld (Hrsg.): Die katholische Kirche in Ostmitteleuropa. Neuordnung der Staaten – Neuordnung der Seelsorge (Beiträge zur Kirchen- und Kulturgeschichte der Deutschen in Ostmittel- und Südosteuropa, Bd. 27), Münster, Seite 103–120.

HIRSCHFELD, MICHAEL (HRSG.) (2020): Kluger Beobachter von Geschichte und Gegenwart. Zum Gedenken an Prof. Dr. Alwin Hanschmidt (1937–2020). In: Kulturland Oldenburg 1/2020, Seite 55.

HIRSCHFELD, MICHAEL (HRSG.) (2020): Ein kenntnisreicher und streitbarer Historiker. Zum Gedenken an Helmut Neubach. In: Schlesien in Kirche und Welt 1/2020, Seite 20–21.

HIRSCHFELD, MICHAEL (2020): Rezension von Stephan Honkomp: Unterwegs im Namen des Herrn (Erinnerungen an Steinfeld Nr. 5), Dinklage 2019. In: Jahrbuch für das Oldenburger Münsterland 2021, Cloppenburg, Seite 381–382.

HIRSCHFELD, MICHAEL (2020): Rezension von Detlef Schmiechen-Ackermann u.a. (Hrsg.): Die Klosterkammer Hannover 1931–1955. Eine Mittelbehörde zwischen wirtschaftlicher Rationalität und Politisierung, Göttingen 2018, 698 Seiten. In: Niedersächsisches Jahrbuch für Landesgeschichte, Bd. 92, Seite 311–313.

HIRSCHFELD, MICHAEL (2020): Rezension zu Rainer Bendel: Hochschule und Priesterseminar Königstein, Köln u.a. 2014, Zeitschrift für die Geschichte und Altertumskunde Ermlands 59. Recensio.regio. Rezensionsplattform für die Landesgeschichte, 14.08.2020.

HIRSCHFELD, MICHAEL (2020): Rezension zu Joachim Kardinal Meisner: Wer sich anpasst, kann gleich einpacken. Lebenserinnerungen, Freiburg u.a. 2020, 254 Seiten. In: Schlesien in Kirche und Welt 2/2020, Seite 84–85.

RULÄNDER, WILLI (†) (2020): „Der Kulturkampf geht in seinem Sturmschritt weiter". Kulturkampf in der Region – Das Emsland (Emsland/Bentheim. Beiträge zur Geschichte, Bd. 25), hrsg. von der Emsländischen Landschaft e.V. für die Landkreise Emsland und Grafschaft Bentheim, Verlag der Emsländischen Landschaft e.V.: Sögel, 315 Seiten.

SCHMIEDER, MARINA (2019): Frontovye biografii urožencev Removskogo sel'soveta Semejskogo regiona na materiale dokumentov ZAMO RF. [War Biographies of the Inhabitants of the Selsoviet Remki (Semey Region) on the Basis of Materials Provided by the TsAMO RF]. In: Mir bol'schogo Altaja. [World of the great Altai]. Öskemen/Kasachstan. 2 (2019). ISSN 2410-2725. https://cyberleninka.ru/article/n/frontovye-biografii-urozhentsev-remo-vskogo-selsoveta-borodulihinskogo-rai-ona-vostochnyi-kazahstan-na-mate-riale-dokumentov-tsamo-rf

SCHMIEDER, MARINA (2020): Digitale Bibliothek des internationalen Verbandes der deutschen Kultur (IVDK) in Moskau: Neb, Alexander/Schmie-der, Marina: Vospominanija Alexandra Neba. Moj put ot Staro-Kuznecovki do Steinfelda [Erinnerungen von Alexander Neb. Mein Weg von Staro-Kuz-necovka bis Steinfeld]. Eigenverlag 2017. https://bibliothek.rusdeutsch.ru/ca-talog/6449.

SIEVE, PETER (Bearb.) (2019): Erinnerungen des Zentrumspolitikers Anton Themann (1886–1965) an NS-Zeit und Gestapo-Haft. In: Oldenburger Jahrbuch, Bd. 119, Seite 109–131.

SIEVE, PETER (2020): Das Güter- und Rentenverzeichnis der Krapen-dorfer Kirche von 1463. In: Oldenburger Jahrbuch, Bd. 120, Seite 9–35.

SUHR, HEIKO (2020): Wilhelm Canaris. Lehrjahre eines Geheim-dienstchefs (1905–1934) (Quellen und Forschungen zur Geschichte Schles-wig-Holsteins, Bd. 130), hrsg. von der Gesellschaft für Schleswig-Holsteini-sche Geschichte, Kiel, 600 Seiten.

SUHR, HEIKO/Isabel Traenckner (2020): Wilhelm Canaris. Ein neuer Blick, eine Annäherung und eine persönliche Wiedergutmachung, Nor-derstedt.

SUHR, HEIKO (2020): Biografischer Vortrag [Wilhelm Canaris]. In: Heiko Suhr/Isabel Traenckner-Probst: Wilhelm Canaris. Ein neuer Blick, eine Annäherung und eine persönliche Wiedergutmachung, Norderstedt, Seite 47–78.

SUHR, HEIKO (2020): Oberst Max Bauer (1869–1929). In: Lukas Grawe (Hrsg.): Des Kaisers militärische Elite, Darmstadt, Seite 17–28.

VI. Vorträge und Interviews

Joachim Kuropka

4. September 2019

Die Verfolgung ostdeutscher Schriftsteller unter dem NS-Regime in literarischen Selbstzeugnissen
Kreisverband des Bundes der Vertriebenen
Ostdeutsche Heimatstuben, Goldenstedt

30. August 2019

Kuropka: „Bischöfe haben Hitlers Krieg nicht begrüßt"
Historiker verteidigt Verhalten von Galens zum Zweiten Weltkrieg
In: Kirche und Leben, Seite 1; https:/www.kirche-und-leben.de, 30.08.2019
Interview mit Christof Haverkamp

12. September 2019

Bomben, Schulen, Prozessionen. Fürstbischof Christoph Bernhard von Galen weihte 1669 die Gnadenkapelle. Der „Bomben-Bernd" von Münster und die Wallfahrt nach Bethen
In: Kirche und Leben, Seite 11 und https:/www.kirche-und-leben.de
Interview mit Franz-Josef Scheeben

21. September 2019

Phänomene und Probleme historischer Identität auf regionaler Ebene
Tagung des Instituts für regionale Forschung der Universität Oldenburg
Harpstedt

27. Januar 2020

Den Kommenden zur Mahnung. Gedenken und Erinnerungen nach Selbstzeugnissen von NS-Opfern
Gedenkveranstaltung der Konrad-Adenauer-Stiftung
Oldenburg

28. August 2020

PODIUMSDISKUSSION: LORENZ JAEGER IM NATIONALSOZIALISMUS
Tagung: Lorenz Kardinal Jaeger als Kirchenpolitiker, 27.08.2020–
29.08.2020
Kommission für kirchliche Zeitgeschichte im Erzbistum Paderborn
Katholische Akademie Schwerte

MARIA ANNA ZUMHOLZ

9. Januar 2019

ALS DIE KATHOLISCHE KIRCHE IHRER ZEIT WEIT VORAUS WAR
Interview mit katholisch.de: https://www.katholisch.de/.../als-die-katholi-
sche-kirche-ihrer-zeit-weit-voraus-war

19. Januar 2019

WAS DIE KIRCHE VON DER EINFÜHRUNG DES FRAUENWAHLRECHTS HIEIT
Interview mit katholisch.de: https://www.katholisch.de/.../was-die-kirche-
von-der-einfuhrung-des-frauenwahlrecht

21. Januar 2019

KATHOLISCHE FRAUEN IM WIDERSTAND GEGEN DEN NATIONALSOZIALIS-
MUS
Studientag der Bundeskonferenz der katholischen Frauenseelsorge in
Deutschland 2019: Frauen und die Neue Rechte. Eine Herausforderung für
die Frauenpastoral
St. Antoniushaus, Vechta

17. Mai 2019

PIONIERINNEN SOZIALER ARBEIT – SCHWESTER KUNIGUNDE SCHEPERS UND
DIE SCHWESTERN VON DER GÖTTLICHEN VORSEHUNG
Eröffnungsveranstaltung frauenORT Schwester Kunigunde
Rathaus Haren (Ems)

2. Juli 2020

DER KAMPF UM DAS KREUZ IN DEN SCHULEN UND DER SCHULKAMPF IM
OLDENBURGER MÜNSTERLAND 1936–1938
Germania Katholischer Studentenverein im CV
Münster, Verbindungshaus, Gertrudenstr. 45

MICHAEL HIRSCHFELD

27. April 2019
SOZIAL-KARITATIVE WEIBLICHE ORDEN IN DER GRAFSCHAFT GLATZ – PROFESSIONELLER DIENST AM MENSCHEN SEIT DER MITTE DES 19. JAHRHUNDERTS
Franz-Hitze-Haus Münster

24. Mai 2019:
DIE GROßEN UND DIE KLEINEN HELDEN DES WIDERSTANDS IM OLDENBURGER LAND
von galen – local hero. Die Burg Dinklage als besonderer Lernort für Schule und Gemeinde
Studientag der Kardinal-von-Galen-Stiftung – Burg Dinklage und der Abteilung Schule und Erziehung des Bischöflichen Offizialates Vechta vom 24.–25.05.2019
Abtei Burg Dinklage

05. Juni 2019:
WIE DIE GRÖßTE NOT DER VERTRIEBENEN BESEITIGT WURDE: DAS KARDINAL-VON-GALEN-SIEDLUNGSWERK IM KREIS VECHTA
Ostdeutsche Heimatstuben
Goldenstedt

27. September 2019:
FORSCHUNGEN ZUR GRAFSCHAFT GLATZ VOR 1914: THEMATISCHE SCHWERPUNKTE UND METHODISCHE ANSÄTZE
Internationale Fachtagung der Historischen Kommission für Schlesien in Verbindung mit den Franckeschen Stiftungen vom 26. bis 28. September 2019: Historiographie in Schlesien zwischen Aufklärung und Erstem Weltkrieg: Epochen – Themen – Methoden
Halle/Saale

25. Oktober 2019:
„WIR KATHOLIKEN MACHEN KEINE REVOLUTION MIT, SONDERN ERKENNEN NUR GESETZMÄßIGE ZUSTÄNDE AN." ZUR GESELLSCHAFTLICHEN POSITIONIERUNG UND POLITISCHEN ROLLE DER ZENTRUMSPARTEI NACH 1918 IM FREISTAAT OLDENBURG

6. Tagung zur Oldenburgischen Regionalgeschichte: Politische Geschichte des Freistaats Oldenburg in der frühen Phase der Weimarer Republik
Niedersächsisches Landesarchiv Abteilung Oldenburg

22. November 2019:

GESTALTUNG UND GESTALTER VON GRAFSCHAFT GLATZER HEIMATZEITSCHRIFTEN
Tagung: Bild und Schrift als Botschaft. Vom Dekor der Heimatzeitschriften
Institut für Volkskunde der Deutschen im östlichen Europa/Institut für Kirchen- und Kulturgeschichte der Deutschen in Ostmittel- und Südosteuropa
Collegium Borromaeum, Freiburg/Breisgau

02. September 2020

DR. KARL BITTNER – LOHNER BÜRGER UND KULTURREFERENT DES BUNDES DER VERTRIEBENEN (BDV)
Akademieabend: Prominente Vertriebene im Oldenburger Münsterland
Katholische Akademie Stapelfeld

21./22. September 2020:

SOZIALE FÜRSORGE UND SEELSORGE DURCH BRIEFE DES EHEMALIGEN VORSITZENDEN DES DIÖZESAN-CARITASVERBANDS BRESLAU DOMKAPITULAR ERNST LANGE (1876–1973) NACH 1945
Tagung: Orientierungssuche. Zur Bedeutung von Kirche und Glauben 1945–1950
Bonifatiuskloster in Hünfeld

VII. TAGUNGEN – PODIUMSDISKUSSIONEN – WORKSHOPS

5. April 2019:

MICHAEL HIRSCHFELD: WORKSHOP GESCHICHTE: DIGITAL REGIONAL. DAS SCHULPORTAL FÜR DAS OLDENBURGER MÜNSTERLAND. SACHUNTERRICHT – GESCHICHTE – ERDKUNDE – BIOLOGIE – PLATTDEUTSCH.
Pädagogischer Tag des Zentrums für Lehrerbildung an der Universität Vechta: Digitaler Wandel von Schule und Unterricht
Geschwister-Scholl-Oberschule Vechta

13. Juni 2019:

Maria Anna Zumholz: Workshop mit Prof. Michael G. Azar PhD, und Studierenden der University of Scranton, Pennsylvania, USA, zum Thema Widerstand in der NS-Zeit
10.15 Uhr: Frauenwiderstand im Nationalsozialismus
11.00 Uhr: Der Kreuzkampf – Katholisches Milieu und Widerstand im Oldenburger Münsterland
Universität Vechta

23. November 2019:

Michael Hirschfeld: 23. Studientag zur Geschichte des Oldenburger Münsterlandes: Vom Weltkrieg nach Weimar. Gesellschaft und Kultur in Südoldenburg vor 100 Jahren
Organisation und Moderation
Kath. Akademie Stapelfeld/Cloppenburg

4. Mai 2020

Maria Anna Zumholz: Mitwirkung an dem Film „Mit Gott gegen Hitler", in dessen Mittelpunkt Dietrich Bonhoeffer und Pater Laurentius Siemer OP stehen. Ausstrahlung in der ARD am 4. Mai 2020, auf tagesschau 24 am 8.5., 9.5., 14.5. und 27.5.2020 sowie auf NDR 3 am 30.5.2020. Abrufbar in der ARD-Mediathek

https://www.daserste.de/information/reportage-dokumentation/dokus/videos/mit-gott-gegen-hitler-video-100.html

2. September 2020

Michael Hirschfeld: Akademieabend: Prominente Vertriebene im OM
Organisation und Moderation
Kath. Akademie Stapelfeld

Juni 2020 bis zum Januar 2021

Marina Schmieder: Sonderausstellung „Ein Stück Daheim. Spät-aussiedler im Oldenburger Münsterland"
Museum im Zeughaus Vechta

Die am Museumsdorf Cloppenburg konzipierte Wanderausstellung wurde im Stadtmuseum Vechta in einer veränderten Fassung präsentiert. Sie geht Fragen nach: Wie lebten die russlanddeutsche (Spät-)-Aussiedler in ihrer alten Heimat, und wie haben sie sich in dieser Region eingelebt? Wie wurde die Kultur der Nachkommen von deutschen Auswanderern in der Sowjetunion geprägt? Im Mittelpunkt der Ausstellung stehen die Aussiedlerinnen und Aussiedler mit ihrer Kultur, ihrer Geschichte, ihrem Alltag und ihren Migrationserfahrungen. Eine große Auswahl von Objekten aus dem Gepäck der Spätaussiedler, wie Handarbeitserzeugnisse, Familienreliquien, Werkzeuge, religiöse Bücher, sowjetische Auszeichnungen, Dokumente und Fotos beleuchten dieses Kapitel russlanddeutscher Kulturgeschichte.

VIII. Rezensionen zu eigenen Veröffentlichungen

Maria Anna Zumholz/Michael Hirschfeld (Hrsg.): Zwischen Seelsorge und Politik. Katholische Bischöfe in der NS-Zeit, Münster: Aschendorff 2018

Wichmann Jahrbuch des Diözesangeschichtsvereins Berlin, NF 15, 58./59. Jg. 2018/2019, Seite 279–280 (Michael Höhle).

Theologie und Philosophie 94 (1/2019), Seite 140–143 (Meik Schmerbauch).

Theological Studies 80 (2/2019), Seite 466–468 (Anton Milh, Katholieke Universiteit Leuven, Belgium).

Contemporary Church History Quarterly 25 2/June 2019 (Lauren Faulkner Rossi, Simon Fraser University, Kanada).

Christ in der Gegenwart 29 (2019), Seite 321–322 (Christian Heidrich).

Rheinische Vierteljahrblätter 84 (2020), Seite 464–466 (Keywan Klaus Münster).

Recensio.regio. Rezensionsplattform für die Landesgeschichte, 19.06.2020: Gerhard Aumüller in Zeitschrift für bayerische Kirchengeschichte 87 (2018).

Recensio.regio. Rezensionsplattform für die Landesgeschichte, 24.11.2020: Keywan Klaus Münster in Rheinische Vierteljahrsblätter 84 (2020).

JOACHIM KUROPKA: HEIMAT ZWISCHEN DEUTSCHLAND, POLEN UND EUROPA. HISTORISCHE BLICKE – GESCHICHTSERINNERUNGEN – GESCHICHTSERFAHRUNGEN, MÜNSTER: ASCHENDORFF 2017

Jahrbuch für das Oldenburger Münsterland 2019, Seite 444 (Michael Hirschfeld).

Jahrbuch für die Geschichte Mittel- und Ostdeutschlands 64 (1/2019), Seite 284–287 (Markus Schubert).

Namslauer Heimatruf 61 (2019), Seite 2–3 (Otto Weiß).

MARIA ANNA ZUMHOLZ: DAS WEIB SOLL NICHT GELEHRT SEYN, MÜNSTER: ASCHENDORFF 2016

Theologische Revue 4 (2019), Spalte 300–302 (Sigrid Westphal).

The Catholic Historical Review 3 (2019), Seite 560–562 (Lisa Fetheringill Zwicker).

Recensio.regio. Rezensionsplattform für die Landesgeschichte, 31.12.2020: Petra Diestelmann in Niedersächsisches Jahrbuch für Landesgeschichte 89 (2017).

JOACHIM KUROPKA: GALEN: WEGE UND IRRWEGE DER FORSCHUNG, MÜNS-
TER: ASCHENDORFF 2015

Recensio.regio. Rezensionsplattform für die Landesgeschichte,
19.06.2020: Ulrich Köpf in Zeitschrift für bayerische Kirchengeschichte
85 (2016).

MICHAEL HIRSCHFELD: DIE BISCHOFSWAHLEN IM DEUTSCHEN REICH VON
1887 BIS 1914. EIN KONFLIKT ZWISCHEN STAAT UND KATHOLISCHER KIR-
CHE ZWISCHEN DEM ENDE DES KULTURKAMPFES UND DEM ERSTEN WELT-
KRIEG, MÜNSTER 2012

Recensio.regio. Rezensionsplattform für die Landesgeschichte,
14.08.2020: Thomas Schulte-Umberg in Rottenburger Jahrbuch für Kirchengeschichte 36 (2017).

MICHAEL HIRSCHFELD (HRSG.): IM EINSATZ FÜR DIE HEIMAT. 100 JAHRE
HEIMATBUND FÜR DAS OLDENBURGER MÜNSTERLAND 1919–2019, CLOP-
PENBURG 2019

Oldenburger Jahrbuch, Bd. 120 (2020), Seite 263–264 (Martin Schürrer).

Jahrbuch für das Oldenburger Münsterland 2020, Seite 371–372 (Gerd
Steinwascher).

Von Hus un Heimat. Delmenhorster Kreisblatt, 04.01.2020 (Dirk Hamm).

MICHAEL HIRSCHFELD (HRSG.): LUTHERS LEHRE IM OLDENBURGER MÜNS-
TERLAND, CLOPPENBURG 2020

Jahrbuch für das Oldenburger Münsterland 2021, Seite 378 (Peter Sieve).

Gemeindebrief der Ev.-Luth. Kirchengemeinde Vechta Nov. 2020, Seite
45–48 (Andreas Technow).

Von Hus un Heimat. Delmenhorster Kreisblatt, 05.12.2020 (Dirk Hamm)

Michael Hirschfeld (Herausgeber)

100 JAHRE

Im Einsatz für die Heimat

100 JAHRE HEIMATBUND
FÜR DAS OLDENBURGER MÜNSTERLAND 1919-2019

OM HEIMATBUND
Oldenburger Münsterland

Cloppenburg 2019, 288 Seiten

IV. Kommunikation

Maria Anna Zumholz (Bearb.)

IV.1 Vorträge und Interviews
IV.2 Radio und Fernsehen

Vortrag am 17. November 2018 auf dem 21. Studientag des Geschichtsaus-
schusses im Heimatbund für das Oldenburger Münsterland im St. Antonius-
haus, Vechta. Foto: Gabriele Henneberg

1.   VORTRÄGE UND INTERVIEWS FÜR ZEITSCHRIFTEN

Die Vorträge von Joachim Kuropka sind nicht komplett überliefert, daher kann und will die folgende Zusammenstellung nicht den Anspruch auf Vollständigkeit erheben. Sie bietet jedoch einen repräsentativen Einblick in die Vielzahl der Themen, mit denen Joachim Kuropka sich auseinandersetzte, sowie die Verschiedenartigkeit seiner Ansprechpartner in der Wissenschaft wie auch in breiten geschichtsinteressierten Bevölkerungskreisen.

Vor allem für die Jahre vor 2001 existieren kaum Unterlagen. Diese Jahre sind dominiert durch Vorträge anlässlich von Ausstellungseröffnungen der Wanderausstellungen zum Kreuzkampf und zu Clemens August von Galen. Auch für die Jahre 2006 bis 2012 ist die Überlieferung sehr lückenhaft. Über Jahrzehnte hat Joachim Kuropka Vorträge im Rahmen einer von ihm geprägten Ringvorlesung der Universität Vechta gehalten. Außerdem war er ein gefragter Redner auf Veranstaltungen des Geschichtsausschusses im Heimatbund für das Oldenburger Münsterland.

Etliche Vorträge zu seinen Themenschwerpunkten Clemens August von Galen und Heimat sind in gedruckter Form nachlesbar in den Bänden: Joachim Kuropka: GALEN. WEGE UND IRRWEGE DER FORSCHUNG, Münster 2015; Joachim Kuropka: HEIMAT ZWISCHEN DEUTSCHLAND, POLEN UND EUROPA. HISTORISCHE BLICKE – GESCHICHTSERINNERUNGEN – GESCHICHTSERFAHRUNGEN, Münster 2017.

November 1991

DER DEUTSCHE VOLKSCHARAKTER UND DER VERSUCH SEINER VERÄNDERUNG DURCH DIE BRITISCHE BESATZUNGSMACHT
Eröffnungsvortrag zur Wittmunder Hochschulwoche
Wittmund

22. Januar 1992

KULTURPOLITIK IN MÜNSTER VON DER AUSGEHENDEN WEIMARER ZEIT BIS IN DIE NS-ZEIT
Vereinigung Niederdeutsches Münster
Vortragsaal der Stadtsparkasse Hötteweg
Münster

Vortrag über die Kulturpolitik der Nationalsozialisten

Katholisches Münster sollte ideologisch umgefärbt werden

Münster. Die erste Vortragsveranstaltung der Vereinigung Niederdeutsches Münster befaßte sich im Vorjahr des Stadtjubiläums mit einem ganz besonderen Thema der münsterschen Stadtgeschichte. Prof. Dr. Joachim Kuropka von der Universität Osnabrück sprach vor einem sehr interessierten Publikum über das Thema: „Kulturpolitik in Münster von der ausgehenden Weimarer Zeit bis in die NS-Zeit".

„Andere Stadt"

Auch auf kulturellem Gebiet wurde der Angriff der Nationalsozialisten gegen die bestehenden Verhältnisse vorgetragen, um das katholisch geprägte Münster in eine „andere Stadt", ein nationalsozialistisch gefärbtes Gemeinwesen umzuwandeln. Wie es für die äußere Umgestaltung der Stadt großangelegte städtebauliche Pläne gab, so wurden für deren innere Umwandlung die öffentlichen Einrichtungen offen oder schleichend instrumentalisiert, und es wurde mit alten Traditionen gebrochen.

Eine wichtige Rolle spielte dabei der Heimatgedanke was im September 1933 ganz offenkundig wurde, als der 13. Westfalentag, an dessen Hauptkundgebung auf dem Hindenburgplatz nicht weniger als 20000 Menschen teilnahmen, als ein „Treuebekenntnis der Westfalen zum Führer" ausgegeben wurde.

Neue Besuchergruppen

In Bezug auf das Theater nutzten die Nationalsozialisten nicht ungeschickt die wirtschaftliche schwierige Situation und versuchten dem Theater neue Besuchergruppen zuzuführen, was durch öffentliche Förderung auch gelang. Gleichzeitig wurde unter dem Intendanten W. Hanke der Spielplan im Sinne des neuen Regimes politisiert. Zwar konnte die Zahl der Theaterbesucher gesteigert werden, doch stiegen auch die städtischen Zuschüsse von knapp 400000 DM im Jahr 1933 auf 1,25 Mio. DM im Jahr 1940.

Ein Dorn im Auge war den Nationalsozialisten natürlich die öffentlichen Büchereien der Borromäus-Büchereien und der öffentlichen Bücherei des Katholischen Bücher- und Lesevereins im Krameramtshaus. Im März 1935 errichtete man im Krameramtshaus die Städtische Volksbücherei, die nach den Worten des NS-Oberbürgermeisters die deutsche Kultur „nach ausschließlich nationalsozialistischen Grundsätzen" vermitteln sollte.

Schwieriger gestaltete sich die Umgestaltung des Schulwesens. Hier verschränkten sich ideologische und ökonomische Motive, indem man die durch die gewachsenen Schülerzahlen entstandenen Raumprobleme auch dadurch lösen wollte, daß die katholischen Privatschulen enteignet werden sollten. Das Ziel wurde in der Stadtverwaltung deutlich formuliert: Es ginge darum, die konfessionellen Schuleinrichtungen „auszurotten und zu zerschlagen". Inhaltlich traf diese Politik jedoch auf den Widerstand der Eltern und der katholischen Lehrer. Von den 25 Schulleitern waren nach einem

internen Bericht des NS-Lehrerbundes im Jahre 1935 nur vier aktive Nationalsozialisten. Als 1939 die Gemeinschaftsschule eingeführt wurde, kam es zu öffentlichen Protestaktionen, nämlich zu einer Abstimmung in den Kirchen der Stadt und zu etwa 14000 schriftlichen Einsprüchen von Eltern gegen die Umwandlung der Konfessionschulen.

Heimatkultur

Ein gewisser Erfolg ist den Bemühungen der NSDAP um die Kulturvermittlung an breitere Schichten nicht abzusprechen. Das „volkssozialistische Programm" der Partei sollte sich gegen die bürgerlichen Kulturvorhaben richten, die nur für eine „bestimmte münstersche Clique" gewesen seien. Anerkennung fanden vor allem die Bemühungen um die Heimatkultur durch spezielle Veranstaltungen und Ausstellungen und die Mobilisierung privater Initiative.

Doch war seit 1937 eine gewisse inhaltliche Radikalisierung dieser Angebote zu beobachten, so daß die Zielsetzungen eines solchen Programms nicht verborgen bleiben. Wo dann die Partei mit eigenen kulturellen Aktivitäten auftrat, blieben diese ohne viel Resonanz, wenn sie zu politisch durchsetzt waren. Mit dem Beginn des Krieges wurden die Kulturveranstaltungen immer mehr in dessen Dienst gestellt, bis die Bombenkrieg nicht nur größere Veranstaltungen unmöglich machte, sondern zur Vernichtung der Kultureinrichtungen und Kulturdenkmale Münsters führte.

4. MÄRZ 1994

FRAUEN UNTER DEM NATIONALSOZIALISMUS
Katholische Akademie Stapelfeld[1]

17–20. OKTOBER 1996

DIE OBERSCHLESISCHEN AUFSTÄNDE IN DER BEWERTUNG DER LETZTEN
75 JAHRE AUS DEUTSCHER SICHT
Tagung: Oberschlesien zwischen den Weltkriegen. Zum 75jährigen Gedenken an die Volksabstimmung 1921
Gemeinschaft für deutsch-polnische Verständigung
Jauernick/Görlitz

OKTOBER 1998

NATIONALSOZIALISMUS IN SCHLESIEN. NEUE ZUGÄNGE ZUR PROBLEMATIK
VON POLITISCHER STRUKTUR UND VERHÄLTNIS VON KATHOLIZISMUS UND
NS-REGIME
Tagung: Schlesien im Dritten Reich
Gemeinschaft für deutsch-polnische Verständigung
Jauernick/Görlitz

15. JUNI 1999

HEIMAT UND KIRCHE ZWISCHEN MILIEU UND MENTALITÄT
Buchvorstellung: Michael Hirschfeld/Markus Trautmann (Hrsg.): Gelebter Glaube – Hoffen auf Heimat
Katholische Akademie Franz-Hitze-Haus
Münster

25.–29. OKTOBER 1999

INSTRUMENTALISIERUNG HISTORISCHER MYTHEN AM BEISPIEL DES KOSOVO
Tagung der Hochschule Vechta und der Pädagogischen Hochschule Grünberg (Zielona Gora):
Perspektiven der EU-Osterweiterung im Horizont der Erfahrungen des Kosovo-Krieges
Wendgräben

---

[1] Die Katholische Akademie Stapelfeld wurde 1974 als Heimvolkshochschule gegründet und trägt seit 2006 den heutigen Namen.

27.–30. JUNI 2000

DAS DEUTSCHE ERZBISTUM BRESLAU IM 20. JAHRHUNDERT. KENNZEICHEN UND PROBLEME IM STRUKTURVERGLEICH
Tagung: „1000 Jahre Bistum Breslau"
Breslau/Polen

27. JANUAR 2001

GEDENKEN UND HISTORISCHE ERINNERUNG – FÜR GEGENWART UND ZUKUNFT
Gedenkveranstaltung zum Tag der Opfer des Nationalsozialismus
Konrad-Adenauer-Stiftung
Bitterfeld

MÄRZ 2001

VERTREIBUNG – MIGRATION – TRANSFER. ZU EINIGEN PROBLEMEN DER ERFORSCHUNG DER VERTREIBUNG DER DEUTSCHEN AUS DEN OSTPROVINZEN DES DEUTSCHEN REICHES
Gemeinschaft Katholischer Männer und Frauen (KMF) im Bund Neudeutschland Südoldenburg
Vechta

2. MAI 2001

ZWANGSARBEITER. HISTORISCHER ÜBERBLICK UND PROBLEME DER ERFORSCHUNG
Landkreis Diepholz
Bassum

7. MAI 2001

„WENN DIE PISTOLE DAS DURCHSCHLAGENDSTE ARGUMENT IM POLITISCHEN KAMPFE BILDET" – ZUM POLITISCHEN EXTREMISMUS IN DER WEIMARER REPUBLIK
Ringvorlesung: Gewalt und Krieg, Extremismus und Terror
Universität Vechta

2. JUNI 2001

SCHULE – EIN ORT DER MUßE UND DER ERMÖGLICHUNG DER FREIHEIT
Liebfrauenschule Vechta
Vechta

28. JUNI 2001
WAS HAT DIDAKTIK DER GESCHICHTE MIT SCHULPÄDAGOGIK ZU TUN?
Symposium „Schulpädagogik – Eine erziehungswissenschaftliche Diszi-
plin"
Institut für Schulpädagogik und Theorie der Schule
Universität Münster

9. AUGUST 2001
HOCHSCHULRÄTE – ENTSTEHUNG UND AKTUELLE BEDEUTUNG
CDU-Fraktion im Rat der Stadt Damme
Rathaus Damme

16. OKTOBER 2001
REGIONALE UND LOKALE GESCHICHTSKULTUR ZWISCHEN THEORIE UND
PRAXIS
Einführungsvortrag zur Tagung „Regionale und lokale Geschichtskultur
im internationalen Vergleich"
Kreishaus Vechta

16. OKTOBER 2001
IM KONFLIKT UM DIE ERINNERUNG: NS-LANDRÄTE ZWISCHEN RECHTFERTI-
GUNG UND STILISIERUNG
Tagung „Regionale und lokale Geschichtskultur im internationalen Ver-
gleich"
Universität Vechta

22. OKTOBER 2001
UMBRUCH IN DER KIRCHE UND SÜDOLDENBURGISCHE IDENTITÄT
Verein Oldenburgischer katholischer Priester
St. Antoniushaus
Vechta

31. OKTOBER 2001
LANDRAT UND LANDRÄTE IM KREIS VECHTA 1918 BIS 2001
Landkreis Vechta
Abend der Ehrenamtlichen
Reithalle Vechta

6. NOVEMBER 2001

BEWUNDERUNG – KRITIK – SELIGSPRECHUNG? CLEMENS AUGUST GRAF
VON GALEN IM FOKUS HISTORISCHER FORSCHUNG
Theologisches Forum
Familienbildungsstätte Rheine

28. JANUAR 2002

CHRISTLICHE POSITIONEN IN DER TOTALITÄREN VERSUCHUNG DURCH DEN
NATIONALSOZIALISMUS
Konrad-Adenauer-Stiftung
Bremen

4. FEBRUAR 2002

FRAUENEMANZIPATION ALS SOZIALE RATIONALISIERUNG
ZUR FRAGE DER FAMILIENBEZIEHUNGEN UNTER TOTALITÄREN BEDINGUN-
GEN
Konferenz: Arbeitergeschichte und Arbeiteranthropologie
Universität Budapest
Ungarn

23. MÄRZ 2002

VISIONEN VON EUROPA – BILDER VON EUROPÄERN
Tagung: Von Karl dem Großen zum vereinigten Europa
Gemeinschaft für deutsch-polnische Verständigung
Aachen

17. APRIL 2002

KIRCHE, KATHOLIKEN UND SÜDOLDENBURGISCHE IDENTITÄT
Geschichtsausschuss des Heimatbundes für das Oldenburger Münsterland
Vechta

5. JUNI 2002

WIE KÖNNEN TOTALITÄRE DIKTATUREN STÜRZEN?
Über politische Kultur und politische Religion
Ringvorlesung: Kultur und Kulturen
Universität Vechta

12. JUNI 2002

WELTGESTALTUNG – DURCH KATHOLISCHE GRUNDSÄTZE ODER ‚ORGANI-
SIERTEN KATHOLIZISMUS‘?
CV/KV/UV-Zirkel
Cloppenburg

24. AUGUST 2002

ZUR PROBLEMATIK DER STELLUNG DES NIEDEREN KLERUS IM NS-REGIME
Einführung zur Tagung: Geistliche und Gestapo
Katholische Akademie Stapelfeld

24. AUGUST 2002

WIDERSPRUCH – GEGEN NATIONALSOZIALISMUS UND ‚RESTAURATION‘
DR. JOHANNES GÖKEN
Tagung: Geistliche und Gestapo
Katholische Akademie Stapelfeld

2. SEPTEMBER 2002

HEIMATVERLUST UND KATHOLISCHES MILIEU
Buchvorstellung: Michael Hirschfeld: Katholisches Milieu und Vertrie-
bene
Katholische Akademie Franz-Hitze-Haus
Münster

21. OKTOBER 2002

NEUORDNUNG 1945 – EINE STUNDE NULL?
ZU DEN AUSWIRKUNGEN DER POLITISCHEN UND GESELLSCHAFTLICHEN NEU-
ORDNUNG SEIT 1945 AUF LOHNE UND DAS OLDENBURGER MÜNSTERLAND
Heimatverein Lohne
Industriemuseum Lohne

25. OKTOBER 2002

EUROPÄER – NACHBARSCHAFT UND NATIONALE STEREOTYPE
ENGLAND, FRANKREICH, POLEN UND DEUTSCHLAND IN REZEPTION UND GE-
GENREZEPTION
Gemeinschaft katholischer Männer und Frauen im Bund Neudeutschland
(KMF) Nordoldenburg
Molbergen

04. NOVEMBER 2002

SÄKULARISATION UND SÄKULARISIERUNG
Arbeitskreis katholischer Priester im Bistum Münster
Cloppenburg

5. NOVEMBER 2002

KREUZKAMPF UND KREUZKÄMPFER UNTER DEM NS-REGIME
Seniorengemeinschaft
Halen

12. NOVEMBER 2002

CLEMENS AUGUST GRAF VON GALEN – WIDERSPRUCH UND WIDERSTAND.
KONTROVERSEN UM LEBEN UND HANDELN DES BISCHOFS VON MÜNSTER
Förderverein Kardinal von Galen
Dinklage

7. DEZEMBER 2002

75 JAHRE KOLPING IN BAKUM – EIN BLICK IN DIE GESCHICHTE
Kolpingverein
Bakum

31. JANUAR 2003

FROM SOURCE TO PERSON – AND FROM PERSONALITY TO SOURCE
13th Scientific Reading: From Source to Person
Universität Dünaburg/Daugavpils
Lettland

3. MÄRZ 2003

KATHOLISCHE OLDENBURGISCHE GEISTLICHE IM WIDERSTAND GEGEN DEN
NATIONALSOZIALISMUS
Jahreshauptversammlung Altes Gogericht auf dem Desum
Emstek

14. MÄRZ 2003

800 JAHRE DEUTSCHE GESCHICHTE IM OSTEN – VERDRÄNGT UND WIEDER-
ENTDECKT
Eröffnungsveranstaltung zur Ausstellung „800 Jahre Deutsche Geschichte
im Osten"
Kreishaus Vechta

5. MAI 2003

DIE GRENZEN EUROPAS – EIN PROBLEM ZWISCHEN POLITIK, KULTUR UND MENTALITÄT
5. Symposion des Instituts für Schulpädagogik und allgemeine Didaktik der Universität Münster: „Die EU-Erweiterung – eine Chance für Bildung und Kultur?"
Universität Münster

6. JUNI 2003

800 JAHRE DEUTSCHE GESCHICHTE IM OSTEN
Jahreshauptversammlung der Landsmannschaft Ostpreußen
Quakenbrück

18. JUNI 2003

„ ... BREITE MASSEN GEGEN POLEN GEWONNEN WERDEN KÖNNEN".
KRIEG GEGEN POLEN UND DEUTSCHE VOLKSSTIMMUNG IM JAHRE 1939
Ringvorlesung: Osteuropa und wir
Universität Vechta

20. JUNI 2003

ZUR HISTORISCHEN DIMENSION EINER „ERFOLGREICHEN REGION
Tagung der Friedrich-Ebert-Stiftung: „Erfolgreiche Regionen in Niedersachsen"
Museumsdorf Cloppenburg

27. JUNI 2003

POLITIK ODER RELIGION
Zum Verhältnis von katholischer Kirche und NS-Regime
Collegium Dominicanum
Berlin

7. JULI 2003

EUROPAS GRENZEN IM OSTEN. ZU DEN HISTORISCHEN BEZÜGEN EINER AKTUELLEN DISKUSSION
Historisches Institut der Universität Zielona Góra
Grünberg/Zielona Góra
Polen

16. OKTOBER 2003

„GRENZEN" IM OSTEN EUROPAS. ZUR WIRKSAMKEIT HISTORISCHER TRADI-
TIONEN
Konrad-Adenauer-Stiftung, Zagreb
Zagreb/Kroatien

17. OKTOBER 2003

NACHKRIEGSORDNUNG – FRIEDENSORDNUNG. ZUR FRAGE DER „ERGEB-
NISSE DES ZWEITEN WELTKRIEGES" UND DER STABILITÄT IN EUROPA
Politikwissenschaftliche Fakultät der Universität Zagreb
Zagreb/Kroatien

8. NOVEMBER 2003

LAUDATIO AUF EHRENLANDRAT CLEMENS-AUGUST KRAPP ANLÄSSLICH
DER VERLEIHUNG DES EHRENRINGES DES HEIMATBUNDES FÜR DAS OLDEN-
BURGER MÜNSTERLAND
Münsterlandtag
Garrel

26. MÄRZ 2004

CLEMENS AUGUST GRAF VON GALEN – KONTROVERSEN UM WIDERSPRUCH
UND WIDERSTAND, POLITIK UND RELIGION
Billerbeck

21. APRIL 2004

DURCH LUFTKRIEG ZUR DEMOKRATIE? „CHANGING OF GERMANY" ALS
STRATEGISCHES KRIEGSZIEL IM 1. UND 2. WELTKRIEG
Ringvorlesung: Gewalt und Krieg
Universität Vechta

9. MAI 2004

EINE EUROPÄISCHE VERFASSUNG – IN HISTORISCHER PERSPEKTIVE
Europa-Tagung Westfalen-Kolleg Paderborn
Paderborn

23. MAI 2004

CLEMENS AUGUST GRAF VON GALEN – KONTROVERSEN UM WIDERSPRUCH
UND WIDERSTAND, POLITIK UND RELIGION
Essen-Werden

6. JUNI 2004

CLEMENS AUGUST GRAF VON GALEN – KONTROVERSEN UM WIDERSPRUCH
UND WIDERSTAND, POLITIK UND RELIGION
Münster-Handorf

3. SEPTEMBER 2004

RELIGION ODER POLITIK? KATHOLISCHER KLERUS UND NS-REGIME IM
FREISTAAT OLDENBURG
Herbsttagung der Norddeutschen Provinz der Ritter vom Hl. Grabe
Katholische Akademie Stapelfeld

20. NOVEMBER 2004

EFFIZIENZ ODER IDENTITÄT? VERWALTUNGSREFORM – NEUGLIEDERUNG –
GEBIETSREFORM
11. Studientag zur Geschichte des Oldenburger Münsterlandes:
Die Gemeinde zwischen Territorialherrschaft und Selbstverwaltung
Katholische Akademie Stapelfeld

27. JANUAR 2005

THE MOOD OF THE PEOPLE IN GERMANY IN THE YEAR 1939 AS REFLECTED
IN THE REPORTS
Humanistische Fakultät der Universität Daugavpils
Dünaburg/Daugavpils
Lettland

26. FEBRUAR 2005

KONTROVERSEN UND KONFLIKTE UM EINE POLITISCHE INNOVATION: CDU-
GRÜNDUNGEN IN OLDENBURG UND IHRE AUSWIRKUNGEN AUF DIE
POLITISCHE SZENE NIEDERSACHSENS
Konrad-Adenauer-Stiftung Oldenburg
St. Antoniushaus Vechta

5. MÄRZ 2005

„SEINE ALLERHÖCHSTE ANERKENNUNG FÜR IHRE MANNHAFTE UND STARKE
HIRTENARBEIT". BISCHOF VON GALEN IM SPIEGEL EINIGER AKTEN IM
VATIKANISCHEN GEHEIMARCHIV
Delegiertentag des Heimatbundes für das Oldenburger Münsterland
Dinklage

1. APRIL 2005

STABILITÄT UND GEFÄHRDUNG EINER TOTALITÄREN DIKTATUR: NS-REGIME UND KATHOLISCHE KIRCHE
Osterakademie des Initiativkreises Münster e.V.
Kevelaer

12. APRIL 2005

CLEMENS AUGUST GRAF VON GALEN – VOM POLITISCHEN SEELSORGER ZUM SELIGEN
Konrad-Adenauer-Stiftung
Nottuln

8. JUNI 2005

SOLLEN UNSERE KINDER GESCHICHTE LERNEN? WAS SOLLEN SIE IM GESCHICHTSUNTERRICHT LERNEN?
Ringvorlesung: Was sollen unsere Kinder lernen?
Universität Vechta

Spuren von Galens im Vatikan

Donnerstag Vortrag von Professor Joachim Kuropka in Stapelfeld

Joachim Kuropka

Vechta (bpv) – Was gibt das Vatikanische Geheimarchiv über Clemens August Kardinal von Galen preis, dessen Seligsprechung bald erwartet wird? Besonders spannend verspricht der kommende Vortragsabend am Donnerstag (23. Juni) um 18 Uhr in der Katholischen Akademie Kardinal von Galen in Stapelfeld zu werden. Der Vechtaer Historiker und Galen-Experte Professor Dr. Joachim Kuropka referiert darüber, wie sich das Wirken des Pfarrers und Bischofs von Galen in den Archiven des Papstes widerspiegelt.

Während eines mehrwöchigen Forschungsaufenthaltes in Rom konnte der Wissenschaftler die Quellen des Geheimarchivs studieren, die nicht jedermann zugänglich sind. „Schon die Räumlichkeiten im Vatikanischen Palast mit Bibliothek und Lesesaal haben ihren ganz eigenen Charme", bekennt Kuropka. Hinein und hinaus kommen die ausgewählten Besucher nur mit eigens hierfür hergestelltem Lichtbildausweis. Auch die Aktennutzung zum Quellenstudium ist streng reglementiert. Drei am Tag sind dem einzelnen Wissenschaftler erlaubt. Es mögen dort vielleicht 500 bis 600 Akten lagern, die etwas über Kardinal von Galen enthalten, schätzt der Vechtaer Historiker.

● Einen weiteren Vortrag an diesem Abend hält der Oldenburger Oberkirchenrat i.R. Prof. Dr. Rolf Schäfer über den Kardinal aus evangelischer Sicht. Eintritt frei.

Oldenburgische Volkszeitung vom 21. Juni 2005

Keine Lauheit im Kampf des Guten mit dem Bösen

Joachim Kuropka stellt den Seligen Clemens August von Galen als Vorbild auch für die heutigen Politiker dar

Von Andreas Kathe

Oldenburger Münsterland – „Ob das schon bis Hannover durchgedrungen ist?" Professor Dr. Joachim Kuropka von der Hochschule Vechta stellte diese eher rhetorische Frage beim Münsterlandtag des Heimatbundes in Molbergen in seinem Festvortrag über Kardinal Clemens August von Galen. Der nämlich sei nicht nur der erste Selige des Oldenburger Münsterlandes geworden, sondern auch der erste moderne Selige aus dem Land Niedersachsen.

Und, so fuhr der Galen-Experte fort, es handele sich nicht allein um eine „katholische" Angelegenheit sondern um eine „allgemein menschliche". Galen habe mit seinem tapferen Eintreten für

Im „Ringen um das Gute" habe Clemens August von Galen Großes geleistet, war sich Professor Joachim Kuropka sicher.
Foto: Kathe

die Werte des Glaubens politisch Zeichen gesetzt: „Es ging um die richtige, die gute Gestaltung des Gemeinwesens. Das ist ein uraltes und doch auch aktuelles Problem."

Kuropka entwickelte die Grundhaltung Galens aus dessen Erziehung im Dinklager Elternhaus heraus. Sie habe ihn auch veranlasst, neben seiner geistlichen Tätigkeit aktiv in der praktischen Politik mitzuwirken. Und dies, wie es schon in der Familie angelegt war, ausschließlich im Rahmen der katholischen Zentrumspartei, deren Mitglied Galen wohl 1905 geworden sei. Vorwürfe an Galen, er sei antidemokratisch eingestellt gewesen, seien allein schon aus diesem Grund völlig abwegig, so der Wissenschaftler.

Schon früh habe der Seelsorger Galen auf ein Problem der modernen Gesellschaft hingewiesen: „Auf die Gefahr, den Menschen verfügbar machen zu wollen, durch Mehrheitsentscheidungen alles entscheiden zu können." So wandte er sich als Pfarrer in Berlin gegen die „Idee vom Staatsgott, vom Allgewaltigen, unbeschränkt mächtigen, niemand verpflichteten Staat", wie dies in der preußischen Staatsidee angelegt gewesen sei.

Dagegen setzte Galen seine Überzeugung, Gott habe den Menschen, „allen Menschen die Freiheit verliehen, die persönliche Freiheit, die Freiheit der Familie ..., die Freiheit von der öden gleichmacherischen, zentralistischen Gesellschaft." Dies sei für Galen auch das Instrument

gewesen, um die Verwerflichkeit der NS-Ideologie schnell zu durchschauen. Er war schließlich einer der wenigen, die das rassistische Unrechtregime offen ansprachen und die damit, so Kuropka, „die Hoffnung auf die Überwindung der Tyrannei in den Menschen wach hielt."

Seine Grundsätze, die „nicht jeden Tag mit der augenblicklich populären Tagesmeinung wechselten", seien heute auch in der Politik weiter aktuell. Kuropka ließ zum Schluss den Kardinal selbst sprechen mit einem Satz aus einer Predigt am 17. Februar 1946 in Rom: „Das Gute und das Böse ringen heute gigantisch miteinander. Wir können stolz darauf sein, in diesem Kampf mitzukämpfen. Niemand hat das Recht, dabei lau zu sein."

Oldenburgische Volkszeitung vom 8. November 2005

21. JUNI 2005

CLEMENS AUGUST GRAF VON GALEN – VOM ‚POLITISCHEN' SEELSORGER ZUM SELIGEN. POLITISCH UND SELIG?
Civilclub
Münster

23. JUNI 2005

PFARRER UND BISCHOF CLEMENS AUGUST GRAF VON GALEN 1933-1935 IM SPIEGEL DER AKTEN DES VATIKANISCHEN GEHEIMARCHIVS
Veranstaltungsreihe im Kardinal-von-Galen-Haus anlässlich der Seligsprechung von Clemens August Kardinal von Galen
Kath. Akademie Stapelfeld

3. SEPTEMBER 2005

CLEMENS AUGUST GRAF VON GALEN – VOM ‚POLITISCHEN' SEELSORGER ZUM SELIGEN. POLITISCH UND SELIG?
Haltern

3. SEPTEMBER 2005

CLEMENS AUGUST GRAF VON GALEN – KONTROVERSEN UM WIDERSPRUCH UND WIDERSTAND, POLITIK UND RELIGION
Dorsten

Der Löwe von Münster

Den "Löwen von Münster" wollen sie auf keinen Fall verpassen. Die Besucher der Vortragsreihe "Sonntag-Morgen im Klausenhof" machen sich tapfer auf den Weg durch die weiße Winterwelt. Was sie am Ziel in Dingden erwartet, ist Genuss auf hohem Niveau, der selbst die längste und schwierigste Anreise rechtfertigt: Professor Dr. Joachim Kuropka von der Hochschule Vechta präsentiert den Zuhörern das Leben und Wirken des Kardinals Clemens August Graf von Galen (1878-1946), früherer Bischof von Münster, der unter anderem wegen seines Widerstandes gegen das Nazi-Regime und dessen Euthanasie-Programme gefeiert wird.

Zweieinhalb Stunden zieht der von Galen-Kenner die rund 60 Interessierten in seinen Bann. Und dabei räumt er auf mit aller Kritik, die an dem im vergangenen Oktober selig gesprochenen Kirchenvertreter geäußert wird. Vor allem der Münsteraner Josef Pieper beanstandet eine angebliche frühere Nähe von Galens zum damaligen Nazi-Regime. Im Gegensatz zu Pieper und anderen Kritikern basieren die Argumente Kuropkas jedoch auf akribisch zusammengetragenen Fakten. Als vor zwei Jahren die vatikanischen Akten zugänglich werden, reist der Professor sofort nach Rom und studierte dort jedes schriftlich fixierte Detail über von Galen. Aus den Unterlagen wird deutlich, dass der Bischof von Münster den Nazionalsozialisten arge Schwierigkeiten bereitete.

Die Versuche des Regimes, von Galen auszuschalten, scheiterten jedoch letztlich wegen seiner Beliebtheit beim Volk. Mit seinem Wissen über Clemens August Graf von Galen beeindruckt Kuropka die Zuhörer so stark, dass am Ende des Vortrags alle seine mitgebrachten Bücher über das Leben von Galens vergriffen sind.

Dr. Joachim Kuropka

Zeitschrift der Akademie Klausenhof Nr. 4. Dezember 2005

16. SEPTEMBER 2005

CLEMENS AUGUST GRAF VON GALEN KINDHEIT – JUGEND – STUDIUM
Bischöfliches Generalvikariat
Münster

29. OKTOBER 2005

CLEMENS AUGUST GRAF VON GALEN – SEELSORGER ZWISCHEN RELIGION
UND POLITIK – POLITISCH UND SELIG?
Schlauntreffen
Jauernick/Görlitz

27. NOVEMBER 2005

CLEMENS AUGUST GRAF VON GALEN – SEELSORGER ZWISCHEN RELIGION
UND POLITIK
Klausenhof Hamminkeln

10. MÄRZ 2006

EINFÜHRUNG
Tagung „Streitfall Galen" – Anfragen, Kontroversen und Antworten
Katholische Akademie Stapelfeld

11. MÄRZ 2006

„DASS FÜR IHN AUCH HEUTE NOCH DIE JUDEN DAS AUSERWÄHLTE VOLK
GOTTES SEIEN". BISCHOF VON GALEN UND DIE JUDEN
Tagung „Streitfall Galen" – Anfragen, Kontroversen und Antworten
Katholische Akademie Stapelfeld

20. MÄRZ 2006

CLEMENS AUGUST GRAF VON GALEN – SEELSORGER ZWISCHEN RELIGION
UND POLITIK
Haus Assen, Lippetal-Lippborg

23. MÄRZ 2006

CLEMENS AUGUST GRAF VON GALEN – EIN SELIGER UNSERER ZEIT
Kevelaer

25. MÄRZ 2006

DIE „MAUER DES SCHWEIGENS DURCHBRECHEN"
BISCHOF VON GALEN UND DIE „GELTUNG DES CHRISTENTUMS" UNTER DEM
NS-REGIME

Kath. Akademie Franz-Hitze-Haus
Münster

26. MÄRZ 2006

EIN KATHOLISCHER NATIONALHELD? ALBERT LEO SCHLAGETER UND DAS
SCHLAGETER-DENKMAL
Geschichtsausschuss im Heimatbund für das Oldenburger Münsterland
Vechta

21. JUNI 2006

GEDENKKULTUR ZWISCHEN WISSENSCHAFT UND ÖFFENTLICHKEIT. DIE
VERTREIBUNG DER DEUTSCHEN
Ringvorlesung: Kulturerinnerungen – Erinnerungskulturen
Universität Vechta

Referierten vor großer Kulisse: (von links) Dr. Michael
Hirschfeld, Professor Dr. Joachim Kuropka, Dr. Maria Anna Zumholz, Rudolf Willenborg und Dr. Heinrich Dickerhoff.   Foto: ak

Münsterländische Tageszeitung vom 8. Oktober 2006

31. SEPTEMBER 2006

FRANZ MORTHORST

Akademieabend: Oldenburgs Priester unter NS-Terror

Katholische Akademie Stapelfeld

18. NOVEMBER 2006

DER „MOORPAPST". OFFIZIAL HEINRICH GRAFENHORST (1906–1970) UND DER „KULTURKAMPF" IN NIEDERSACHSEN

9. Studientag des Geschichtsausschusses im Heimatbund für das Oldenburger Münsterland: Konfessionelle Erinnerungsorte im Oldenburger Münsterland

Katholische Akademie Stapelfeld

Kronlage beklagt Rückzug der Religion

STUDIENTAG Sechs Wissenschaftler in der HVHS zum Thema „Konfessionelle Erinnerungsorte in OM"

Rund 50 Zuhörer waren in das Kardinal-von-Galen-Haus gekommen. Die Referate sollten den Facettenreichtum der Religion in Südoldenburg darstellen.

VON BODO MEIER

STAPELFELD – Einen „Jüttken Vatikaon" in Vechta, einen „oldenburgischen Vatikan" oder gar einen „Moorpapst" – das Oldenburger Münsterland besitzt diese religiöse Identität. Der Heimatbund für das Oldenburger Münsterland (OM)

„Anonyme Begräbnisse zeigen den Verlust an Erinnerungsorten"

H. KRONLAGE

hatte zum neunten Studientag in das Kardinal-von-Galen-Haus zum Thema „Konfessionelle Erinnerungsorte im OM" eingeladen. Über deren verschiedenen Facetten referierten am Sonnabend sechs Wissenschaftler vor rund 50 Zuhörern.

Die Präsidentin des Heimatbundes, Hildegard Kronlage, brachte es auf den Punkt. Es müssten nicht im-

Die Referenten des neunten Studientages zur Geschichte im Oldenburger Münsterland (von links): Prof. Dr. Joachim Kuropka (Vechta), Dr. Maria Anna Zumholz (Vechta), Dr. Michael Hirschfeld (Vechta), Prof. Dr. Alwin Hanschmidt (Vechta), Präsidentin des OM-Heimatbundes, Hildegard Kronlage, und Dr. Tim Unger (Dinklage). Es fehlt Dr. Ruth Irmgard Dalinghaus (Oldenburg). BILD BODO MEIER

mer nur Orte oder Gebäude sein, auch Personen seien Erinnerungsorte. Die Identifikationsfiguren müssten allerdings gesucht werden. Dabei beklagte Kronlage den schleichenden Rückzug der Religion aus der Fläche. Der Abschied von Ritualen wie Taufe

und Beerdigung sei dabei nur ein Ausschnitt. „Anonyme Begräbnisse zeigen den Verlust an Erinnerungsorten", sagte Kronlage, die vor der Frustration der Christen in den Gemeinden warnte.

Dr. Michael Hirschfeld (Vechta) führte in die Thema-

tik ein. Gleichwohl gestand er ein, dass die sechs ausgewählten Fallbeispiele des Programms nur den Facettenreichtum der Region mit ihren historisch gewachsenen, konfessionellen Begebenheiten widerspiegelten. Hirschfeld betrachtete in

seinem Referat das Bischöflich Münstersche Offizialat in Vechta. Dabei ging er auf den Wandel der Jubiläen in dem „Jüttken Vatikaon" ein. Prof. Dr. Joachim Kuropka (Vechta) beschäftigte sich nicht nur mit dem „Kulturkampf" in Niedersachsen, sondern auch mit Offizial Heinrich Grafenhorst. „Wenn es in Vechta einen ,Jüttken Vatikaon' gegeben hat oder gar noch gibt, dann muss, um im Bild zu bleiben, dort auch ein ,Jüttker Paopst' – ein ,Moorpapst' – residieren", sagte Kuropka. Dieser Ehrentitel stehe im Zusammenhang mit dem Wirken von Grafenhorst in der Zeit von 1948 bis 1970 in Vechta.

Ob es in der Geschichtsschreibung des 19. Jahrhunderts, die im wesentlichen Sache des Klerus war, eine Symbiose zwischen religiöser Identität und Region gegeben hat, erarbeitete Prof. Dr. Alwin Hanschmidt (Vechta) in seinem Referat. Die protestantischen Erinnerungsorte in Goldenstedt und Neuenkirchen griff Dr. Tim Unger (Dinklage) auf. Dr. Maria Anna Zumholz (Münster) thematisierte den Kreuzkampfgedanken in OM, während sich Dr. Ruth Irmgard Dalinghaus (Oldenburg) mit Kirchenbau und Ausstattung der Region befasste. Eine Podiumsdiskussion mit allen Wissenschaftlern rundete den Tag ab.

Nordwest-Zeitung vom 20. November 2006

22. MÄRZ 2007

BUCHPRÄSENTATION „STREITFALL GALEN. STUDIEN UND DOKUMENTE"

Foyer der Diözesanbibliothek

Münster

ZEITUNG **OLDENBURGER MÜNSTERLAND** DIENSTAG, 2. JUNI 2009 **19**

Johann Göken und die „Tendenzen der Masse"

Professor Dr. Joachim Kuropka schildert den spannenden Lebensweg eines konsequenten NS-Gegners

Joachim Kuropka

Vechta (ak) – „Irgendwie war überall Hemmelte". Ein zunächst verwirrender, schließlich doch aufschlussreicher Schlusssatz des Vechtaer Professors Dr. Joachim Kuropka, der im Rahmen einer Veranstaltung des Heimatbund-Geschichtsausschusses einen Vortrag über Dr. Johannes Göken hielt: „Ein Unbequemer für NS-Regime, Kirche und Nachkriegsgesellschaft." Zu dieser Veranstaltung konnte Dr. Michael Hirschfeld als Vorsitzender des Ausschusses rund 80 Zuhörer in der Universität Vechta begrüßen, darunter viele Angehörige der Familie Göken aus Thüle.

Johannes Göken (1898 – 1969) war nach dem Abitur in Vechta zunächst Soldat im Ersten Weltkrieg, studierte dann Theologie, wurde Priester und erreichte mit einem Zweitstudi-

um die Zulassung zum Höheren Lehramt. Doch eine Schulkarriere stand seit 1933 das herrschende NS-Regime im Weg, dem Göken von Beginn an äußerst kritisch begegnete. Als er 1937 konsequenterweise aus dem NS-Lehrerbund austrat, verlor er seinen Lehrauftrag an der Hochschule für Lehrerausbildung in Oldenburg. Er wurde Kaplan in Hemmelte und setzte sich dort mit von der NSDAP überzeugten Dorfbewohnern – zum Beispiel dem Dorflehrer – auseinander, betonte zum Beispiel in Predigten immer wieder sein Gegnerschaft zu Regime.

Nach dem Krieg erwartete Göken seine Rehabilitierung und ein seinen Fähigkeiten entsprechende Anstellung. Doch der „schwierige", sich zum Linkskatholiken hin entwickelnde Priester eckte auch in der neuen politischen Ordnung an und musste letztlich mit einer Stelle als stellvertretender Direktor des Gymnasiums in Lingen vorlieb nehmen.

Für Kuropka lässt sich an die-

ser schillernden Persönlichkeit und aus den heute noch verfügbaren Quellen vieles vor allem über die gesellschaftlichen und politischen Verhältnisse in der NS-Zeit erschließen. „Vorteile, Erfolg und gewisse Zwänge" hätten eine Rolle gespielt, wenn es um die Zustimmung zum Nationalsozialismus ging: „Wichtig für die Akzeptanz sind nicht politische oder weltanschauliche Grundsätze. Die Masse schwimmt mit dem Erfolgreichen mit und ein Kritiker wie Göken liegt da ‚nicht richtig'. Das, so Kuropka, sei auch heute nicht unbekannt: „Es ist von ‚Trend' die Rede".

Damals, so konstatierte auch Göken, waren die alten Werte versickert. Man wollte den „Tendenzen der Masse" folgen, den Erfolgsnachrichten der Nazis im Krieg glauben. Und dies galt eben auch für viele Katholiken. Insofern war irgendwie wirklich „überall Hemmelte". Und Gökens Vita wurde zu der eines Geistlichen, Lehrers und Wissenschaftlers, der letztlich an diesen „Tendenzen der Masse" verzweifelte.

Begeisterter Raucher und Tabakpflanzenanbauer: Dr. Johannes Göken in seinem Garten; ein Foto aus dem Band „Der katholische Klerus des Oldenburger Landes".

Oldenburgische Volkszeitung vom 02. Juni 2009

20. JUNI 2007

EIN MULTIKULTURELLER STAAT – EINE MULTIKULTURELLE ERFAHRUNG. ÖSTERREICH-UNGARN VOR DEM ERSTEN WELTKRIEG

Ringvorlesung: Multi-Kulti am Ende? Perspektiven einer heterogenen Gesellschaft.

Universität Vechta

7. SEPTEMBER 2007

LAUDATIO AUF ALWIN HANSCHMIDT

BUCHVORSTELLUNG „WESTFÄLISCHES AUS ACHT JAHRHUNDERTEN"

Katholische Akademie Stapelfeld

7. MAI 2008

DIE AUSWIRKUNGEN VON FLUCHT, VERTREIBUNG UND INTEGRATION IM LANDKREIS VECHTA

Geschichtsausschuss im Heimatbund für das Oldenburger Münsterland

Ostdeutsche Heimatstube

Goldenstedt/Ambergen

29. NOVEMBER 2008

DER „HEIMATDICHTER" AUGUST HINRICHS UND DIE „SWIENSKOMEDI"
ODER „KRACH UM JOLANTHE"
11. Studientag des Geschichtsausschusses im Heimatbund für das Olden-
burger Münsterland: Die Eberborg-Affäre: Provinz-Posse oder politischer
Skandal?
Katholische Akademie Stapelfeld

13. MAI 2009

EIN UNBEQUEMER FÜR NS-REGIME, KIRCHE UND NACHKRIEGSGESELL-
SCHAFT: DR. JOHANNES GÖKEN
Abendvortrag
Geschichtsausschuss im Heimatbund für das Oldenburger Münsterland
Universität Vechta

22. OKTOBER 2009

EINFÜHRUNG
Tagung: Die Grenzen des Milieus. Vergleichende Analysen zu Stabilität
und Gefährdung katholischer Milieus in der Endphase der Weimarer Republik und in der NS-Zeit, 22.–24. Oktober 2009
Universität Vechta

24. OKTOBER 2009

ZWISCHEN EROSION UND ERNEUERUNG: KATHOLISCHES MILIEU IM OLDEN-
BURGER MÜNSTERLAND 1919 BIS 1939
Tagung: Die Grenzen des Milieus. Vergleichende Analysen zu Stabilität
und Gefährdung katholischer Milieus in der Endphase der Weimarer Re-
publik und in der NS-Zeit, 22.–24. Oktober 2009
Universität Vechta

5. MÄRZ 2010

ANKUNFT – UND WAS DANN? VERTRIEBENE IM LANDKREIS VECHTA
BdV-Kreisverband Vechta
Heimatstuben Goldenstedt
Ambergen

25. SEPTEMBER 2010

ERINNERUNG ZWISCHEN WISSENSCHAFT UND POLITIK
Westpreußenkongress
Münster

14. NOVEMBER 2010

ZU FORMEN KATHOLISCHEN WIDERSTANDES GEGEN DEN NATIONALSOZIA-
LISMUS
Jahrestagung Schwerter Arbeitskreis für Katholizismusforschung
Katholische Akademie Schwerte

23. NOVEMBER 2010

FRANZ VON GALEN ALS POLITIKER
Verein für Geschichte und Altertumskunde Westfalens
Münster

OLDENBURGISCHE VOLKSZEITUNG ———— **OLDENBURGER MÜNSTERLAND** ———— DONNERSTAG, 27. JANUAR 2011 **13**

Die Bewunderung Hitlers schwand

Kuropka über die Volksmeinung 1939 bis 1941 / Im Krieg wurde Bevölkerung fanatischer

Professor Kuropka

„Kriege und Kriegserfahrungen im Oldenburger Münsterland" überschrieb der Heimatbund für das Oldenburger Münsterland seinen Studientag 2010. Der Vechtaer Historiker Professor Dr. Joachim Kuropka befasste sich mit der Frage: „Was man sich hierzulande vom Krieg erzählt"; Volksmeinung zum Krieg 1939 – 1941.

Oldenburger Münsterland (ak) – Was haben die Menschen im und vom Zweiten Weltkrieg gedacht, geredet, geschrieben? Eine solche Frage ist nicht leicht zu beantworten, sagte Joachim Kuropka auf dem Studientag in Stapelfeld: „Es ist wenig bekannt über die Volksmeinung." Aus

der Sicht des Historikers sei dabei nicht-amtlichen Quellen wie zum Beispiel Tagebüchern weitaus eher zu trauen als amtlichen Verlautbarungen und auch anderen Aussagen, die aus dem Regime selbst stammen.

Die Propaganda der Nationalsozialisten überlagerte zunächst einmal alles; so im Jahr 1939, in dem der Krieg begann, die Stimmungsmache gegen Polen, die eher freundschaftliche Behandlung Russlands, die Feindschaft gegen England. Doch das Volk, so Kuropka, ließ sich nicht beliebig lenken: „Es ließ sich nicht vollständig von ausländischen Quellen abschotten. Weltanschauliche Grundhaltungen und eigene Erfahrun-

gen waren wirksam." Allerdings: Kritische Tagebücher seien ein Sprengsatz im Haus gewesen, den „man besser nicht veröffentlichte".

So haben solche Aufzeichnungen auch nur bedingt die Kriegszeiten überstanden und sind veröffentlicht worden. Kuropka verglich die Aufzeichnungen des nazikritischen Ballenstedter Superintendenten Karl Windschild mit dem Tagebuch eines Regimefreundes – des Journalisten Paulheinz Wantzen aus Münster – und den nachgelassenen Schriften des Priesters Dr. Johannes Göken aus Hemmelte. Dabei sei noch 1939 die vorherrschende Stimmung gewesen, es werde keinen Krieg geben. Man sah die

Lage Deutschlands als glänzend an; Hitler habe Deutschland wieder groß gemacht. Kuropka: „Die Kriegsgefahr wurde durch eigenes Wunschdenken überlagert."

Zu gerne glaubte man also auch die Parolen aus der Presse zum Beispiel über den Nichtangriffspakt mit der Sowjetunion und hoffte nach Kriegsausbruch auf einen kurzen Feldzug gegen Polen. Der aufmerksame Beobachter stellte aber auch fest, so Kuropka, dass es keinerlei Kriegsbegeisterung gab wie noch 1914 und die Einschätzung, dass Deutschland einen längeren Krieg nicht bestehen könne.

Göken stellte nach dem Sieg gegen Polen fest: „Die Mehrheit wird fanatischer." Der erfolgreiche Westfeldzug löste dann Begeisterung aus; „das war zu ver-

stehen, denn es war gerade erst 20 Jahre her, dass der Erste Weltkrieg verloren wurde." Selbst der Klerus Südoldenburgs blieb nicht unbeeinflusst. Die zentrale Frage in vielen Gesprächen war dennoch: „Wann ist der Krieg zu Ende"; man erwartete einen direkten Feldzug gegen England; „im Winter ist alles vorbei." Das sei die Meinung der „erdrückenden Mehrheit in Hemmelte" gewesen, schrieb Göken.

Doch mit fortschreitender Kriegsdauer änderte sich die

Da jubelte die Bevölkerung noch und hoffte, dass es nicht zu einem Krieg kommen werde: Einzug der deutschen Truppen ins Sudetenland 1938. Ein Jahr später begann der Weltkrieg. Foto: OV-Archiv

Volksmeinung. Im Lauf des Jahres 1940 schwanden die Hoffnungen auf ein schnelles Ende. Die ersten Luftangriffe der Alliierten drückten die Stimmung weiter und der Überfall auf die Sowjetunion 1941 stieß dann auf Unverständnis. „Die Stimmung ist auf dem Tiefpunkt", schrieb Göken Ende 1941. Und selbst der unkritische Wantzen vermutete: „Der Krieg wird noch acht Jahre dauern." Die Bewunderung Hitlers schwand allmählich, sagte Kuropka.

Oldenburgische Volkszeitung vom 27. Januar 2011

27. NOVEMBER.2010

„WAS MAN SICH HIERZULANDE VOM KRIEG ERZÄHLT". VOLKSMEINUNG ZUM KRIEG 1939 BIS 1941
13. Studientag des Geschichtsausschusses im Heimatbund für das Oldenburger Münsterland: Kriege und Kriegserfahrungen im Oldenburger Münsterland im 19. und 20. Jahrhundert
Katholische Akademie Stapelfeld

12. MÄRZ 2011

VEREINT IM BEWUSSTSEIN DER VERSCHIEDENHEIT
Tagung „Regionale Identitäten in Niedersachsen"
Historische Kommission für Niedersachsen und Bremen
Hannover

6. April 2011

Waren sie willkommen? Zur Integration der Vertriebenen im Oldenburger Land
Ringvorlesung: Formen des Miteinanders in Zeiten der Globalisierung
Universität Vechta

2. September 2011

Hat er wirklich alles falsch gemacht? Kardinal Bertram und der Nationalsozialismus
Norddeutsche Provinz der Ritter vom Hl. Grab
Duderstadt

21. September 2011

Kreuzkampf-Forschung im Rückblick: Volkserhebung ohne Widerstand?
Akademieabend: 75 Jahre Kreuzkampf im Oldenburger Land
Katholische Akademie Stapelfeld

1. Oktober 2011

Industrialisierung und katholische Lebensformen
Tagung „Stadt und Maschine – Migration und Multikulturalität"
Universität Lodz
Polen

7. Oktober 2011

Bischof von Galen zwischen Seelsorge und Politik
Denkmalseinweihung St. Urbanus
Gelsenkirchen

8. Oktober 2011

Zur historischen Verortung der Vertreibung.
Jahrestagung Ermländisches Landvolk
Bad Salzkotten

15. Oktober 2011

Repräsentant des ‚Anderen Deutschland'
Galen-Gedenken in St. Lamberti
Münster

4. SEPTEMBER 2012

DIE VERFOLGUNG OSTDEUTSCHER SCHRIFTSTELLER UNTER DEM NS-REGIME IN LITERARISCHEN SELBSTZEUGNISSEN
Kreisverband des Bundes der Vertriebenen
Ostdeutsche Heimatstuben
Goldenstedt:

18. MÄRZ 2012

„GESCHICHTE KAPITALISIEREN …" – ÜBER ANGEWANDTE GESCHICHTE
Ringvorlesung: Die Ökonomisierung der Welt und das Schicksal des Humanum
Universität Vechta

03. MAI 2012

NEUE GESCHICHTSERFAHRUNGEN IN OSTEUROPA
Europakongress
Westfalenkolleg Paderborn

29. JUNI 2012

KATHOLISCHE MILIEUS IN DEUTSCHLAND ZWISCHEN WEIMARER REPUBLIK UND NS-ZEIT. NEUE FORSCHUNGSANSÄTZE UND -ERGEBNISSE
KAS-Bildungsstätte Schloss Wendgräben

23. OKTOBER 2012

KATHOLISCHES MILIEU IN WESTFALEN UND BISCHOF CLEMENS AUGUST VON GALEN
Katholisches Bildungswerk
Altenberge

15. NOVEMBER.2012

KATHOLISCHE MILIEUS UND IHRE POLITISCHE BEDEUTUNG
CDU-Seniorenunion
Lohne

27. NOVEMBER 2012

BUCHVORSTELLUNG „KATHOLISCHES MILIEU UND WIDERSTAND"
Arbeitsstelle Katholizismus- und Widerstandsforschung
Füchtel

15. DEZEMBER 2012

VOM POLITISCHEN SEELSORGER ZUM SELIGEN. CLEMENS AUGUST VON GA-
LEN IN DER WISSENSCHAFTLICHEN DISKUSSION
Festakademie der KDSTV Sauerlandia zum 165. Gründungsjubiläum
Münster

26. FEBRUAR 2013

PRÄSENTATION VON „GRENZEN DES KATHOLISCHEN MILIEUS" UND AUS-
STELLUNG VON WERKEN DES TEAMS DER ARBEITSSTELLE KATHOLIZISMUS-
UND WIDERSTANDSFORSCHUNG
Buchhandlung Vatterodt
Vechta

05. JUNI 2013

VERTRIEBENE IN DER DEUTSCHEN ERINNERUNGSKULTUR
Ostdeutsche Heimatstuben
Goldenstedt-Ambergen

04. NOVEMBER 2013

THE STRUGGLE FOR THE CRUCIFIXES IN SCHOOLS UNDER THE NS-REGIME
1936 – 1941
Universität Bethlehem – Bethlehem University
Bethlehem/Palästina

09. APRIL 2014

„PROMOTIONSVORHABEN UND TRANSNATIONALE PERSPEKTIVE"
Doktorandentagung der Stiftung Fundacja na rzecz Nauki Polskiej, War-
schau (Stiftung für polnische Wissenschaft)
Vortrag als Mentor zweier Doktoranden an der Universität Lodz
Warschau
Polen

26. September 2014

„WAS STÖRTE DIE NATIONALSOZIALISTEN AN DEN DICHTERN?"
Eröffnungsvortrag der Tagung: „Innere Emigration versus Exilliteratur:
‚Intra et extra muros'" vom 26.–28.09.2014
Universität Posen
Polen

18. OKTOBER 2014

"DIE FAMILIE VON GALEN VOM KAISERREICH BIS ZUR NS-ZEIT"
Tagung: „Zentrum revisited. Bilanz und Perspektiven der Forschung zum
politischen Katholizismus im Kaiserreich" vom 16.–18.10.2014
Akademie und Tagungszentrum des Bistums Mainz
Mainz

20. NOVEMBER 2014

„VON DER UTOPIE ZUR REALITÄT. H. G. WELLS UND DIE BRITISCHE LUFT-
KRIEGSSTRATEGIE GEGEN DEUTSCHLAND IM 1. WELTKRIEG"
Tagung: „Der Große Krieg und seine Rezeption"
Universität Lodz
Polen

20. MAI 2015

RADIKALE IM LÄNDLICHEN RAUM. DIE LANDVOLKBEWEGUNG 1928–1933
Ringvorlesung: Radikale im ländlichen Raum: Politik, Wirtschaft, Gesell-
schaft
Universität Vechta

15. JULI 2015

WAS VECHTA UND LODZ VERBINDET UND TRENNT. ERFAHRUNGEN EINES
DEUTSCHEN HISTORIKERS IN POLEN
Abendvortrag
Geschichtsausschuss im Heimatbund für das Oldenburger Münsterland
Kleine Aula der Universität Vechta

21. NOVEMBER 2015

IM ZEITALTER DER GEWALT
18. Studientag des Geschichtsausschusses im Heimatbund für das Oldenburger Münsterland
Katholische Akademie Stapelfeld

24. MAI 2016

DAS KREUZ IN DEN SCHULEN NACH DER MACHTERGREIFUNG HITLERS
Gesellschaft Bürger von Neuss
Neuss

08. JUNI 2016

ÜBER DEUTSCHE WILLKOMMENSKULTUREN

Ringvorlesung: „Wir schaffen das"?
Universität Vechta

19. OKTOBER 2016

„FLÜCHTLINGSKRISE" VOR 70 JAHREN – EINE ERFOLGSGESCHICHTE?
Gedenkveranstaltung „70 Jahre Vertreibung"
Kreishaus Vechta

11. NOVEMBER 2016

ERÖFFNUNGSVORTRAG DER TAGUNG „DIE DEUTSCHEN BISCHÖFE UND DER
NATIONALSOZIALISMUS"
Katholische Akademie Stapelfeld

12. NOVEMBER 2016

CLEMENS AUGUST GRAF VON GALEN ALS SEELSORGER
Tagung „Die deutschen Bischöfe und der Nationalsozialismus"
Katholische Akademie Stapelfeld

24. NOVEMBER 2016

VOR 70 JAHREN – ANKUNFT IN WESTFALEN
Gedenk- und Eröffnungsveranstaltung Gedenkstätte „Barackenlager
Lette"
Coesfeld-Lette

11. DEZEMBER 2016

NAZIS WOLLTEN DIE KIRCHE VERNICHTEN. GALEN. ZUM 70. TODESTAG DES
SELIGEN CLEMENS AUGUST VON GALEN HABEN HISTORIKER IN DER AKADE-
MIE STAPELFELD DAS VERHALTEN DER BISCHÖFE IN DER NS-ZEIT UNTER-
SUCHT. FRAGEN DAZU AN JOACHIM KUROPKA
Kirche und Leben
Interview mit Franz Josef Scheeben

26. MÄRZ 2017

BISCHOF VON GALEN - EIN POLITISCHER SEELSORGER
Haus Assen, Lippetal-Lippborg

07. JUNI 2017

POTEMKIN IN DEUTSCHLAND. DIE DDR IM BLICK VON MEDIEN UND WIS-
SENSCHAFT VOR 1989

Ringvorlesung: „Alternative Fakten" – Zwischen Wissenschaft und Öffentlichkeitsarbeit
Universität Vechta

14. JULI 2017
KARDINAL JAEGERS EINSTELLUNG ZUM NATIONALSOZIALISMUS. FORSCHUNGSSTAND – FORSCHUNGSPROBLEME
Katholisch-Theologische Fakultät
Paderborn

13. SEPTEMBER 2017
DEUTSCHLAND UND POLEN. GEGENWART IM LICHTE DER GESCHICHTE
Seniorenunion
Damme

17. NOVEMBER 2017
HISTORISCHE CAMOUFLAGE. FRIEDRICH RECK-MALLECZEWENS LITERARISCHER KAMPF GEGEN DAS NS-REGIME
Tagung: Widerstandspotentiale der Literatur der Inneren Emigration
Universität Lodz
Polen

13. DEZEMBER 2017
HEIMAT ZWISCHEN DEUTSCHLAND UND EUROPA. HISTORISCHE UND AKTUELLE BEZÜGE
Buchvorstellung: „Heimat zwischen Deutschland, Polen und Europa. Historische Blicke – Geschichtserinnerungen – Geschichtserfahrungen"
Katholische Akademie Stapelfeld

2. FEBRUAR 2018
ERZBISCHOF JAEGERS HALTUNG ZUM NATIONALSOZIALISMUS IN DER ÖFFENTLICHEN DISKUSSION
Katholisch-Theologische Fakultät
Paderborn

24. FEBRUAR 2018
LORENZ JAEGER ALS NATIONAL GESINNTER ERZBISCHOF
Tagung: August Pieper
Katholische Akademie
Aachen

17. APRIL 2018

100 JAHRE ERSTER WELTKRIEG – DIE URKATASTROPHE?
Tagung der Adenauerstiftung: Das Erbe Konrad Adenauers – Heimat in der Region und in Europa
Cadenabbia
Schweiz

12. MAI 2018

NATIONALISMUS IN DEUTSCHLAND. DIE RETTUNG DES ABENDLANDES OHNE GOTT UND KIRCHE?
Podiumsdiskussion auf dem Katholikentag 2018 in Münster
Moderation: Prof. Dr. Veit Neumann
Weitere Teilnehmer: Jouanna Hassoun, Prof. Dr. Dr. Ulrich Hemel, Joachim Hermann, Prof. Dr. Werner J. Patzelt, Weihbischof Wilfried Theising
Fürstenberghaus
Münster

13. AUGUST 2018

POLEN UND DEUTSCHLAND. ERFAHRUNGEN UND BEOBACHTUNGEN AUS GESCHICHTE UND PERSÖNLICHEM ERLEBEN
Europa-Union, Kreisverband Vechta
St. Antoniushaus Vechta

27. SEPTEMBER 2018

POLITIK AUF OLDENBURGISCH ZWISCHEN 1918 UND 2018
Tagung mit Podiumsdiskussion: Alter Oldenburgischer Landtag: 100 Jahre nach dem Ende des Großherzogtums
Konrad Adenauer Stiftung
Oldenburg

24. OKTOBER 2018

DER SCHWIERIGE WEG ZUR SELIGSPRECHUNG KARDINAL VON GALENS IN DER ÖFFENTLICHEN UND WISSENSCHAFTLICHEN DISKUSSION
Ökumenisches Bildungszentrum Kloster Frenswegen
Nordhorn

10. NOVEMBER 2018

NACH 80 JAHREN VOR TRIBUNALEN
BISCHÖFE UNTER DEM NS-REGIME ZWISCHEN WISSENSCHAFT UND ÖFFENT-
LICHKEIT
Tagung: „Die Bischöfe Conrad Gröber und Joannes Baptista Sproll und
der Nationalsozialismus" vom 09.–10. November 2018
Schloss Meßkirch

17. NOVEMBER 2018

„US HITLER BRINGST DIE WÄR UP ANNER BAOHNEN. HEI FÖHRT US WÄGE,
WOR DE SÜNNE SCHINNT." DER HEIMATBUND IN DER NS-ZEIT.
21. Studientag des Ausschusses für Geschichte: Im Dienst der Heimat.
Einblicke in ein Jahrhundert Heimatbewegung im Oldenburger Münster-
land
St. Antoniushaus, Vechta

21. NOVEMBER 2018

HITLERS LIEBLINGSSTÜCK. ÜBER DIE POLITISCHE FUNKTION DER „ZEITLO-
SEN" KOMÖDIE „KRACH UM JOLANTHE"
Institut für Literatur und Kultur Deutschlands, Österreichs und der
Schweiz
Universität Lodz
Polen

4. SEPTEMBER 2019

DIE VERFOLGUNG OSTDEUTSCHER SCHRIFTSTELLER UNTER DEM NS-RE-
GIME IN LITERARISCHEN SELBSTZEUGNISSEN
Kreisverband des Bundes der Vertriebenen
Ostdeutsche Heimatstuben, Goldenstedt:

30. AUGUST 2019

KUROPKA: „BISCHÖFE HABEN HITLERS KRIEG NICHT BEGRÜßT"
HISTORIKER VERTEIDIGT VERHALTEN VON GALENS ZUM ZWEITEN WELT-
KRIEG
In: Kirche und Leben, Seite 1 und https:/www.kirche-und-leben.de
Interview mit Christof Haverkamp

12. SEPTEMBER 2019

BOMBEN, SCHULEN, PROZESSIONEN. FÜRSTBISCHOF CHRISTOPH BERNHARD VON GALEN WEIHTE 1669 DIE GNADENKAPELLE. DER „BOMBEN-BERND" VON MÜNSTER UND DIE WALLFAHRT NACH BETHEN
In: Kirche und Leben, Seite 11 und https:/www.kirche-und-leben.de
Interview mit Franz-Josef Scheeben

21. SEPTEMBER 2019

PHÄNOMENE UND PROBLEME HISTORISCHER IDENTITÄT AUF REGIONALER EBENE
Tagung des Instituts für regionale Forschung der Universität Oldenburg
Harpstedt

27. JANUAR 2020

DEN KOMMENDEN ZUR MAHNUNG. GEDENKEN UND ERINNERUNGEN NACH SELBSTZEUGNISSEN VON NS-OPFERN
Gedenkveranstaltung der Konrad-Adenauer-Stiftung
Oldenburg

28. AUGUST 2020

PODIUMSDISKUSSION: LORENZ JAEGER IM NATIONALSOZIALISMUS
Tagung: Lorenz Kardinal Jaeger als Kirchenpolitiker, 27.08.2020–29.08.2020
Kommission für kirchliche Zeitgeschichte im Erzbistum Paderborn
Katholische Akademie Schwerte

2. RADIO UND FERNSEHEN

EINE NEUE CHRISTLICHE PARTEI. EIN KREISVERBAND DER CDU IN DER BRITISCHEN BESATZUNGSZONE. Dokumentarsendung im Schulfunk des NDR, gesendet 1976, 1978 u. 1987 von NDR I u. NDR III (zusammen mit Heinz Plagemann).

RUNDFUNKGESPRÄCH: SÜDOLDENBURGER FREIHEIT. EIN KAPITEL WIDERSTAND IM DRITTEN REICH, WDR I, 22. September1984.

FERNSEHINTERVIEW ZUM WIRKEN KARDINALS VON GALENS, NDR, 07. Oktober 1992.

FERNSEHINTERVIEW ZUR GALEN-AUSSTELLUNG, WDR, 13. November 1993.

DIE ENZYKLIKA „MIT BRENNENDER SORGE" UND DER WIDERSTAND GEGEN DEN NATIONALSOZIALISMUS. Sendemanuskript für die Reihe „Die Jahrhundertbilanz" des Deutschlandfunks, Sendung am 29. April 1999.

FERNSEHINTERVIEW MIT NINA HEEREMANN ZU KARDINAL VON GALEN, EWTN, 09. September 2005, 55 Minuten, im Internet abrufbar.

WIR HABEN GESIEGT! – EIN KAMPF FÜR DAS KREUZ IN DER SCHULE AM 9. NOVEMBER 1936, Sendung im Deutschlandfunk am 07. Januar 2007.

BISCHOF VON GALENS PROTESTE GEGEN DAS NS-REGIME. Gespräch in Radio Courtoisie, Le Pecq/Frankreich, 16. Januar 2008.

RUNDFUNKINTERVIEW VON MICHAEL RAGG ZUM WIRKEN KARDINAL VON GALENS UNTER DEM NS-REGIME. Das Gespräch aus der Reihe „Weltkirche aktuell" wurde am Sonntag, 20. Januar 2008, auf Radio Horeb und Radio Maria Österreich/Südtirol ausgestrahlt.

POLITIK NACH DEM KATECHISMUS. DIE BRÜDER FRANZ UND CLEMENS AUGUST VON GALEN VERSUCHEN DIE WEIMARER REPUBLIK ZU RETTEN, Sendung im Deutschlandfunk am 04. Mai 2008.

Geschichte mit Breitenwirkung

Verdienstorden des Landes Niedersachsen an Kuropka verliehen

■ Prof. Dr. Joaachim Kuropka ist seit den 70er-Jahren an der Hochschule Vechta tätig.

Landrat Albert Focke (li.) mit Prof. Dr. Joachim Kuropka.   Bild: Privat

Vechta. „Ein Glücksfall für die regionale Geschichtsschreibung, ein Vorkämpfer der Selbstbehauptung der Universität, ein Urgestein des unabhängigen Hochschulstandorts Vechta" – mit diesen Worten wurde Prof. Dr. Joachim Kuropka kürzlich geehrt, als er von Landrat Albert Focke den vom Ministerpräsidenten verliehenen Verdienstorden des Landes Niedersachsen erhielt. Kuropka, ein streitbarer Wissenschaftler, ist seit den 70er-Jahren an der Hochschule Vechta tätig. Er hat sich unter anderem durch die Erforschung der Historie des Oldenburger Münsterlandes landesweit einen Namen gemacht und gilt als hochschulpolitischer Kämpfer.

„Jeder im Oldenburger Münsterland kennt unseren Professor Kuropka", sagte Landrat Albert Focke. Er habe die Gabe, Wissenschaft so zu erläutern, dass normale Menschen sie verstehen. „Im Oldenburger Münsterland hat er ordentlich mitgemischt", verwies Focke auf Forschungsthemen wie den Kreuzkampf, die von-Galen-Forschung oder den Beginn der Demokratisierung Niedersachsens durch die Briten nach dem Zweiten Weltkrieg im Landkreis Vechta. Ergebnisse, die ihm überregionale Reputation gebracht und zur Profilierung der Universität beigetragen hätten, erläuterte Vizepräsident Prof. Dr. Martin Winter. Als Wissenschaftler und langjähriges Senatsmitglied habe der Historiker immer für die Unabhängigkeit der Hochschule Vechta gekämpft. „Die Universität fühlt sich mitgeehrt", sagte Winter. Professor Kuropka könne eine eindrucksvolle Bilanz regionalgeschichtlicher Forschung vorweisen, sagte Engelbert Beckermann, Geschäftsführer des Heimatbundes Oldenburger Münsterland.

Der Geehrte beschrieb in seinen Dankesworten, dass ihm die Vermittlung von Geschichte über einen kleinen Expertenkreis hinaus wichtig sei. Deshalb müsse man über Veröffentlichungen hinaus weitere Methoden der Geschichtsvermittlung finden. Mit mehreren Wanderausstellungen hat Kuropka solche ‚Wege‘ beschritten. Schließlich habe Geschichte als kulturelles Gedächtnis durchaus eine „lebenspraktische Funktion".

Für seine Verdienste um die Erforschung der regionalen Geschichte des Oldenburger Münsterlandes, die Vermittlung von Wissenschaft an eine breite Öffentlichkeit und seinen Einsatz für die Unabhängigkeit der Universität Vechta erhielt Joachim Kuropka 2010 den Verdienstorden des Landes Niedersachsen. Sonntagsblatt vom 20. Juni 2010

V. Hochschulpolitik

Demonstration für den Erhalt der Universität in Vechta am 10. Januar 1991 in Hannover. Hans-Wilhelm Windhorst (oben links) und Joachim Kuropka im Gespräch mit einer Journalistin. Fotos: Wilfried Kürschner

WILFRIED KÜRSCHNER

IM EINSATZ FÜR DIE UNIVERSITÄT IN VECHTA

MIT AUSZÜGEN AUS JOACHIM KUROPKAS ABSCHIEDSREDE
VOM 27. OKTOBER 2006

Michael Hirschfeld hat in seiner Biographie „Joachim Kuropka –
Ein ‚Leben mit und in der Geschichte'", die den ersten Teil dieses Bandes bildet, eine Facette des Wirkens von Joachim Kuropka bewusst aus-
gespart: seinen hochschulpolitischen Einsatz und seine Tätigkeit in der
akademischen Selbstverwaltung, die oft ineinander übergingen. Hier
soll nun eine Skizze dieses Bereichs versucht werden, und zwar von
einem, der dort selbst stark involviert war und bei dem sich mit der Zeit
eine Freundschaft zu Achim entwickelte. Daher nenne ich ihn hier mit
seinem abgekürzten Vornamen, die er im informellen Verkehr selbst
bevorzugte. Mit der freundschaftlichen Nähe, die wir zueinander hatten, ist eine Schwierigkeit und Gefahr verbunden, dass nämlich die Darstellung allzu subjektiv, vielleicht auch allzu laudatorisch ausfällt. Die
vorliegende Skizze hat eine zweite Besonderheit: Sie stützt sich nicht,
wie es unter Historikern üblich wäre, auf reichliches Archivmaterial –
dies zu beschaffen, zu sichten und fachgerecht auszuwerten, war in der
Kürze der Zeit, die für die Erarbeitung dieser Gedenkschrift zur Verfügung stand, nicht zu bewerkstelligen, zumal ich kein Historiker bin,
sondern Germanist mit dem Schwerpunkt Sprachwissenschaft. Ich
möchte den Einsatz für die Universität in Vechta von Achim und seinen
Mitstreitern weitgehend anhand von Zeitungstexten nachzeichnen und
dort neben redaktionellen Artikeln speziell anhand einer Textsorte, die
er gern und reichlich nutzte: anhand von Leserbriefen. Darüber hinaus
stütze ich mich auf eigene Erinnerungen und die von Kollegen, besonders auf die von Hermann von Laer, der von Anfang an zum engeren
Kreis der Streiter gehörte und mit dem zusammen Achim und ich bis zu
dessen Tode eine Dreiergruppe bildeten, die auch untereinander über
die Universitätsangelegenheiten hinaus Freundschaft geschlossen hatte.
Wie in Michael Hirschfelds Biographie vermerkt, durchlebte die
Universität in Vechta über lange Jahre stürmische Zeiten. Achim, Her-

mann und ich haben viele davon gemeinsam miterlebt und sind des Öf-
teren „mitgestürmt". Achim kam 1977 zum zweiten Mal an die Abtei-
lung Vechta der Universität Osnabrück (zuvor war er hier von 1970 bis
1973 als Wissenschaftlicher Assistent tätig gewesen und hatte sich als
Vertreter der Wissenschaftlichen Mitarbeiter an den Verhandlungen zur
Eingliederung der damaligen Abteilung Vechta der Pädagogischen
Hochschule Niedersachsen in die neu entstehende Universität
Osnabrück beteiligt).[1] 1982 wurde er im Überleitungsverfahren zum
Professor für Neueste Geschichte ernannt und in die Besoldungsgruppe
C 2 eingeordnet. Ein Jahr später wurde sein erster Leserbrief in der
„Frankfurter Allgemeinen Zeitung" abgedruckt.

„WER WÜRDE MORGEN VECHTA VERMISSEN?"

In diesem Leserbrief bezieht sich Achim Kuropka auf einen Artikel
von Konrad Adam in der „Frankfurter Allgemeinen Zeitung" vom
11. März 1983. Dieser enthielt in nuce die meisten der Punkte, die gegenüber Vechta in der einsetzenden Kritik an diesem Standort vorge-
bracht wurden. Unter dem Titel „Die akademische Provinz. Dem Ausbau folgt der Abbau von Studienplätzen – aber wo?" beschäftigt sich
Adam mit dem Regionalisierungskonzept, das die Hochschulpolitik der
vergangenen zehn Jahre bestimmt habe. Er stellt fest, dass „äußere Umstände, der allgemeine Zwang zur Sparsamkeit und die schwindende

---

[1] Alwin Hanschmidt: Die Pädagogische Hochschule Vechta auf dem Wege von der Ab-
teilung der Pädagogischen Hochschule Niedersachsen zur Abteilung der Universität
Osnabrück. Eine Skizze. In: Alwin Hanschmidt/Joachim Kuropka (Hrsg.): Von der
Normalschule zur Universität. 150 Jahre Lehrerbildung in Vechta. 1830–1980. Bad
Heilbrunn/Obb. 1980, S. 307–337, hier S. 333, Anm. 27.
Von Alwin Hanschmidt (1937–2020) stammten zahlreiche Beiträge zur Universität in
Vechta und ihren Vorgängerinstitutionen, darunter der kurzgefasste geschichtliche Ab-
riss „Von der Normalschule zur Universität Vechta (1830–2010)", der auf einen Vor-
trag zur Eröffnung der Ausstellung „Weite Wege – Von der Normalschule zur Univer-
sität" im Herbst 2010 zurückgeht. Die Ausstellung wurde kuratiert von Franz-Josef
Luzak, dem Archivar der Universität. Hanschmidts Artikel und eine Dokumentation
der in der Ausstellung gezeigten Exponate sind enthalten in: Franz Bölsker/Michael
Hirschfeld/Wilfried Kürschner/Franz-Josef Luzak (Hrsg.): Im Anfang war Fürstenberg. Biografisches und Erinnertes. Liber Amicorum für Alwin Hanschmidt zum
75. Geburtstag. Mit einer Dokumentation der Ausstellung „Weite Wege – Von der
Normalschule zur Universität". (Vechtaer Universitätsschriften. Band 30) Berlin 2013,
S. 109–124 bzw. 125–254.

Attraktivität mancher Studiengänge", insbesondere der Lehramtsstudiengänge, zur „Revision der seit Jahren betriebenen Universitätspolitik" mahnten. Es müsse die „illusionäre Basis" des Regionalisierungskonzepts, „der Glaube an die Gleichwertigkeit aller Hochschulen, verlassen werden". Mit „Umwandlung und Konzentration" sei es nicht getan, es seien vielmehr „tiefere Einschnitte bis hin zur Schließung ganzer Hochschulen" erforderlich. Solche Entscheidungen sollten „nicht dem Geltungsdrang von Lokalpolitikern folgen", sondern sich „an der wissenschaftlichen Leistungsfähigkeit orientieren".

Adam greift in die Hochschulgeschichte zurück: „Zur Zeit der napoleonischen Kriege sind in Deutschland die Universitäten gleich reihenweise geschlossen worden. Helmstedt und Rinteln vermisst heute keiner mehr." Er schließt mit der rhetorischen Frage: „Wer würde morgen Vechta oder Oldenburg vermissen?" Damit trifft Adam, wie gesagt, alle die kritischen Punkte, die ab den frühen achtziger Jahren die Diskussionen und Auseinandersetzungen besonders auch um den Standort Vechta, damals noch unter dem Namen Abteilung Vechta der Universität Osnabrück bestimmten: zu klein, zu einseitig auf Lehrerausbildung konzentriert und selbst dafür ein zu geringes Fächerspektrum, zu geringe wissenschaftliche Leistungsfähigkeit. Für Vechta kommen außerdem zwei, von Adam nicht erwähnte imageschädigende Faktoren hinzu: seine spezielle Verbindung zur katholischen Kirche und seine Lage nicht nur auf dem Lande, sondern in einem agrarischen Intensivgebiet.

Den Thesen von Konrad Adam tritt Achim Kuropka am 21. März mit einem Leserbrief entgegen, der hier in voller Länge wiedergegeben sei: Achim wird den Ausdruck „Megalomanie" bewusst gewählt haben, um dem von Adam im Verein mit Hochschulpolitikern und anderen vertretenen Konzept „Größenwahn" vorzuwerfen.

Also Hochschul-Megalomanie?

Die Megalomanie im Hochschulwesen soll uns also erhalten bleiben und am besten auch noch ausgebaut werden, wenn es nach Konrad Adam geht („Die akademische Provinz", F.A.Z. vom 11. März). Er kehrt die alten, aber falschen Argumente wieder hervor: Wenn es um Forschung und Lehre geht — je größer, desto besser. Soweit es die Forschung betrifft, können sich kleine Standorte mit ihren stark durch Lehre absorbierten Kapazitäten nicht mit den großen Universitäten messen; allerdings wäre doch erst noch konkret nachzuweisen, ob aus der Region gegebene Forschungsanstöße immer nur bis zur Grenze der Region verfolgt werden. Ich wüßte nicht, wie das in Geistes- und Naturwissenschaften möglich sein sollte. Die weitere Aufgabe einer Hochschule, die Lehre, wird ganz vergessen, damit sich's leichter argumentiert: Vielleicht ist Studium wirklich erst so richtig möglich, wenn es 30 000 oder 40 000 gleichzeitig am gleichen Ort tun. Auf die Frage „Wer würde morgen Vechta vermissen?" läßt sich leicht antworten: Die zukünftigen niedersächsischen Schüler, die von solide und praxisnah ausgebildeten Lehrern unterrichtet werden wollen.

Professor Joachim Kuropka, Vechta

FAZ vom 21. März 1983

Es war nicht das letzte Mal, dass in der „Frankfurter Allgemeinen Zeitung" Vechta als ein aufzuhebender Universitätsstandort genannt wurde, wieder zusammen mit Oldenburg. Am 7. Juni 1983 schreibt Kurt Reumann (im „Eckenbrüller" oben rechts auf Seite 1), das Bild von Streichungen unrentabler Nebenstrecken durch die Bundesbahn aufnehmend:

„Der niedersächsische Wissenschaftsminister Cassens lenkt dagegen den Verkehr von den Hauptstrecken (Göttingen und Hannover) auf die Nebenstrecken (Oldenburg und Vechta) um. Das kann auch im Wissenschaftsbetrieb nicht gutgehen. Jetzt steigen die Studentenzahlen noch; aber wenn sie um das Jahr 2000 sinken, werden die erfolglosen Hochschulen geschlossen werden müssen. Daran sollte man rechtzeitig denken."

Hintergrund sind die Absichten der CDU-Landesregierung, den Ausbau Vechtas, der hinter dem des Standortes Osnabrück weit zurückbleibt, obwohl ein gleichmäßiger Auf- und Ausbau zugesichert worden war, durch Kürzungen an anderen Universitäten mitzufinanzieren.

In Vechta nahm man Reumanns Artikel zum Anlass, ihn zu einer Podiumsdiskussion am 12. Juli 1984 einzuladen und um die Gesprächsleitung zu bitten. Die Diskussion stand unter der Überschrift „Aufgaben und Chancen kleiner Hochschulorte" und war aus Anlass des zehnjährigen Jubiläums der Universität Osnabrück mit ihrer Abteilung Vechta angesetzt worden (die Universitäten Osnabrück und Oldenburg wurden am 3. Dezember 1973 mit dem Organisationsgesetz eingerichtet, die Universität Osnabrück nahm im Sommersemester 1974 an ihren beiden Standorten den Vorlesungsbetrieb auf und erhielt am 7. Juni 1974 ihre vom Minister genehmigte Grundordnung[2]). Auf dem Podium saßen

---

[2] Vgl. die einleitenden Worte zur Diskussion von Bernhard Linke, dem Vorsitzenden der Verwaltungskommission der Abteilung Vechta, in: Edgar Papp (Hrsg.): Aufgaben und Chancen kleiner Hochschulstandorte. Podiumsdiskussion in der Abteilung Vechta der Universität Osnabrück am 12. Juli 1984. Tagungsberichte aus Vechta: 19. Linguistisches Kolloquium, 1. Tagung der deutschen USA-Geographen. (Vechtaer Universitätsschriften. Sonderheft 1) Vechta 1985, S. 15.

Edgar Papp (Hrsg.): Cloppenburg 1985

Edgar Papp fungierte seinerzeit als Beauftragter der Verwaltungskommission Vechta für Presse- und Öffentlichkeitsarbeit, ich war sein Stellvertreter. Später übernahm Hermann von Laer die ehrenamtlich ausgeübte Funktion des Presse- und Öffentlichkeitsbeauftragten, bis sie dann im Zuge der Verselbstständigung der Hochschule Vechta nach der Trennung von Osnabrück „professionalisiert" wurde.

neben dem Moderator Kurt Reumann als Repräsentanten kleinerer Universitätsstandorte Theo Kreutzkamp (Rektor der Hochschule Hildesheim), Nikolaus Lobkowicz (Präsident der Katholischen Universität Eichstätt), Jürgen Oelkers (Rektor der Hochschule Lüneburg) sowie Dieter Maass als Präsident der Universität Kaiserslautern, die vormals mit Trier wie jetzt Osnabrück und Vechta an einem Doppelstandort angesiedelt war. Am Ende der Diskussion, die mitgeschnitten, protokolliert und als Sonderheft 1 der neu gegründeten Reihe der „Vechtaer Universitätsschriften" veröffentlicht wurde, verabschiedete sich Reumann mit folgenden Worten:

„Ich selbst habe aus dieser Diskussion zwei Anregungen gewonnen: Erstens: Mein Vorurteil, dass die Lehrerbildung in Niedersachsen konzentriert werden müsste, ist nicht beseitigt, sondern bestärkt worden. Wenn Sie sagen: ‚Hierher nach Vechta', dagegen ist ja vielleicht nichts einzuwenden. Das Zweite: Was ich hier mit Vergnügen erlebt habe, ist die Erfahrung, wie gut man an einer kleinen Universität diskutieren kann, und dafür möchte ich Ihnen danken."[3]

Das zeugt zwar nicht von einem radikalen Gesinnungswandel gegenüber der Universität in Vechta und ist sicher auch der Höflichkeit des Gastes geschuldet – es ist aber festzustellen, dass in der „Frankfurter Allgemeinen Zeitung" keine weiteren Artikel erschienen sind, in denen Redakteure die Schließung des Standortes nahegelegt hätten. Wenige Tage nach der Veranstaltung (am 24. Juli 1984) erschien aus Kurt Reumanns Feder unter der Überschrift „Vechta möchte nicht mehr nur Lehrer ausbilden" ein neutraler Bericht, in dem Linkes Wünsche für die Zukunft Vechtas wiedergegeben sind:

„Vechta möchte nicht nur Lehrer ausbilden
Reu. VECHTA, 23. Juli. Zehn Jahre gehört die frühere Lehrerbildungsanstalt Vechta nun als Abteilung Vechta zur Universität Osnabrück. Bei der Zehn-Jahres-Feier der Eingliederung sagte der Vorsitzende der Verwaltungskommission der Abteilung, Professor Linke, wenn er, wie im Märchen, drei Wünsche frei hätte, brauchte er nicht lange zu überlegen. Linke erinnerte an die katholische Tradition der vor 155 Jahren

---

[3] Ebd., S. 46.

gegründeten Lehrerbildungsanstalt Vechta. Sein erster Wunsch sei daher, dass das Konkordat (der Vertrag zwischen der katholischen Kirche und dem Lande Niedersachsen) endlich erfüllt werde. Darin stehe, dass die katholische Theologie am Standort Vechta – und das sei seines Wissens der nördlichste Standort für katholische Theologie überhaupt – einen Schwerpunkt bilden solle. In Vechta, so wünschte Linke, wären daher nicht nur Lehrer auszubilden; vielmehr müsste dort ein theologisches Forschungsinstitut entstehen, das von der ganzen Abteilung mitgetragen und von anderen geisteswissenschaftlichen Bereichen unterstützt werde.

Der zweite Wunsch wäre, dass die Hochschulen in Niedersachsen nicht von der Weiterbildung der Lehrer abgeschottet werden. Niedersachsen habe ein eigenes Landesinstitut für die Weiterbildung errichtet, und das sei ein schwerer Fehler gewesen. Weiterbildende Studiengänge brauchten die Hochschulen, zum Beispiel für die Ausbildung von Lehrern für die Dritte Welt und von Lehrern aus der Dritten Welt. Damit hänge auch sein dritter Wunsch zusammen, erläuterte Linke: die Einrichtung von Aufbaustudiengängen. Die Hochschulen oder Hochschulabteilungen, die sich auf die Ausbildung von Lehrern konzentrieren, leiden nicht nur in Niedersachsen unter dem drastischen Rückgang der Zahl der Lehrerstudenten."

KLEINE HOCHSCHULE(N)

Die Frage nach „Struktur, Funktion und Chancen kleiner Hochschulen im europäischen Vergleich" war im April 1994 Thema einer hochschulpolitischen Tagung in Vechta, die von Achim Kuropka maßgeblich konzipiert und organisiert wurde. Der Teilnehmerkreis war bedeutend größer als bei der Diskussionsrunde zehn Jahre zuvor. Es war in der Zwischenzeit ja auch einiges geschehen. Die Teilung Europas in „den Westen" und die Ostblockstaaten war Ende der achtziger, Anfang der neunziger Jahre überwunden, und so konnten Teilnehmer aus Westeuropa (Frankreich, Irland, England), aus dem östlichen Mitteleuropa sowie aus Osteuropa (Lettland, Tschechische Republik, Ungarn, Rumänien, Ukraine, Weißrussland, Polen) gleichermaßen eingeladen werden. Hinzu kamen Vertreter aus ganz Deutschland, darunter natürlich zahlreiche aus Vechta. Sie arbeiteten in unterschiedlichen Sektionen, informierten einander über die Eigenheiten ihrer Hochschulen, der Studienorganisation an ihren Orten und der Hochschulpolitik ihrer Länder und suchten nach Möglichkeiten weiterer Zusammenarbeit. Gefragt nach den Kosten einer solchen Tagung, nannte Achim einen Betrag von etwa 30.000 DM (knapp 15.000 Euro) und setzte, wie im Band mit den Tagungsberichten nachzulesen ist, hinzu: „Dabei ist die Organisations- und Durchführungsarbeit gegenüber der Finanzierung das geringere Problem."[4] Letztere war von ihm, einem Meister im Einwerben von Zuschüssen, worüber auch in Hirschfelds Biographie berichtet wird, bewerkstelligt worden. Der Tagungsband ist übrigens nach der Herauslösung Vechtas aus der Universität Osnabrück erschienen, als die 1995 neu geschaffene Institution den Namen „Hochschule Vechta" erhalten hatte. Dazu später mehr. Achim war bei der Organisations- und Durchführungsarbeit von Dr. Helmut Gross unterstützt worden, dem langjährigen ehrenamtlich tätigen Beauftragten für das Akademische Auslandsamt Vechtas. Auch diese Funktion wurde in der neuen Hochschule professionalisiert, personell erheblich ausgebaut und das „Auslandsamt" namensmäßig zu „International Office" modernisiert.

Die Erfahrung, die wir mit Gästen machen konnten, die die Universitätseinrichtung mit eigenen Augen wahrgenommen hatten – die Neubauten mit Bibliothek, Mensa und Seminargebäude, aber auch die gepflegten Altbauten –, die die Atmosphäre des engen Umgangs des Lehrkörpers mit den Studenten gespürt hatten, ermunterten uns dazu, viele solcher auswärtigen Gäste zu uns einzuladen und kleinere oder größere Tagungen und Symposien zu organisieren. Umgekehrt suchten wir den Kontakt nach außen, besonders auch nach der Grenzöffnung nach Osten. Achim, Hermann von Laer, Bernd Ulrich Hucker, Klaus Bartels und andere fuhren nach Polen, Lettland, Ungarn, anfangs auch in die ehemalige DDR und versorgten Bibliotheken mit benötigter Literatur oder anderen Einrichtungsgegenständen. Aber auch im Inland nahmen wir die Gelegenheit zu Kongressbesuchen mit Vorträgen wahr und

---

[4] In: Helmut Gross/Joachim Kuropka (Hrsg.): Europas kleine Hochschulen. Struktur, Funktion und Chancen kleiner Hochschulen im europäischen Vergleich. (Vechtaer Universitätsschriften. Band 17) Münster 1997, S. 223.

Helmut Gross, Joachim Kuropka (Hrsg.)

Europas kleine Hochschulen

Struktur, Funktion und Chancen im europäischen Vergleich

Mit Beiträgen von

Mel Bradshaw, Winfried Bruns, Ferenc Farkas, Marcel Grandière, Helmut Gross, Alwin Hanschmidt, Aivars Kehris, Stefan Jan Kowalski, Wilfried Kürschner, Joachim Kuropka, Bernhard Linke, Wilfried Lippitz, Helmut Meyer, Edgar Papp, Oldrich Richterek, Hansgerd Schulte, Klaus von Trotha, Hans-Wilhelm Windhorst

LIT

Münster 1997, 303 Seiten

boten für die Region im Oldenburger Münsterland bis hinein ins Emsland ein Vortragsprogramm an, das rege in Anspruch genommen wurde.

Kehren wir noch einmal nach 1983 bzw. 1984 zurück, als die „FAZ" Vechta zu einem Beispiel für einen aufzugebenden Hochschulstandort erklärt hatte. Danach gab es einige weitere, durchaus auch kritische Artikel in überregionalen Zeitungen,[5] aber keiner reichte an Häme an die Geschichte im „Spiegel" vom 28. Januar 1991 heran. Schon die Überschrift sagt eigentlich alles: „Spuk im Schweineland". Alles, was an Vorurteilen aufzubringen ist, wird angeführt. Die „Mini-Universität", die „Mini-Hochschule", die „Zwerg-Uni", das „Universitätchen", das „Kuriosum in der bundesdeutschen Hochschullandschaft" sei „mitten im sogenannten Schweinegürtel", „in einer Region gelegen, die sonst allenfalls durch Massentierhaltung in Schweinefarmen und stinkende Güllefelder von sich reden macht"[6]. Dann der Katholizismus. Zwar wird korrekt dargestellt, „der Bestand der Uni" sei „1965 in einem Konkordat zwischen der niedersächsischen Landesregierung und dem Heiligen Stuhl garantiert worden, um die Ausbildung katholischer Religionslehrer für die Region sicherzustellen", doch fehlt die Angabe, dass seinerzeit der konfessionelle Charakter der Hochschule aufgegeben wurde, an der zuvor nur katholische Volksschullehrer ausgebildet wurden. Gegen Ende des Artikels wird ein anonymer Kommentator erwähnt, der spöttisch vorschlage, das „Spukgebilde" in „eine Hostienversuchsbäckerei" umzuwandeln. Nunmehr müsse die neue rot-grüne Landesregierung unter Gerhard Schröder über die Stilllegung Vechtas entscheiden. Als Hauptgrund werden die niedrigen Studentenzahlen – „in den letzten Jahren nur zwischen 650 und 870 Studenten" – genannt.

---

[5]   Zum Beispiel in der „Süddeutschen Zeitung" vom 6./7. Februar 1988 „Auf Sparflamme vegetieren. Universität Vechta: Schließung aufgeschoben" von Axel Hacke.

[6]   Wohl eine Reminiszenz an die innerhalb der Fernsehserie „Unter deutschen Dächern" von Radio Bremen 1984 ausgestrahlte Folge „Und ewig stinken die Felder". Sein Inhalt wurde im „Spiegel" vom 3. April 1984 wie folgt beschrieben: „Millionen Hühner, Zigtausende von Schweinen, Maisdschungel und Jauchelagunen haben die südoldenburgische Landwirtschaft in eine riesige Latrine verwandelt. Film von Nina Kleinschmidt und Wolf-Michael Eimler."

Für die Schließung habe bereits 1987 der Wissenschaftsrat plädiert, und 1990 sei die niedersächsische Hochschulstrukturkommission zum gleichen Ergebnis gekommen: „Eine ‚pädagogisch sinnvolle Ausbildung‘, so ihr Urteil, sei an einer Universität dieser Größenordnung nicht möglich."

Aber die „Zwerg-Uni [...] wehrt sich vehement gegen das Aus". Zitiert werden zwei Stellungnahmen: „Die Schließung, formuliert der Dekan des Fachbereichs Sozial- und Kulturwissenschaften, Joachim Kuropka, wäre eine ‚kulturelle Entleerung des ländlichen Raumes‘. Und Uni-Sprecher Hermann von Laer sieht gar einen ‚Anschlag auf die gesamte Region‘." Süffisant heißt es weiter: „Deshalb wird jetzt höchster Beistand erfleht. Der Papst in Rom soll dafür sorgen, dass seinen Schäfchen in den katholischen Enklaven Cloppenburg und Vechta die Universität nicht genommen wird." Die Schließungsgegner liefen, so wird ein Sprecher des Wissenschaftsministeriums zitiert, dem „Stellvertreter des Heiligen Vaters auf dem platten Oldenburger Münsterland [...] Reinhard Lettmann, Bischof in Münster [...], jetzt die Tür ein‘". All das ist richtig beobachtet, aber unvollständig, wie Achim Kuropka in einem an den „Spiegel" gerichteten Leserbrief sarkastisch darlegt:

„Pendelverkehr zum Bischof in Münster

Leider sind Ihrem solide recherchierenden Mitarbeiter einige wichtige Gegebenheiten in Vechta entgangen:

Jeder Student wird an der Universität in Vechta während seines Studiums zwölfmal mit schwarzer Brühe benetzt, bis er wirklich ganz schwarz durchtränkt ist. Zum Bischof nach Münster ist ein Pendelverkehr mit Treckern eingerichtet, derzeit wird überlegt, ob dies nicht auch auf die Strecke Vechta – Rom ausgeweitet werden soll. Gegen das ‚Spukgebilde‘ ist ein Exorzismus in Vorbereitung.

Prof. Dr. J. Kuropka"

Dieser Text ist im „Spiegel" nie abgedruckt worden, ebenso wenig die vielen anderen, die an die Redaktion gerichtet wurden. Ein Teil von ihnen wurde am 22. Februar 1991 in der „Oldenburgischen Volkszeitung" wiedergegeben, darunter eben auch dieser von Achim und weiteren aus dem Kreis derer, die sich zusammenfanden, um gemeinsam zu

überlegen, was man der nun ernsthaft drohenden Schließung entgegen-
setzen könnte. Dazu gehörten neben Achim Kuropka Volker Schulz,
Hermann von Laer und Hans-Wilhelm Windhorst. Windhorst war ein
Jahr zuvor, am 31. Januar 1990, zum Vizepräsidenten für die jetzt zum
„Standort Vechta" umbenannte Abteilung Vechta der Universität Osnabrück gewählt worden. Eine Novelle des Niedersächsischen Hochschulgesetzes hatte im Mai 1989 zu einer Statusverbesserung Vechtas
geführt und dem Standort eine weitergehende Autonomie eingeräumt.
Unter anderem nahm der Vechtaer Vizepräsident in Selbstverwaltungs-
angelegenheiten die Aufgaben des Präsidenten wahr. Wir trafen uns
nach seinem Amtsantritt wöchentlich zur sogenannten „Montagsrunde", ließen uns von ihm über die Entwicklungen informieren und
berieten, was zu tun sei.

Mit dem Ende seiner Amtzeit und dem Amtsantritt des Rektors der
nun von der Universität Osnabrück getrennten selbstständigen „Hochschule Vechta" ging die Montagsrunde zu Ende. Jürgen Howe, der
„Gründungsrektor", wie er sich gern nannte, hatte sich zuvor ebenfalls
zur Montagsrunde eingefunden, in der, als die Frage akut wurde, auch
überlegt wurde, wer das neue Amt des Rektors übernehmen solle. Als
es aber zur Wahl kam, trat er gegen den in der Runde einvernehmlich
„ausgeguckten" Kandidaten an und gewann. An einer Fortführung der
Montagsrunde war er nicht interessiert. Uns schien es aber sinnvoll und
notwendig, den Diskussionskreis weiterzuführen, besonders als die Ei-
genwilligkeiten des Amtsverständnisses des neuen Rektors deutlich
wurden und auch die Aktivitäten des neu installierten Hochschulrates
nach kritischer Begleitung riefen. So trafen wir uns dann dienstag-
abends reihum in privaten Räumen, da uns die Räume in der Universität
zu unsicher erschienen. Aus dieser „Dienstagsrunde" ging 1996 das
„Forum Universität Vechta" hervor, das sich auflöste, als die Hochschule nach dem erzwungenen Amtsende von Jürgen Howe in ruhigeres
Fahrwasser geriet. Näheres dazu weiter unten.

,SEPARATISTEN' UND ,UNIONISTEN'

Ich greife dem Geschehen damit weit voraus und kehre noch einmal
in den Januar 1991 zurück, in dem besagter „Spiegel"-Artikel erschienen war. Er triefte ja nicht nur von Häme, sondern enthielt auch einige

zutreffende Informationen. Wie erwähnt, hatte die neue Regierung unter Gerhard Schröder den Beschluss gefasst, die Universitätseinrichtung in Vechta zu schließen. Noch war aber nicht klar, was an seine Stelle treten und was mit den vorhandenen Einrichtungen, besonders auch mit dem Personal geschehen sollte: Forschungsinstitute im agrarischen Bereich, Umwandlung in eine Fachhochschule und was der Überlegungen mehr waren. Der (Gesamt-)Senat der Universität Osnabrück und der Vechtaer Senat hatten unterschiedliche Vorstellungen entwickelt, ja von Osnabrücker Seite war sogar die Schließung Vechtas und die Verlagerung der Lehramtsfächer nach Osnabrück ins Spiel gebracht worden.

Aber auch in Vechta gab es unterschiedliche Ansichten. Da war zum einen die Fraktion der Selbstständigkeitsverfechter, der „Separatisten", das hieß Auflösung der unglücklichen Zwangsehe mit Osnabrück (eben war schon von einigen von ihnen die Rede). Ihnen gegenüber standen die Befürworter des Zusammenbleibens. Diese Gruppe der „Unionisten" artikulierte sich in der „Erklärung von 37 Hochschullehrerinnen und Hochschullehrern", die unter der Überschrift „„Verbleiben bei der Universität Osnabrück ist einer selbständigen „Miniuniversität" vorzuziehen'" am 20. Dezember 1986 in der „Oldenburgischen Volkszeitung" im Wortlaut abgedruckt wurde. Zur erstgenannten Gruppe gehörten in erster Linie solche, die in Gremien wie dem Senat, dem Konzil und in gemeinsamen Kommissionen Erfahrungen mit der Universitätsleitung (zuerst mit dem Präsidenten Manfred Horstmann, später Rainer Künzel) und mit Kollegen vom Standort Osnabrück gemacht hatten. Diese waren natürlich nicht alle negativ, und es gab auf wissenschaftlicher Ebene standortübergreifende Zusammenarbeit (wie etwa im Arbeitskreis Frühe Neuzeit[7]), aber sobald es im Sachmittel- und Personalbereich zu Verteilungskämpfen kam, hatte die Osnabrücker Seite die Oberhand und fasste immer wieder Beschlüsse zuungunsten Vechtas, die dann vom Ministerium getreulich ausgeführt wurden.

---

[7] Vgl. „Zwischen Renaissance und Aufklärung. Beiträge der interdisziplinären Arbeitsgruppe Frühe Neuzeit der Universität Osnabrück/Vechta". Herausgegeben von Klaus Garber und Wilfried Kürschner unter Mitwirkung von Sabine Siebert-Nemann, Amsterdam 1988.

„OSNABRÜCKER LANDRECHT“

Es kam sogar zu einer gerichtlichen Auseinandersetzung, an der
Achim Kuropka, Hans-Wilhelm Windhorst und ich beteiligt waren.
Darüber berichtete der Chefredakteur der „Oldenburgischen Volkszeitung“, Cornelius Riewerts, in einem ausführlichen Artikel am 14. Januar 1989 unter der Überschrift „Ein universitäres Drama in acht Akten. Osnabrücker Landrecht: Bauchlandung vor Gericht“. Es ging um
die Wahl zur standortübergreifenden Gemeinsamen Kommission für
Lehrerausbildung (GKL) am 7. Mai 1987. Aufgrund der unterschied-
lich hohen Wahlbeteiligung am jeweiligen Standort hatte das Ergebnis
zu einem Übergewicht der Vechtaer Stimmen in der Kommission geführt. Die Wahl wurde für ungültig erklärt und eine Neuwahl angesetzt.
Begründet wurde dies vom Osnabrücker Kanzler Klaus Volle damit,
dass in einem der beteiligten Osnabrücker Fachbereiche die Wahlbe-
nachrichtigung nicht zufriedenstellend erfolgt sei. Wir drei Vechtaer
zogen am 3. Juli 1987 gegen die Neuansetzung der Wahl vor das Verwaltungsgericht Oldenburg (3. Kammer mit Sitz in Osnabrück) und be-
antragten den Erlass einer einstweiligen Anordnung gegen den Nach-
wahlbeschluss mit dem Ziel, die Wahl vom 7. Mai für gültig erklären
zu lassen. Die Nachwahl wurde für den 15. Juli angesetzt. Dagegen er-
hoben wir auf Anraten des Gerichts Anfechtungsklage und erhielten
Recht – allerdings wurde der zuständige Kanzler davon erst sieben Minuten nach Öffnung der Wahllokale in Kenntnis gesetzt, sodass er den
Wahlvorgang nicht abbrach, sondern lediglich anordnete, die Wahlur-
nen zu versiegeln und die Auszählung der Ergebnisse vorerst zu unterlassen. Einige Monate später, am 15. Dezember 1987, fand vor dem
Verwaltungsgericht in Osnabrück die mündliche Verhandlung statt.
Dort bestand Kanzler Volle unter anderem, wie es in dem „OV“-Artikel
heißt, „massiv auf der Ungültigkeit der Wahl vom 7. Mai: Bliebe sie
gültig, so würde das schwere Konflikte im Senat nach sich ziehen, weil
ja das Wahlergebnis nicht die Realitäten in der Universität wieder-
gebe“.[8] Nach dieser Erklärung zog sich das Gericht nach meiner Erinnerung zur Beratung zurück und verkündete kurz darauf sein Urteil: Die

---

[8]   Dieser Darstellung hat Volle in seiner „Gegendarstellung“ zu Riewerts' Artikel in der
       „Oldenburgischen Volkszeitung“ am 26. Januar 1989 nicht widersprochen.

drei Vechtaer bekommen Recht. Lakonisch bemerkt Riewerts in seinem Schlusssatz: „Prof. Wilfried Kürschner wird wenig später zum Vorsitzenden der GKL gewählt" – und blieb in dieser Position für zwei arbeitsreiche Jahre, in denen für die Lehramtsfächer an beiden Standorten Studienordnungen und -pläne verabschiedet werden mussten.

Diese Episode mag einen Eindruck vom konfliktbeladenen Verhältnis der beiden Standorte geben und ein wenig Verständnis dafür wecken, warum sich bei Achim Kuropka, Hans-Wilhelm Windhorst, Hermann von Laer und mir die Überzeugung verstärkte, dass Vechta besser selbstständig oder wenigstens mit verstärkter Binnenautonomie bedient wäre. Dass dann nicht eitel Freude und Friede herrschen würde, sollten wir ab 1995, als die Abteilung bzw. der Standort Vechta der Universität Osnabrück als „Hochschule Vechta" die Selbstständigkeit erlangt hatte, zu spüren bekommen. Doch bis dahin war noch ein langer beschwerlicher Weg zurückzulegen, der nicht allein aus der Universität in Vechta heraus beschritten werden konnte. In dem erwähnten „Spiegel"-Artikel von 1991 werden einige Wegbegleiter genannt:

„Eine Initiative ‚Pro Uni' sammelte inzwischen rund 10.000 Unterschriften, und in den örtlichen Zeitungen melden sich ständig neue Kämpfer für die Mini-Uni. Schon weist der Deutsche Gewerkschaftsbund auf die ‚überragende Bedeutung' der Bibliothek hin und sieht bei einer Schließung sogar den Immobilienmarkt in Vechta in Gefahr. Die Kaufleute vor Ort legen sich ebenso für die Uni ins Zeug wie der örtliche Heimatbund"[9].

Dies geschah unter dem Eindruck, dass die neue rot-grüne Landesregierung, die 1990 die Vechta günstiger gesonnene CDU-Regierung unter Ernst Albrecht abgelöst hatte, wie im Wahlkampf angekündigt die Schließung der Universität beschlossen hatte und dies in Gestalt der Wissenschaftsministerin Helga Schuchardt und des Ministerpräsidenten Gerhard Schröder im Januar bzw. April 1991 an Ort und Stelle vor großem, empörtem Publikum – Lehrkörper, Studenten, Angestellte – in

---

[9] Gemeint ist der Heimatbund für das Oldenburger Münsterland mit Sitz in Cloppenburg.

der Großen Aula verkündete. Wie weit die Landesregierung die mitent-
scheidende Rolle der katholischen Kirche als Partner des Konkordats,
in dem Vechta ja als Ort der Ausbildung katholischer Religionslehrer
auf allen Schulstufen festgeschrieben war, bedacht hatte, ist mir nicht
bekannt.[10] Vielleicht hatte sie die Meinung eines kirchlichen Repräsentanten gehört, der im „Spiegel"-Artikel so zitiert wird: „‚Einen Riesen-
streit' mit der Kirche, glaubt Hans Reis vom Katholischen Büro in Hannover, werde es dabei nicht geben. Denn, so hat der Kirchenjurist er-
kannt: ‚Die Studenten nehmen den Ort ja nicht so an.'" Hans Reis sollte
nicht Recht behalten.

„PRO UNI – EINE BÜRGERINITIATIVE FÜR DIE UNIVERSITÄT IN VECHTA"

Als im „Spiegel" über die Initiative „Pro Uni" mit ihren damals über
10.000 Unterschriften von Unterstützern – am Ende waren es weit über
20.000 – berichtet wird, ist sie gerade einmal ein halbes Jahr alt. Über
ihre Gründung berichtet Frank Käthler in der von ihm erarbeiteten Dokumentation „Vier Jahre Bürgerinitiative PRO UNI: Rückblick und
Ausblick"[11] Folgendes:

*„Es war der Nachmittag des 25. Juli 1990, als der Vechtaer Historiker
Prof. Dr. Kuropka gemeinsam mit OV-Chefredakteur Riewerts die be-
drohliche Lage des Universitätsstandortes Vechta erörterte. Beide
stimmten darin überein, dass jetzt der Zeitpunkt gekommen war, die Bevölkerung für den Erhalt der Einrichtung zu mobilisieren und eine Bürgerinitiative zu gründen.*
*Schnell war ein programmatischer Name für die Initiative gefunden:
PRO UNI.*
*Nur drei Tage später, eine Reihe prominenter Mitglieder war der Bür-
gerinitiative sofort beigetreten, wurde in der Presse eine ganzseitige
Anzeige veröffentlicht, in der alle Leser aufgefordert wurden, sich in*

---

[10] Einzelne Teilnehmer einer Nachbesprechung mit Schröder erinnern sich, dass dieser,
      auf die Wichtigkeit des Konkordats zwischen dem Land und dem Heiligen Stuhl an-
      gesprochen, lächelnd erwidert habe, damit werde er schon fertig werden.
[11] Hektografierte Broschüre, unveröffentlicht.

Juli 1990: Plakat zur Gründung der Bürgerinitiative „Pro Uni" (aus den Beständen des Universitätsarchivs Vechta, abgebildet in: Im Anfang war Fürstenberg [wie Anm. 1], S. 218)

*der jungen Initiative zu engagieren. Kurze Zeit nach dieser Geburts-
stunde hatte PRO UNI bereits 300 Mitglieder, und im Oktober 1990
konstituierten sich unter dem Vorsitz des Friesoyther Kaufmannes Gert
Stuke Vorstand und Beirat der Bürgerinitiative.
Im Januar 1991 wurde Frank Käthler zum hauptamtlichen Geschäftsführer bei pro Uni bestellt. "* (S. 5–6)

*Demonstration für den Erhalt der Universität in Vechta am
10. Januar 1991 in Hannover. Foto: Wilfried Kürschner*

Als Erstes berichtet Käthler über eine Demonstration, zu der am
10. Januar 1991 300 Studenten des Universitätsstandortes aufbrachen,
„um ihren Unmut und ihre Entrüstung über die von der Landesregierung beabsichtigte Schließung der ‚Universität im Grünen‘ zum Ausdruck zu bringen". Hinzuzufügen wäre, dass sie von einigen Angestell-
ten und Lehrenden begleitet wurden, darunter auch Joachim Kuropka,
Hermann von Laer und Hans-Wilhelm Windthorst, wie die Fotos zeigen, die ich damals aufgenommen habe.

Demonstration für den Erhalt der Universität in Vechta am 10. Januar 1991: Hermann von Laer (unten rechts) hält einer Studentin ein Mikrofon an die Trillerpfeife. Fotos: Wilfried Kürschner

Käthlers „Rückblick und Ausblick" reicht bis in das Jahr 1994, bis zum Ende der Verhandlungen zwischen dem Land Niedersachsen und dem Heiligen Stuhl. Gegenstand war die Anpassung des 1965er Konkordats, von dem oben bereits die Rede war, mit dem möglichen Ziel einer Verselbstständigung des Standortes Vechta der Universität Osnabrück. In den Abschnitten dazwischen stellt Käthler Positionen und Forderungen der Bürgerinitiative vor Beginn der Konkordatsverhandlungen sowie ihre Position in der Verhandlungsphase dar. Mit der gebotenen Diskretion schildert er die Schritte, die unternommen wurden, um die drohende Schließung abzuwenden. Wie weit und wo sich Achim Kuropka hier einbrachte, wird im Einzelnen nicht dargestellt, aber sein Anteil sollte nicht unterschätzt werden. Er sprach darüber nach meiner Erinnerung auch im vertrauten Kreise nur selten und brüstete sich nicht mit seinen Kontakten, zu denen er aufgrund seiner Zugehörigkeit zur CDU und als bekennender Katholik Zugang hatte. In Erinnerung habe ich einen von ihm in die Wege geleiteten Besuch beim Münsteraner Bischof Reinhard Lettmann, bei dem wir ihm unsere Position erläutern konnten und Ermutigung erhielten.[12]

Die wesentlichen Schritte der Verhandlungen notiert Käthler wie folgt:

„Im Februar 1993 verdichteten sich Gerüchte, denen zufolge das Land in den Gesprächen mit der katholischen Kirche von einer Schließung des Universitätsstandortes Vechta Abstand nehmen wolle. Vechta solle selbstständig und ausgebaut werden, Studiengänge im sozialen und kulturellen Bereich sollten neu eingerichtet werden, so die Informationen." (S. 17)

Was schließlich vereinbart und am 29. Oktober 1993 in Vertragsform samt Durchführungsvereinbarung (und am 12. Juli 1994 in Geset-

---

[12] Kirchenrechtlich ist für Vechta das Bistum Münster zuständig (mit einem in Vechta ansässigen Offizial für den oldenburgischen Teil des Bistums), nicht, wie man aufgrund der geografischen Lage annehmen könnte, das Bistum Osnabrück. – Hermann von Laer hat eine kolportierte Anekdote in Erinnerung, wonach auch die Wissenschaftsministerin Schuchardt zu Besuch bei Bischof Lettmann gewesen sei. Der habe sie lange in einem karg eingerichteten Raum ohne Sitzgelegenheit warten lassen, bevor sie vorgelassen wurde.

zesform) gegossen wurde, beschreibt Käthler im Abschnitt „Verhandlungsergebnisse" derart konzis und präzise, dass sie hier in Gänze (mit kleineren redaktionellen Anpassungen) wiedergegeben werden sollen:

„Festgelegt wurde, dass der heutige Standort Vechta der Universität Osnabrück zukünftig im Niedersächsischen Hochschulgesetz als ‚Hochschule Vechta' geführt wird.

Zugleich ist der Hochschule eine weitgehende Finanzautonomie eingeräumt worden.

Wohl einmalig und von besonderer Bedeutung ist die Regelung, dass in Vechta ein aus dreizehn Mitgliedern bestehender Hochschulrat gebildet werden wird, dessen Mitglieder vom Ministerium für die Dauer von fünf Jahren berufen werden, wobei je drei der Mitglieder von der katholischen Kirche und dem Senat der Hochschule und sieben vom Land Niedersachsen vorgeschlagen werden. Vertreter der Region sollen dabei berücksichtigt werden.

Die erstmalige Berufung der Mitglieder des Hochschulrats erfolgt durch den Ministerpräsidenten.

Weiter wurde festgelegt, dass die von der Hochschule zu benennenden Vertreter nicht Mitglieder der Einrichtung sein dürfen, die Leitung der Hochschule, die Frauenbeauftragte sowie eine Vertretung der Studentenschaft jedoch berechtigt sind, an den Sitzungen des Hochschulrates mit beratender Stimme teilzunehmen, und verlangen können, dass eine Angelegenheit durch den Hochschulrat erneut beraten wird.

Der Hochschulrat selbst soll im Besonderen an der Entwicklung der Hochschule und an der Studienreform mitwirken. Auch bedürfen die Vorschläge der Hochschule zur Widmung von Professorenstellen der Zustimmung des Hochschulrats. Überdies kommt dem Gremium eine weitreichende Aufsichtsfunktion zu, lediglich in besonderen Wirtschafts- und Haushaltsfragen bleibt das Wissenschaftsministerium zuständig.

Schließlich wird der Senat der Hochschule in den ersten fünf Jahren der Selbstständigkeit der Einrichtung Rechte an den Hochschulrat verlieren. Eingeschränkt wird die Tragweite dieser Regelung dadurch, dass der Hochschulrat vor einer Beschlussfassung den Senat zu hören hat.

Der Studiengang für das Lehramt an Gymnasien wird, wie sich bereits seit längerem abzeichnete, mit Ablauf des Wintersemesters 1994/95 aufgehoben." (S. 23/24)

Zu diesen Vertragsregelungen trat eine Durchführungsvereinbarung, deren Bestimmungen wieder nach Käthler zitiert seien. Es wurde festgelegt,

„dass die Studiengänge für das Lehramt an Grund- und Hauptschulen, für das Lehramt an Realschulen sowie der Diplomstudiengang Pädagogik erhalten bleiben. Für die Lehramtsstudiengänge muss sichergestellt werden, dass alle wichtigen Fächer (mindestens zwölf) und Fächerkombinationen angeboten werden; es sind dies die Fächer Deutsch, Mathematik, Sachunterricht und katholische Religion, die so auszustatten sind, dass auch die Förderung und Heranbildung wissenschaftlichen Nachwuchses gewährleistet ist, ferner die Fächer Geschichte, Englisch und Sport sowie der musische Bereich, darunter in jedem Fall die Fächer Musik und Kunst. Die natur- und sozialwissenschaftlichen Fächer sind so auszustatten, dass die Zubringerfunktion für den Sachunterricht (sogenannte Bezugsfächer) sichergestellt ist.

Neben diesem eindeutigen Schwerpunkt in der Lehrerausbildung soll das Studienangebot der Hochschule in Vechta ausgebaut werden. Ermöglicht werden soll eine Entwicklung und Differenzierung des Studienangebots, insbesondere durch den Aufbau neuer wissenschaftlicher Studiengänge sowie einer eigenen Verwaltung, mindestens im Umfang von 48 Stellen mit entsprechenden Sachmitteln. Die erforderlichen Mittel werden aus den freiwerdenden Stellen der Gymnasiallehrerausbildung und sonstigen Stellenabgängen, soweit diese für die Lehrerausbildung entbehrlich sind, finanziert.

Des Weiteren wird zur Finanzierung dieser Stellen ein Prämienmodell herangezogen. Der Hochschule werden – ausgehend von einer Basis von 1000 Studierenden – 2500 DM für jeden weiteren Studierenden innerhalb der Regelstudienzeit gutgeschrieben. Dieser Betrag wird um 1000 DM für jede im vorangegangenen Jahr abgelegte Abschlussprüfung und noch einmal um 1000 DM erhöht, wenn die Abschlussprüfung innerhalb der Förderungshöchstdauer nach dem Bundesausbildungsförderungsgesetz (BAföG) abgelegt wurde. Allerdings kommen diese

Prämien nur indirekt der Hochschule zugute, weil sie zur Finanzierung der 48 neuen Stellen herangezogen werden. Dieses Gesamtfinanzierungsmodell gilt für einen Zeitraum von 10 Jahren.

Schließlich war die Bezeichnung ‚Hochschule Vechta‘ zwischen den Vertragspartnern umstritten. Während der Ministerpräsident erklärte, das Land beabsichtige, der Hochschule in Vechta den Namen ‚Maximilian-Kolbe-Hochschule‘ zu verleihen, vertrat der Apostolische Nuntius die Auffassung, dass die Voraussetzungen dafür, der Hochschule in Vechta die Bezeichnung ‚Universität‘ zu verleihen, vom Tag ihrer Selbständigkeit an gegeben wären.

Nunmehr wird die Landesregierung in angemessener Frist die Bezeichnung der Hochschule erneut prüfen und dem Apostolischen Nuntius spätestens in 3 Jahren Gespräche mit dem Ziele anbieten, diese Frage einvernehmlich zu lösen." (S. 25–27)

Soweit die Darstellung in der von Frank Käthler 1994 erarbeiteten Broschüre. Am 4. April 2000 meldete die „Oldenburgische Volkszeitung", dass „Lohnes Stadtdirektor Hans Georg Niesel den Vorsitz der einst als Bürgerinitiative für den Erhalt der Universität Vechta gegründeten Organisation ‚Pro Uni‘ übernehmen" werde. „Die Konstituierung als Verein und die Wahl des neuen Vorsitzenden (bisher Gert Stuke) erfolgt am 4. April." Der Verein bestand bis zum 29. Oktober 2010 fort und löste sich auf, weil, wie es in der „Rundschau am Mittwoch" vom 30. März 2011 hieß, er mit der Umbenennung der „Hochschule Vechta" in „Universität Vechta" sein Ziel erreicht habe. Niesel erinnerte daran, dass die Initiative mehr als 25.000 Unterschriften für den Erhalt der Hochschule gesammelt und sie dem damaligen niedersächsischen Ministerpräsidenten Gerhard Schröder (SPD) vorgelegt habe: „Gepaart mit dem Engagement der katholischen Kirche gab die Landesregierung nach und hielt an der Hochschule Vechta fest." Die sechzig Aktenordner mit den Dokumenten des „Kampfes für die Uni Vechta" wurden dem Heimatbund für das Oldenburger Münsterland übergeben. „Aber noch ist die Sammlung nicht vollständig. Der ehemalige Geschäftsführer von ‚Pro Uni‘, Hermann Baro, wird noch eine geschichtliche Ausarbeitung zur Initiative zum Abschluss bringen." Dazu scheint es nicht mehr gekommen zu sein.

„HOCHSCHULE VECHTA" UND HOCHSCHULRAT VECHTA

Die Ergebnisse der Konkordatsverhandlungen stießen in Vechta auf unterschiedliche Resonanz. Grundsätzlich herrschte Erleichterung über den Fortbestand der Hochschule, wenn auch eingewendet wurde, dass der Fortfall der Gymnasialstudiengänge die Institution auf das Niveau der früheren Pädagogischen Hochschule zurücksinken lasse. Insbesondere wurde der Verlust des Faches Latein bedauert, das ja mit Mühen nach Vechta geholt worden war und als klassisches Gymnasialfach den Ruf und Anspruch Vechtas erhöht hatte.

Besonders auch der verordnete Name – vom Zusatz „Maximilian Kolbe" wurde abgesehen – erfuhr viel Kritik. Zwar brachte die CDU-Landtagsfraktion im Zuge der Beratungen über das Gesetz zum Konkordatsvertrag den Änderungsantrag ein, im Niedersächsischen Hochschulgesetz die vorgesehene Bezeichnung „Hochschule Vechta" auf „Universität Vechta" umzustellen und Vechta in die Liste der Universitäten einzureihen und sie nicht bloß als den Universitäten gleichgestellte Hochschule aufzuführen. Für diese Änderung wird sich besonders der frühere Vechtaer Abgeordnete Clemens-August Krapp eingesetzt haben.[13] Der Antrag fand keine Zustimmung, und die genannte Drei-Jahres-Frist verstrich ergebnislos, und es dauerte bis 2010, bis die den Universitäten gleichgestellte Hochschule den ihr zustehenden Namen „Universität Vechta" erhielt. Dies geschah im Zuge der aufwertenden Umbenennung der Fachhochschulen in „Hochschule" ohne den Zusatz „Fach-". Die Statusunsicherheit besonders auch für unsere Absolventen fand damit ein Ende.

Vor allem aber weckte der neu erfundene Hochschulrat Skepsis, die sich verstärken sollte, als seine Mitglieder, besonders der Vorsitzende, in persona zu agieren begannen. Auch auf der Ebene der Hochschulleitung setzten bald nach der Wahl von Jürgen Howe zum Rektor wegen seiner Amtsführung scharfe Konflikte ein. Die Konfliktlinien verliefen grob gesagt entlang der früheren ‚Unionisten'–‚Separatisten'-Linie. Erstere wollten der neuen Struktur eine Chance geben und kooperierten

---

[13] Krapp begleitete als Lokal- und Regionalpolitiker, als Landtagsabgeordneter der CDU von 1974 bis 1994 und als (ehrenamtlicher) Landrat des Kreises Vechta von 1972 bis 2001 die Debatte um den Universitätsstandort Vechta und engagierte sich für dessen Erhalt. Achim und er waren einander freundschaftlich verbunden.

mit Rektorat und Hochschulrat, namentlich mit dessen Vorsitzendem –
Letztere befürchteten, dass die von ihnen gewollte und endlich erreichte
eigenständige Universität eine Richtung nähme, die sich von ihrem
Ideal von einer ernstzunehmenden akademischen Einrichtung immer
weiter entfernte. Sie suchten dabei auch den Weg in die Öffentlichkeit,
vor allem in Form von Leserbriefen und Pressegesprächen. Dies fand
in der Öffentlichkeit nicht durchgehend Anklang. Man warf uns „Nest-
beschmutzung" und mehr vor.

Den ersten Anlass dazu bot die Veröffentlichung eines Pressege-
sprächs, das Achim und ich als Dekane, die Professoren Hermann von
Laer und Bernd Ulrich Hucker vom „Forum Universität Vechta" sowie
Uta Zorn als beratendes studentisches Mitglied des Hochschulrates mit
Cornelius Riewerts, dem Chefredakteur der „Oldenburgischen Volks-
zeitung", geführt hatten und das am 9. März 1996, ein Jahr nach Antritt
J. Howes als Rektor und zehn Monate nach der konstituierenden Sitzung des Hochschulrates, zusammengefasst unter dem Titel „Scharfe
Kritik am Hochschulrat" veröffentlicht wurde. Der Untertitel lautete:
„Massive Kritik aus der Hochschule an Hochschulrat und Rektorat:
‚Neue Studiengänge gefährden Bestand der Uni'." Das Gespräch fand
in der Redaktion statt und wurde per Tonband aufgezeichnet. Obwohl
wir darum gebeten hatten, den daraus erstellten Bericht vor der Veröffentlichung einsehen und gegebenenfalls korrigieren zu können, erschien er ohne unsere Genehmigung. Wir wurden in dem Bericht zum
Teil wörtlich zitiert, ja es gab sogar eine eigene Spalte „Zitate" mit zahlreichen Äußerungen in gesprochener Sprache, die niedergeschrieben
und aus dem Kontext gelöst befremdlich erscheinen mussten. Unser gutes Verhältnis zur „Oldenburgischen Volkszeitung" erlitt damals einen
Bruch, der erst nach langer Zeit geheilt werden konnte. Der Vorsitzende
der Bürgerinitiative „Pro Uni", der Unternehmer (und spätere Hoch-
schulratsvorsitzende) Gert Stuke, reagierte auf den Artikel vom 9. März
am 23. März mit einer Stellungnahme. Im Namen des Vorstands von
„Pro Uni" sprach er unserer „ungeheuerlichen Kritik" ab, „auch nur ein
Fünkchen Substanz" zu haben. Über unsere Ausführungen könne man

*„günstigstenfalls sagen, dass sie durch das demokratische Grundrecht
der Meinungsfreiheit abgedeckt sind. Dieses Grundrecht gewährt auch
den abwegigsten Auffassungen Schutz, und das ist – auch in diesem*

Falle – gut so: Die außeruniversitäre Öffentlichkeit, die bislang allen-
falls wusste, dass es innerhalb der Hochschule Vechta Streit gibt, kann
sich jetzt ein Urteil bilden, worum es bei den Auseinandersetzungen
überhaupt geht."

„Pro Uni" „sieht keine Veranlassung, die extrem polemisch vorgetragenen ‚Argumente' der ‚Opposition' in ähnlicher Weise zu beantworten. [...] Wir sehen die Äußerungen der Kritikergruppe in Form und
Inhalt als schädlich für das Ansehen der Hochschule an." Scheinbar ver-
söhnlich endet die Stellungnahme so: „Pro Uni"

„versteht sich auch als ein Forum des offenen Austauschs von Meinun-
gen und Konzeptionen zur Zukunft der Hochschule Vechta. Bei aller
Betrübnis über die Maßlosigkeit in den Äußerungen der Kritikergruppe
bieten wir uns als Vermittler an, weil uns zwar nicht Frieden um jeden
Preis am Herzen liegt, wohl aber die Wiederherstellung einer seriösen
Streitkultur im Für und Wider um den künftigen Weg ‚unserer' Univer-
sität."

Mir ist nicht erinnerlich, dass es zu der angebotenen Vermittlung gekommen ist.

Drei Jahre nach der Erfindung des Hochschulrats im Zuge der Konkordatsverhandlungen und zwei Jahre nach seiner Installierung in
Vechta wurde deutlich, dass es sich dabei um einen Modellversuch handelte, der für weitere Hochschulen eingerichtet werden sollte. Darüber
berichtet Kurt Reumann in der „Frankfurter Allgemeinen Zeitung" vom
18. März 1997, Vechta wird dort als „abschreckendes Beispiel" genannt:

„Empörung über ‚Aufsichtsräte'

Die Hochschulen in Niedersachsen sollten ‚Aufsichtsräte' erhalten,
empfiehlt eine Gruppe von Fachleuten unter Federführung des Cent-
rums für Hochschulentwicklung, das eng mit der Hochschulrektoren-
konferenz zusammenarbeitet. Diese ‚Hochschulräte' sollen ‚als neues
Lenkungsgremium an der Schnittstelle zwischen Staat und Hochschule'
Aufgaben übernehmen, die bislang vom Staat und von den Universitäts-
gremien geleistet wurden, heißt es in der Empfehlung des Centrums an

die Landesregierung in Hannover. So soll der Rat zuständig werden für die Errichtung und Aufhebung von Fakultäten und Instituten sowie für die Einrichtung und Aufhebung von Professuren sowie für die Ernennung, Beförderung und Entlassung von Professoren. Außerdem soll ihm die Vollmacht übertragen werden, die jeweilige Hochschulleitung zu wählen und zu bestellen. Die Mitglieder der Hochschulleitung seien dem Hochschulrat persönlich für ihre Leistungen verantwortlich und rechenschaftspflichtig.

Der Deutsche Hochschulverband ist über diesen Vorschlag empört. Die Standesvertretung der Universitätsprofessoren ist zwar mit Kuratorien einverstanden, die sich als Berater verstehen. Aber seine Delegierten lehnen Gremien mit Vollmachten, wie sie dem Staat zustehen, einstimmig ab. Als abschreckendes Beispiel sieht der Hochschulverband den Hochschulrat der Hochschule Vechta an. Dort gebe der Staat die Verantwortung weitgehend ab. Aber dieser Rückzug stärke nicht die Autonomie der Universität, sondern überlasse die Macht einem Gremium, das der Universität weit fremder gegenübertrete als der Staat. An die Stelle von (idealerweise) parteipolitisch neutralen, an Sachproblemen orientierten Ministerialbeamten träten parteipolitisch beeinflussbare Laien. Die Vermengung von Entscheidungs- und Aufsichtsfunktionen sei juristisch und sachlich fragwürdig. Der Präsident des Deutschen Hochschulverbands, der Kölner Völkerrechtler Schiedermair, bezeichnet die Empfehlung des Centrums für Hochschulentwicklung daher als Kriegserklärung an die Professoren."

Mit dem Deutschen Hochschulverband hatten wir schon während der Auseinandersetzungen mit Osnabrück, vertieft aber seit Beginn von Rektorat und Hochschulrat engen Kontakt und bekamen manchen Rat. Hartmut Schiedermair vermittelte uns auch Kontakte, die wir sonst nicht gehabt hätten. Auf Reumanns Artikel antwortete Rektor Howe am 1. April 1997 in einem Leserbrief mit einer positiven Darstellung der Verhältnisse:

„Fortschritte in Vechta

In seinem Artikel ‚Empörung über Aufsichtsräte' (F.A.Z. vom 18. März) berichtet Kurt Reumann, dass der Hochschulverband den Hochschulrat

der Hochschule Vechta als abschreckendes Beispiel ansieht. Diese Aus-
sage verwundert mich sehr. Ich kann Ihnen von meiner Seite aus be-
richten, dass wir außerordentlich positive Erfahrungen mit einem sehr
kompetent besetzten Hochschulrat gemacht haben. So ist es gelungen,
in kurzer Zeit vier neue Universitätsinstitute zu gründen, fünf neue Stu-
diengänge einzurichten und dank der engagierten ehrenamtlichen, aber
professionellen Arbeit des Vorsitzenden Dr. med. Hartmut Koch gegen-
über der Landesregierung eine wirksame Interessenvertretung zu in-
stallieren, die eine Hochschule aus eigener Kraft nicht zustande brin-
gen kann."

Die Auseinandersetzungen erreichten wenige Monate später einen
neuen Höhepunkt, als im Juni 1997 in der Zeitschrift „Forschung &
Lehre" des Deutschen Hochschulverbandes der Beitrag „Der Hochschulrat an der Hochschule Vechta. Ein kritischer Erfahrungsbericht"
erschien.[14] Mein Freund und Kollege Volker Schulz (1940–2020), Professor der anglistischen Literaturwissenschaft, und ich hatten ihn verfasst. Wir übten Kritik hinsichtlich der Punkte „Fremdbestimmung",
„Mangel an Sachverstand", „Unkontrollierte Machtausübung/Willkür",
„Parteilichkeit", „Überschreitung der Befugnisse" und „Abschot-
tung/Informationsdefizit". Die örtliche Presse kommentierte die Veröffentlichung wiederum negativ, druckte aber auch zahlreiche Leserbriefe
ab, darunter am 5. Juni einen, der unseren Beitrag wie folgt sah:

„Den Schaden begrenzen

... Hier feiern die Blindheit, der Selbsthass und die Zerstörungswut ei-
genartige Orgien. In einer Zeit, in der die Uni Vechta dasteht wie nie
zuvor, in der die Indikatoren nach oben weisen, brechen zwei wild und
kopflos gewordene Besserwisser und angebliche Reformatoren in eine
aufwärtssteigende Entwicklung ein.
Der Zeitpunkt, zu dem sie mit ihrer Kritik an die Öffentlichkeit treten,
hat ganz und gar mit der Sache der Uni Vechta nichts zu tun. Nach
langwierigen Auseinandersetzungen mit Osnabrück wenden sie die
Mittel, die damals im Kampf erprobt wurden, gegen die eigene Uni an.

---

[14]   In: Forschung & Lehre 4. Heft 6/1997, S. 289–292. Wieder in: Streitfall Hochschulrat.
       Analysen, Berichte, Dokumentation. Herausgegeben im Auftrag des Präsidiums des
       Deutschen Hochschulverbandes. Bonn 1998, S. 59–66.

Sie wenden sie zwar gegen den Hochschulrat, zerstören aber in Wirklichkeit die eigene Institution. Denn der Hochschulrat ist Teil der Uni. Wer ihn aus ihrem Gefüge herausbrechen will, zerstört die Uni.

Ich sage den beiden Hasardeuren, dass ich mir die Uni nicht von ihnen zerstören lasse. Dafür habe ich zu viel in ihre Selbständigkeit investiert. Mit aller Entschiedenheit wende ich mich gegen den von ihnen vorgetragenen Angriff. Ich hoffe, dass die beiden Herren so viel kühlen Kopf noch aufbringen und den Schaden, den sie angerichtet haben, zu begrenzen suchen.

Prof. Dr. K. W. Eckermann"

Die meisten übrigen Leserbriefe, verfasst von Professoren und Studenten, stimmten unseren Einschätzungen jedoch zu. Die „Oldenburgische Volkszeitung" nahm eine kleine Befragung unter Studenten vor mit dem Ergebnis: „Viele Studierende der Uni Vechta sehen den Hochschulrat sehr kritisch" (5. Juni 1997).

Besondere Brisanz erhielt die Angelegenheit dadurch, dass kurz darauf, am 25. Juni einer der Kritiker, nämlich ich selbst, zum Rektor mit Amtsantritt 1. Oktober 1997 gewählt wurde und Rektor Howe ablöste. Ein Kommentator der „Oldenburgischen Volkszeitung", mein früherer Student Damian Ryschka, berichtete in seinem Artikel „Kürschner oder: Der lange Gang durch die Institutionen" vom 26. Juni 1997, dass „nicht wenige" seit meiner Wahl „das Totenglöcklein für die Uni in Vechta läuten" hören. Er stellte fest: „Neuerungen sind des Germanisten Sache nicht, Kürschner ist knackig-konservativ in universitären Dingen und macht daraus keinen Hehl." Diese Charakterisierung griff Achim Kuropka in seinem Leserbrief vom 30. Juni auf und konterte unter der Überschrift „‚Als Kompliment verstehen'". Im letzten Absatz schreibt er:

„Wer Lehre und Forschung im Zusammenwirken insbesondere von Wissenschaftlern und Studierenden für eine möglichst gute Ausbildung der Letzteren anstrebt, wer Rechtssicherheit, gerechte Behandlung und Würdigung einstimmiger Beschlüsse der gesetzlich vorgeschriebenen Universitätsgremien erwartet und ein Gutteil seiner Kraft seit Jahren für die Erhaltung der Universität in Vechta und deren Qualitätsverbes-

*serung eingesetzt hat, wird offenbar zum ‚konservativen Lager' gerech-
net. Ich kann dies nur als Kompliment verstehen und gestehe: Ich gehöre gern dazu."*

Zur Berichterstattung über die Wahl und ihre Kommentierung, auch
durch den Chefredakteur der „Oldenburgische Volkszeitung", Cornelius Riewerts (zusammen mit Kuropka wie oben dargestellt Gründer der
Bürgerinitiative „Pro Uni"), erschienen zahlreiche weitere Leserbriefe.
Die meisten von ihnen kritisierten die vorgenommene negative Bewertung der Wahl (in Klammern die Überschriften), darunter der Studen-
tenvertreter im Hochschulrat Sven Mayerhofer („Mehr als lästige Bei-
sitzer"), weitere Studenten und Bürger der Stadt: Andrea Hormann („In
Zukunft objektiv informieren"), K. A. Westermann („Warum so radi-
kal"), Heinrich Hachmöller („Fair und sachlich informieren") sowie
Kollegen aus der Universität, die sich in der Mehrzahl der neu etablier-
ten Gruppe „Forum Universität Vechta" zugehörig fühlten: neben
Achim Kuropka Hermann von Laer („‚Einer dieser ‚Bösewichte'"), Peter Nitschke („Vorverurteilt und diffamiert"), Christoph Küper („Alle
Prinzipien vergessen"), Klaus Bartels („Analyse nachholen"), Volker
Schulz („Lückenhaft und oberflächlich"), Bernd Kießling („Wir brau-
chen die Institutionen") sowie Edgar Papp („Geschützdonner gegen die
Rektorenwahl"), der als Mediävist nach Aufhebung des gymnasialen
Studiengangs im Fach Germanistik nach Göttingen gewechselt hatte.
    Lediglich ein Leserbriefschreiber, wiederum Karl Willigis Ecker-
mann, der zuvor auf der Seite der „Separatisten" gestanden hatte, gab
unter dem Eindruck der erschienenen Leserbriefe dem Kommentator
Riewerts recht (4. Juli 1997):

„So viel Wendigkeit möglich?
*Die Mannen, die Kürschner auf den Schild gehoben haben, sind am Ziel
ihrer zweijährigen Obstruktionsarbeit angelangt. Man sollte meinen,
sie gäben sich mit der Wahl ihres Mannes zum Rektor zufrieden. Aber
weit gefehlt! Sie wollen auch noch den lobenden Beifall des Chefredak-
teurs der OV."*

Er sei skeptisch, dass ich meine Aussagen innerhalb und außerhalb der Universität, die auf Gespräche, Kooperation und das Einhalten von Vereinbarungen gerichtet waren,

„auch in die Tat umsetzen kann. Denn zu dieser seelischen Kehrtwende muss er nicht nur sich selbst verbiegen, sondern er muss auch seine Wähler und vor allem den inneren Kreis seiner Mitstreiter zu diesem Schwenk bringen. Denn ohne sie gelingt ihm nichts. Dass ihm so viel Wendigkeit – oder sage ich besser Charakterlosigkeit? – möglich ist, möchte ich ihm eigentlich nicht wünschen. Aber, was dann?"

Meine Wahl zum Rektor erfuhr auch überörtliche Resonanz, natürlich im Hochschulrat und ebenso im Wissenschaftsministerium. Darüber berichtete der Norddeutsche Rundfunk am 27. Juni in den Regionalnachrichten wie folgt:

„Vechta – Nach der Wahl von Wilfried Kürschner zum neuen Rektor droht der Hochschule eine Zerreißprobe. Der Hochschulrat hat die Wahl heftig kritisiert, weil Kürschner das Gremium als – so wörtlich – ,Feierabend-Regierung' und ,dubiose Einrichtung' bezeichnet hatte, die abgeschafft gehöre. Inzwischen hat sich auch Wissenschaftsministerin Helga Schuchardt in den Streit eingeschaltet. Sie mahnte eine Einigung der Gremien an und sprach in diesem Zusammenhang von einer ,letzten Chance' für die Hochschule."

In diesem Sinne äußerte sich Schuchardt auch bei meinem Antrittsbesuch in ihrem Ministerium in Hannover im November 1997, der in ziemlich kühler Atmosphäre ablief. Meine Erinnerung, dass die vereinbarte Dreijahresfrist zur Überprüfung des Namens der Institution bald abliefe und ich wie der kirchliche Verhandlungsführer seinerzeit der Auffassung sei, dass die Bezeichnung „Universität" angemessen sei, quittierte sie mit Lachen. Wie deutlich wurde, hatten beide Seiten, das Land und die Kirche, ein Faustpfand in der Hand, mit dem man hoffte, Vechta ruhigzustellen: Erst nach einem Ende der inneruniversitären Streitigkeiten könne man überhaupt an so etwas denken. Dass der passende Name erst 2010 eingeführt wurde, ist bereits oben dargelegt.

Ministerpräsident Gerhard Schröder enthüllt am 2. Oktober 1997 „Zeichen im Wind". Vorne von links: Clemens-August Krapp, Gerhard Schröder, Uwe Bartels, Hartmut Koch, Wilfried Kürschner, Heinrich E. Weber. Foto: Universitätsarchiv Vechta

Ich muss zugeben, dass die geschilderten Auseinandersetzungen in Kombination mit zunehmenden Selbstzweifeln, ob ich der Aufgabe des Rektorats gewachsen sei, mir vom Tag der Wahl an zu schaffen machten. Zwar schien die Hochschule von Oktober an in ruhigere Bahnen zu geraten – gleich zu Beginn der Amtszeit hatte ich Ministerpräsident Schröder, der uns sechs Jahre zuvor das Aus verkündet hatte, zur Einweihung einer von Karl-Eckhard Carius geschaffenen Skulptur zu begrüßen –, aber es blieben die Misshelligkeiten in der Zusammenarbeit mit dem Vorsitzenden des Hochschulrates, Hartmut Koch, und seinem Geschäftsführer, Gerald Memmen. Auch im Senat blieben die Fronten verhärtet, und die Begehung der Hochschule durch eine Kommission des Wissenschaftsrates ließ Befürchtungen über ein zu erwartendes negatives Urteil aufkommen. Ich litt unter ständiger Überbeanspruchung, die durch andauernde Schlaflosigkeit verstärkt wurde, sodass ich mich in ärztliche Behandlung begeben musste. Kurz nach Weihnachten beschlossen meine Frau und Dr. Rolf Huntemann einen Klinikaufenthalt weitab von Vechta – in Staufen im Breisgau –, wo ich Ende Januar meinem Stellvertreter, Klaus-Dieter Scheer, meinen Rücktritt erklärte. Dieser wurde vom Konzil angenommen, und es kam zu Neuwahlen. Nach erneuten Auseinandersetzungen, über die am 19. Februar 1998 sogar die „Frankfurter Allgemeine Zeitung" berichtete,[15] wurde Jürgen Howe erneut zum Rektor gewählt. Über meine (kurze) Amtszeit äußerten sich

---

[15] *„Turbulenzen an der Hochschule Vechta. Ministerium untersagt Neuwahl des Rektors / Konzil widersetzt sich*

Dt. HANNOVER, 18. Februar. Ein ungewöhnlicher Eingriff des niedersächsischen Wissenschaftsministeriums in die Selbstverwaltung der Hochschule Vechta hat Studenten und Hochschullehrer gleichermaßen aufgebracht. Das Ministerium untersagte der Hochschule, an diesem Donnerstag einen neuen Rektor zu wählen. Zur Begründung wies die Landesregierung auf die Geschäftsordnung des Hochschulkonzils hin, in der es heißt: ‚Das Konzil tagt nach Möglichkeit in der Vorlesungszeit.' Die Neuwahl sei nicht so eilbedürftig, dass von der Ausnahmeregelung Gebrauch gemacht werden und noch vor Semesterbeginn gewählt werden müsse.

Der bisherige Rektor der Hochschule, Kürschner, hatte Mitte Januar nach nur vier Monaten Amtszeit aus gesundheitlichen Gründen sein Amt niedergelegt. Die Wahl eines Nachfolgers vor Semesterende wurde wegen eines Formfehlers abgesetzt. Das Konzil der Hochschule hatte daraufhin ohne Gegenstimmen den neuen Wahltermin auf den 19. Februar festgesetzt. Diesen Termin hat nun das Wissenschaftsministerium untersagt. Vertreter der Studentenschaft und der Hochschullehrer verdächtigen das Ministerium, mit diesem Eingriff ‚politische Absichten' zu verbinden. Es heißt, Hannover wolle Zeit gewinnen, um die Wahlchancen für einen dem Ministerium genehmen Kandidaten zu verbessern. Ein Sprecher des Ministeriums wies diesen Vorwurf zurück.

Die Hochschule Vechta untersteht als erste in Niedersachsen einem außeruniversitären Hochschulrat, dessen 13 Mitglieder von Ministerpräsident Schröder (SPD) benannt wurden. Die Selbstverwaltungsgremien der Hochschule haben auf die Entscheidungen des Hochschulrats keinen Einfluss. Diese Konstruktion hatte von Anfang an zu starken Spannungen zwischen der Hochschule und dem Rat geführt, die darin gipfelten, dass der mit dem Hochschulrat zusammenarbeitende Rektor Howe im vergangenen Jahr vom Konzil abgewählt wurde. Howe kandidiert nun abermals für die Nachfolge Kürschners. Von Angehörigen verschiedener Hochschulgruppen wird jedoch eindeutig der Mitbewerber Nitschke bevorzugt, der eine kritische Haltung zum Hochschulrat einnimmt.

Der amtierende Prorektor Scheer sagte am Mittwoch, die Wahl werde aller Voraussicht nach an diesem Donnerstag stattfinden. Nach Auffassung der Hochschule habe das Ministerium die Absetzung dieses Tagesordnungspunkts von der Sitzung des Konzils ‚rechtswidrig verfügt'. Den Mitgliedern des Konzils stehe es frei, selbst über die Tagesordnung ihrer Sitzung zu befinden. Das Ministerium könne die Wahl allenfalls im Nachhinein anfechten. Ein Sprecher des Allgemeinen Studentenausschusses (Asta) wies darauf hin, dass Howe vor zwei Jahren am 1. März zum Rektor gewählt worden sei, also in der vorlesungsfreien Zeit. Damals hatte das Ministerium in Hannover keinerlei Anlass zu Beanstandungen gesehen."

der bereits oben erwähnte Vorsitzende von „Pro Uni" und der Vorsitzende der Universitätsgesellschaft Vechta in der „Oldenburgischen
Volkszeitung" am 3. Februar 1998 folgendermaßen:

*„Zum Rücktritt des Rektors der Hochschule Vechta, Professor Dr.
Wilfried Kürschner, haben die Vorsitzenden der Bürgerinitiative ‚Pro
Uni' und der Universitätsgesellschaft Stellung bezogen. Gert Stuke
(Pro Uni) und Dr. Wolfgang Eichler (Universitätsgesellschaft) bedau-
ern darin den gesundheitsbedingten Rücktritt des Rektors.*
*Gleichzeitig hoben sie Dr. Kürschners Leistungen für die Sicherung des
Hochschulstandortes und seine konsensorientierte Amtsführung her-
vor. Aufrichtiger Dank gebühre dem scheidenden Rektor vor allem
auch für sein erfolgreiches Bemühen, die Hochschule aus den ‚Negativ-
Schlagzeilen' herauszuhalten. Es sei außerordentlich bedauerlich, dass
Dr. Kürschner sein mit so vielen positiven Impulsen begonnenes Rektorat nicht fortführen könne."*

Die gute Zusammenarbeit zwischen Howe und dem Hochschulrat
wurde wieder aufgenommen und es kam aus Sicht des „Forums Universität Vechta" zu zahlreichen weiteren Verstößen gegen gute akademische Sitten bis hin zu Rechtsbrüchen. Auf Anregung Achim Kuropkas und unter seiner tätigen Mitwirkung als Artikelschreiber wurde eine
Dokumentation erstellt und unter dem Titel „Wie man eine Universität
zu Grunde richtet. Ein Schwarzbuch mit über 100 Beispielen" im März
1999 durch Bernd Ulrich Hucker, den Sprecher des „Forums", in Hannover der Presse vorgestellt. In elf Kapiteln werden die genannten über
hundert Einzelfälle dargestellt. Die Kapitelüberschriften lauten: „Beleidigungen, Tätlichkeiten, Diffamierungen" – „Begünstigungen und Be-
nachteiligungen" – „Umgang mit Recht und Gesetz" – „Du sollst dir
ein Bildnis machen – Wie Ärzte, Politiker und andere Experten die
Hochschule sehen" – „Zerstörung von Selbstverwaltung und Partizipa-
tion" – „Ich bin der Boss – Einschüchterung und Unterdrückung" – „Politische Ziele ohne Rücksicht auf Verluste durchsetzen" – „Abteilung
Filz und Klüngel" – „Fremdtadel und Selbstlob" – „Die Weißwäscher
und das Gutachten des Wissenschaftsrats vom Januar 1999" – „... auch

das noch".[16] Der Geschäftsführer des Hochschulrates wurde beauftragt, zu prüfen, ob gegen diese Darstellung rechtliche Schritte möglich seien – dies war offenkundig nicht der Fall, wir hatten uns ja bemüht, alles Vorgetragene zu belegen.

Zwischenzeitlich war auch noch einmal deutlich geworden, wie sehr die unterschiedlichen Auffassungen Sache der politischen Parteien geworden waren, besonders der SPD, die seinerzeit die Landesregierung führte. 1998 verstieg sich Sigmar Gabriel als SPD-Fraktionsvorsitzender (später Ministerpräsident, Bundesaußenminister, SPD-Vorsitzender) in einem Pressegespräch mit der „Oldenburgischen Volkszeitung" (26. September) zu maßlosen Äußerungen, die es wert sind, hier in Gänze festgehalten zu werden:

„SPD-Fraktionsvorsitzender Sigmar Gabriel kritisiert Diskussion um Hochschule Vechta. ‚Und solche Leute bilden Lehrer aus!'

Vechta – ‚Es gibt nur eine Institution, die die Hochschule Vechta gefährden kann: Das ist die Hochschule Vechta. Sie ist die einzige Einrichtung, die sozusagen den Selbstmord herbeiführt.'

Mit diesen drastischen Worten kritisierte der SPD-Fraktionsvorsitzende im niedersächsischen Landtag, Sigmar Gabriel, gestern in einem Interview mit unserer Zeitung die unsägliche Diskussion um den Standort Vechta. Manches von dem, was er gelesen habe ‚an Leserbriefen, an rustikalen Äußerungen des CDU-Oppositionsführers Christian Wulff', könne er nur ‚mit der Existenz der offenen klinischen Psychiatrie in Niedersachsen erklären'.

‚Jeder kocht sein privates politisches Süppchen. Und das Gebräu, was daraus entsteht, das ist Gift für die Hochschule', so der SPD-Politiker. Gabriel betonte, es fehle ihm der rationale Zugang zu dieser Form der Auseinandersetzung. ‚Diese Leute verunsichern jeden, der auch nur ansatzweise überlegt, ob er an der Uni studieren oder als Unternehmen mit der Universität kooperieren will.' Sie trügen dazu bei, dass in der Region nicht der Eindruck der Zusammenarbeit entsteht. Das halte er für das Schlimmste. Er habe den Eindruck, dass es um alles Mögliche gehe, nur um zwei Dinge nicht: um eine vernünftige wissenschaftliche

---

[16] Zitiert nach der im Internet verfügbaren Fassung: http://hosted.inhankensbuettel.de/alumniclub-vechta.de/schwarzbuch/.

Ausbildung und um eine Kooperation im Interesse der Region. Das Erste, was aufhören müsse, sei, dass Leute gegen ihr eigenes Verständnis in dieser Art und Weise argumentieren. Viel schlimmer als so mancher Politiker seien die Leute in der Hochschule, die diesen ‚Krieg‘ führten. Es gingen Leute aus der Hochschule ‚richtig zu Werke‘, die Universität zu demontieren. Stattdessen müssten die ‚exzellenten Ansätze‘, wie z. B. die neuen Studiengänge, unterstützt und neue Forschungsprojekte in Gang gesetzt werden. Zudem müsse man sich mehr auf die leistungsfähigen Teildisziplinen konzentrieren. Es gehe ja nicht darum, dass eingespart werden soll, sondern um die Verlagerung von den unproduktiven zu den produktiven Teilen der Hochschule.

Gabriel forderte die Verantwortlichen auf, ein vernünftiges Marketingkonzept zu entwickeln und dieses nach außen zu transportieren, damit man nicht nur Studenten aus der Region bekomme. All dies müsste entwickelt werden von der Hochschulleitung gemeinsam mit dem Hochschulrat. Es seien Leute am Werke, denen die gesamte Hochschule und die gesamte Region Vechta egal ist. ‚Das ist eine Katastrophe!‘

‚Und nun setz’ ich noch eines drauf: Und solche Leute bilden Lehrer aus! Sie behaupten, sie hätten pädagogische Kenntnisse. Also, Leute, die dies machen, die haben nicht eine Stunde Pädagogik besucht oder jedenfalls nichts verstanden davon. Man kann doch nur hoffen, dass die keine Studenten bekommen. Denn wenn die Studenten das lernen, was die vermitteln, dann gnade Gott unseren Schülerinnen und Schülern.‘“

Darauf reagierte Sven Mayerhofer, Student an der Universität in Vechta, am 1. Oktober 1998 mit einem Leserbrief in der „Oldenburgischen Volkszeitung“:

„Erstaunliche Hasstirade

Seit einigen Monaten hat man von den Auseinandersetzungen um die Universität nichts gehört. Musste nun der Fraktionsvorsitzende der SPD geholt werden, um den Streit mit aller Macht wieder anzuheizen? Die Hasstirade, in der Herr Gabriel sich einen Tag vor der [Bundestags]Wahl auf Seite 1 ergehen durfte, erstaunt besonders, wenn man weiß, dass der Herr weder persönlich noch fachlich das Geringste mit der Vechtaer Universität oder den dort Beschäftigten zu tun hat. Es ist schwer zu glauben, dass er alleine auf diese Idee gekommen sein soll.

So geht das nicht weiter

(„Und solche Leute bilden Lehrer aus!" OV vom 26. 9.)

Endlich hat es mal einer gemerkt und deutlich gesagt. Sigmar Gabriel, der SPD-Chef im Landtag hat mit seinen Genossen Prof. Howe von der Uni und Dr. Koch vom Hochschulrat ausführlich gesprochen (OV v. 24. 9.) und dann war Gabriel alles klar: So kann es nicht weitergehen.

Gabriel und die Uni

Denn was er an Heldentaten gehört haben muß, paßt wirklich auf keine Kuhhaut: Geschäftsführer Memmen (SPD) bespitzelt Lehrveranstaltungen der Professoren; Rektor Howe (SPD) wirft Studenten nach staatsanwaltlichen Feststellungen gewaltsam aus dem Zimmer; Dr. Koch (SPD) läßt durch Memmen Vorträge in der Presse zensieren und Flugblattkampagnen gegen Prof. Kuropka durchführen; im Institut für Gerontologie veröffentlichen zehn Wissenschaftler in einem Jahr ganze zwei Aufsätze; Prof. Nitschke darf nicht Rektor sein, weil Wähler wegen Verhinderung klagen; Dr. Koch und Memmen verlautbaren in der Zeitung, die Fachbereiche müßten weg, klar, weil Luxemburg keine Bundesländer hat und 70 000 DM für ein Organisationsgutachten sind in den Sand gesetzt; Unikanzler Haake darf nicht zur Hochschulratssitzung, weil er für ein Bürgermeisteramt kandidiert usw. – Da muß Sigmar Gabriel der Geduldsfaden gerissen sein: Genossen, wird er gesagt haben, so geht das nicht weiter! Zu diesem Theater fehlt mir jeder rationale Zugang, Ihr seid hier nicht im offenen psychiatrischen Vollzug!

Es geht um vernünftige wissenschaftliche Ausbildung und um Kooperation im Interesse der Region. Wenn Ihr solchen „Krieg" führt, demontiert Ihr die Universität. Konzentriert Euch auf die leistungsfähige Lehrerausbildung, die Diplompädagogik- und Magisterstudiengänge, die bringen der Uni 1700 von ihren 2100 Studierenden. Gerade solche Leute, die Ihr bekämpft, bilden Lehrer aus. Wenn das bekannt wird, was Ihr hier macht, dann Gnade uns Gott.

Sigmar Gabriel weiß wovon er spricht: Er hat Politik studiert. Auch deshalb wird er gesagt haben: Genossen, setzt Euch besonders für die Werte der Demokratie ein, für Achtung der Menschenwürde, der Meinung des andern, der Freiheit des Wortes, der Schrift und der Wissenschaft. Ihr wißt, was unsere Rosa Luxemburg sagte, Freiheit ist immer auch die Freiheit des Andersdenkenden. Man muß immer beide Seiten hören, ich als gewählter Volksvertreter bin für das Wohl aller verantwortlich, nicht nur der Genossen. Irgendwie kam das in der Zeitung nicht ganz raus, aber so ähnlich ist es sicher gewesen.

Prof. Dr. Joachim Kuropka
Kiefernweg 27
Vechta

Leserbrief in der OV vom 6. Oktober 1998

Außerdem frage ich mich, von was der Mann eigentlich redet. Zwar gibt es seit Jahren Streit um die Uni – und zwar mit der Landesregierung, das hat den Erfolg der Uni aber nie gemindert. Mit 2000 Studenten ist sie heute weitaus erfolgreicher, als man das jemals für möglich gehalten hätte. Und das ist bestimmt nicht das Verdienst der Landesregierung. Wenn etwas der Uni Vechta geschadet hat, dann waren es die Pläne der Landesregierung, die ,katholische Universität im Moor' dichtzumachen.

Die beleidigenden Äußerungen wirken wie ein plumper Versuch, einen neuen Streit zu provozieren. Aber so plump ist er gar nicht. Wer würde solche Beschimpfungen ohne Widerspruch hinnehmen?"

Dass die Kritik des „Forums" an der Konstruktion Hochschulrat, seiner Art des Zusammenwirkens mit den Gremien der Universität sowie den Ergebnissen seiner Arbeit nicht Hirngespinste einer Gruppe von verbissenen Gegnern war, wurde in einem Gutachten des Wissenschaftsrates deutlich, das am 22. Januar 1999 veröffentlicht wurde. Alwin Hanschmidt referiert es wie folgt:

„Der Wissenschaftsrat [...] habe ,den Eindruck gewonnen, dass zwischen den Beteiligten kein Einvernehmen über die Rollenverteilung zwischen Hochschulrat und Hochschulsenat hergestellt werden konnte. Daraus resultiert, dass sich zwischen den Institutionen keine einheitliche Profil- und Zukunftsvorstellung für die Hochschule entwickelt hat [...]'. Die ,für die Akzeptanz des Rates in der Hochschule' erforderliche ,Vertrauensbasis' scheine ,erkennbar gestört'. Zusammenfassend stellte er fest: ,Nach ihrer Verselbständigung hat die Hochschule es nicht vermocht, ihre historisch bedingten strukturellen Mängel zu beseitigen. Sie setzt sich aus inkohärenten Einzelelementen einer Pädagogischen Hochschule, einer Fachhochschule und einer Universität zusammen. Ihre Schwerpunkte liegen im Bereich der Lehrerbildung, der Sozialen Arbeit sowie der Umweltwissenschaften.' Und schließlich:

‚Weder Hochschulrat noch Hochschule verfügen derzeit über ein Konzept, das der Hochschule eine zukunftsfähige Existenz sichern könnte.'"[17]

Irgendwann ging das gute Verhältnis zwischen Rektor Howe und dem Hochschulratsvorsitzenden Koch in die Brüche. Ein Jahr nach Vorstellung des „Schwarzbuches" war am 3. April 2000 in der „Oldenburgischen Volkszeitung" zu lesen: „Koch-Strafanzeige gegen Howe". Zum Ende von Kochs Amtszeit heißt es, Koch habe mitgeteilt, Howe habe

„das Briefgeheimnis gebrochen und bewusst an Koch gerichtete Post geöffnet. Dieser Vorfall, zu dem Howe gestern keine Stellung nahm, hat sich nach Kochs Darstellung am 21. Februar ereignet. Auf eine Dienstaufsichtsbeschwerde des Hochschulratsvorsitzenden habe das Wissenschaftsministerium nicht reagiert. Auch Howe habe sich zu seinem Verhalten mehrere Wochen lang nicht geäußert. ‚Im Gegenteil', behauptete gestern Koch, ‚ist weiterhin Post verschwunden. Ob sie geöffnet wurde, wissen wir nicht'".

Mit der Strafanzeige gegen den Vechtaer Hochschulrektor wolle Koch „keine private Auseinandersetzung fortführen, sondern seinem Nachfolger zumutbare Arbeitsverhältnisse sichern". Rektor Howe blieb im Amt. Erst mit einer Änderung im Niedersächsischen Hochschulgesetz vom 24. Juni 2002 gelang es der mittlerweile hellhörig gewordenen Landesregierung, sich seiner zu entledigen, indem die bis dahin mögliche Rektoratsverfassung abgeschafft und durch die allgemeine Präsidialverfassung ersetzt wurde.[18] J. Howe wurde an die Universität Braunschweig versetzt. Interimspräsident wurde von 2002 bis 2004 Ortwin

---

[17]   Alwin Hanschmidt: Von der Normalschule zur Universität Vechta (1830–2010) (wie Anm. 1), S. 123.

[18]   Über den Zustand der Hochschule Vechta zu dieser Zeit ist in der „Frankfurter Allgemeinen Zeitung" am 8. März 2002 ein längerer Artikel von Bettina Erche erschienen. Er sei hier ausschnittweise wiedergegeben:
       „Von Vechta lernen heißt siegen lernen. Kollektiv Geist: Die Folge der Hochschulreform ist eine Wissenschaft als Gruppenarbeit.

Peithmann. Er wurde von Marianne Assenmacher als Präsidentin abgelöst, der 2016 Burghart Schmidt als Präsident folgte. Ab 2022 wird Verena Pietzner als Präsidentin folgen. Die Universität Vechta hat gegenwärtig um die 5.000 Studenten.

ACHIMS ABSCHIEDSWORTE 2006

Am Ende des Sommersemesters 2006 hatte Joachim Kuropka mit 65 Jahren das Pensionsalter erreicht und wurde am 27. Oktober mit einem akademischen Festakt verbschiedet. Seine Abschiedsvorlesung hatte zum Thema: „Niedersachsen – nicht erdverwachsen. Oldenburg zwischen Niedersachsen-Konstruktion und Westfalen 1930–1975". Nach der Überreichung der Festschrift „Oldenburgs Priester unter NS-Terror 1932–1945" durch die Herausgeber Michael Hirschfeld und Maria Anna Zumholz hielt Hermann von Laer die Laudatio. Was Achims hochschulpolitisches Engagement angeht, führte er dort aus:

„Herr Kuropka ist nicht nur ein großartiger Wissenschaftler, sondern ein ζῷον πολιτικόν, ein zutiefst politischer Mensch. Deshalb war er auch nicht nur bei allen Kämpfen in der Uni immer vorneweg dabei, sondern auch bei allen Kämpfen um die Uni. Es ist noch gar nicht so lange her, da stand hier an dieser Stelle der damalige Ministerpräsident Schröder und verkündete selbstgewiss, er werde die Uni Vechta schließen. Dass daraus nichts wurde, ist natürlich nicht allein das Verdienst

---

Der eine ist Kinderarzt und Direktor des Krankenhauses, der andere Leiter der ‚Deutschen Frühstücksei', ein dritter Bankdirektor. Dreizehn Mitglieder zählt die buntgemischte Schar. In diesem Club wird kein deutsches Liedgut gepflegt, sondern Hochschulpolitik gemacht. Es ist der Hochschulrat von Vechta, der sich vernehmen ließ: ‚Wer eine Firma leitet, kann auch eine Hochschule leiten.' Andere Universitäten sollten vom Modell ‚Vechta' lernen. Vechta war die erste deutsche Universität mit einem Hochschulrat. Nun steht sie vor der Schließung. Dabei hatte es im Sinne sogenannter Entstaatlichung begonnen. Die niedersächsische Landesregierung (SPD) ernannte 1995 den Hochschulrat, der neue Studiengänge in Vechta etablieren sollte. Als staatlich sanktioniertes Gremium wurden dem Hochschulrat Befugnisse des Ministeriums übertragen. Der Senat wurde entmachtet, die Fachbereichsstruktur zerschlagen. Was folgte, war Willkür. Das Ministerium für Wissenschaft und Kultur berief sich auf seine ‚Aufsichtsvorbehalte', um nicht eingreifen zu müssen. 1999 schrillten die Alarmglocken, als ein Gutachten des Wissenschaftsrats Vechta bescheinigte, dass weder der Hochschulrat noch die Hochschule derzeit über ein Konzept verfügen. Bei dieser Einschätzung ist es geblieben. "

von Herrn Kuropka, aber ohne seinen Einsatz, da bin ich mir sicher, gäbe es die Uni heute nicht mehr. [...] Andere haben dabei auch große Verdienste erworben, ich möchte da vor allem auf Herrn Riewerts hinweisen [...], aber auch auf Herrn Stuke, der Pro Uni dann später mit ebensolchem Geschick leitete."[19]

Das Schlusswort hatte Achim.[20] Nach Dankesworten an alle, die ihn in den vergangenen fast dreißig Jahren in Vechta begleitet hatten, folgte ein ungewöhnlicher Schluss:

„Es waren also drei intensiv gelebte Jahrzehnte in Vechta, im Oldenburger Münsterland, im Oldenburgischen, an dieser Universität, natürlich auch nicht ohne Krisen und Konflikte. Da gab es die üblichen – das lässt sich aushalten –, aber es gab auch unübliche zwischen 1995 und 2003. Viele von Ihnen werden sich erinnern – für diejenigen, die keine Vorstellungen davon haben, wiederhole ich nur den einen Satz, den ich auch vor der Landespressekonferenz in Hannover geäußert habe: Ich konnte nach den Erfahrungen seit 1995 meinen Studenten die Verhältnisse im Jahre 1933 besser erklären – es war eine totalitäre Erfahrung, die wir machen mussten – wir, das sind diejenigen, die dem damaligen Rektor und dem damaligen Hochschulratsvorsitzenden nicht die Füße küssen wollten, weil sie der Meinung waren, dass eine Universität kein Ort für Herrschaft und Unterwerfung ist.

Darunter waren auch Erfahrungen, die ich persönlich in besonderer Weise machen durfte und in die ich Ihnen im Rückblick wenigstens noch einen ganz kleinen Einblick vermitteln möchte.

– Da gab es die Landtagsanfrage von Frau Groneberg MdL (SPD), ob ich nicht mit Veröffentlichungen zu viel Geld verdiente. Ich antwortete in einem Leserbrief, dass ich manchmal auch etwas damit verdiene, allerdings nähme der Schwarzarbeiter dafür die Kelle nicht in die Hand. Im Übrigen habe ich mich beim Landtagspräsidenten über Frau Groneberg wegen Behinderung meiner Forschungstätigkeit beschwert.

---

[19] Zitiert nach dem Redemanuskript, das mir Hermann von Laer freundlicherweise zur Verfügung stellte.

[20] Ich danke Michael Hirschfeld, dass er mir das Manuskript dieser Ansprache zur Verfügung gestellt hat. Es trägt den Titel „Dank".

– *1998 ließ der Rektor durch die Presse verbreiten, ich sei ein ‚Feind des Konkordats‘, ein ‚Fundamentalist‘ und ein ‚ausgewiesenes Mitglied des klerikalen Flügels der CDU‘. Er hatte gar nicht gemerkt, dass das nicht so recht zusammenpasst, ein Klerikaler, der Feind des Konkordats sein soll (Leserbriefe NWZ [Nordwest-Zeitung, Oldenburg], OV [Oldenburgische Volkszeitung, Vechta], MT [Münsterländische Tageszeitung, Cloppenburg]). Was hatte ich Böses angestellt: Als damaliger Dekan hatte ich mich an die Gesetze gehalten und als Wissenschaftler die Vergangenheit erforscht – auch das ist manchmal nicht ungefährlich!*

– *Als ich nämlich in der Ringvorlesung bis dahin Unbekanntes über die Hochschulräte-Diskussion in der Besatzungszeit 1947 vortrug, war das gar nicht genehm. Zwar erschien mein Artikel selbst in der Zeitschrift ‚Forschung und Lehre‘, aber der Geschäftsführer des Hochschulrats schrieb – natürlich im Auftrage seines Herrn Vorsitzenden –, ich hätte den Hochschulrat angegriffen, nähme ‚bewusst die Schädigung des Rufes der eigenen Hochschule in Kauf‘ (NWZ v. 9.7.98), ich ‚missbrauche die Ringvorlesung‘ (OV v. 14.7.98), ich stelle mich ‚offen gegen die Interessen der Lehrerausbildung‘ (OV v. 27.7.98). Das Charmante war, die beiden Herrn hatten meinen Vortrag überhaupt nicht gehört. Ich gab damals in einem Leserbrief den nützlichen Tipp für solche Fälle unbotmäßiger Professoren: Man soll doch einfach die Ringvorlesung verbieten – man wird es nicht glauben, das wurde wirklich versucht! Natürlich haben wir sie fortgeführt.*

– *Im Jahre 2003 bedachte der gerade ausgeschiedene Landwirtschaftsminister [Uwe Bartels (SPD), Vechta] den Kollegen von Laer und mich öffentlich mit dem Prädikat ‚verbissenste Streithähne‘. Wir sollten doch, wie andere, statt Leserbriefe wissenschaftliche Veröffentlichungen schreiben. Noch heute bin ich dem Kollegen Kürschner dankbar dafür, dass er diese Unterstellungen und Verdächtigungen ebenso öffentlich als ‚ehrabschneiderisch‘ zurückwies (OV v. 14.5.03.).*

Das war nicht so lustig, wie solche fantastischen Geschichten heute klingen, es war eine existenzielle Auseinandersetzung, man sollte fertiggemacht werden, es betraf auch die Familie, die die Diffamierungen

Aussagen wurden verfälscht

(zum Leserbrief „Unrichtige Eindrücke", OV vom 6. Juli)

Schon zum zweiten Mal mußte der Hochschulratsgeschäftsführer Memmen einen langen Leserbrief zu einem Vortrag schreiben, den er nicht gehört hat. Er ist weisungsabhängig von seinem Vorgesetzten, dem Hochschulratsvorsitzenden Dr. med. Koch, der die Vorträge von Prof. Schulz und mir auch nicht gehört hat.

Hochschulrat Vechta

Die Herren vom Hochschulrat haben bei der Lektüre des OV-Berichts nicht bemerkt, daß ich drei Universitätsreformprojekte dieses Jahrhunderts analysiert habe. Ein Ergebnis ist, daß das Hochschulratsmodell vor 50 Jahren im Auftrag der britischen Besatzungsmacht erfunden, von dieser aber in Deutschland nicht durchgesetzt wurde, weil man im Interesse der Sache im Konsens mit den Betroffenen handeln wollte. Mit diesen Modellen habe ich die Vechtaer Hochschulratskonstruktion verglichen.

Die Herren Dr. Koch und Memmen zeigen, wie fremd ihnen der wissenschaftliche Austausch ist, wenn sie daraus ableiten, ich hätte den Hochschulrat angegriffen. Geradezu infam verhalten sie sich, wenn sie meine Aussagen verfälschen, um nur ja zu dem Ergebnis gelangen zu können, ich sei gegen den „Fortschritt".

Nicht ich habe es als „tollkühn" bezeichnet – wie in dem Leserbrief behauptet wird – tief in den Strukturen der Nationen verwurzelte Bildungssysteme zu reformieren, sondern ein britischer Historiker, wie in dem OV-Bericht über meinen Vortrag zutreffend wiedergegeben wurde. Wer zu dem miesen Mittel der Verfälschung meiner Aussagen greifen muß, zeigt nur allzu deutlich, wie „sachorientiert" er in Wirklichkeit ist.

Die Hochschulratidee ist einfach schon arg angestaubt und die ‚Regierung' des Vechtaer Hochschulrats weist eben leider solche „monarchischen" Elemente auf, die in den zwanziger Jahren an deutschen Universitäten beklagt wurden.

Nun sollen an der Vechtaer Universität die Fachbereiche abgeschafft werden und dafür sind Organisationsstrukturen im Gespräch, die bereits vor 75 Jahren als letzter Schrei in Preußen eingeführt wurden. Natürlich ist es für Leute, die dauernd den „Fortschritt" im Munde führen, unangenehm, von einem einfachen Historiker hören zu müssen, daß sie mit Oldies die Zukunft bewältigen wollen, ohne dies gemerkt zu haben. Es fällt ihnen dann nur noch ein: Kuropka „mißbraucht" die Ringvorlesung.

Dazu könnte ich auf einen vielleicht ganz nützlichen Trick aufmerksam machen, der auch aus der Mottenkiste der Geschichte stammt: Wie wäre es, wenn man die Ringvorlesung einfach verhindern oder verbieten würde?

Prof. Dr. Joachim Kuropka
Kiefernweg 27
Vechta

Leserbrief in der OV vom 14. Juli 1998

mit auszuhalten hatte. Ich bin meiner Frau und meinen beiden Töchtern sehr dankbar, dass sie das mitgetragen haben und mich bestärkt haben, für das Richtige auch weiterhin und auch öffentlich einzutreten. Die helle Seite dieses dunklen Bildes gibt es auch: Das war die wunderbare Zusammenarbeit mit Kollegen und Studierenden – und es freut mich sehr, dass von den damaligen studentischen Mitkämpfern einige heute hier sind. Dieser Zusammenhalt ließ uns das aushalten und ich hoffe, dass die damals entstandenen Freundschaften noch lange währen mit Volker Schulz, mit Wilfried Kürschner, mit Hermann von Laer, mit Klaus Bartels, mit dem zusammen ich einer der beiden letzten Dekane dieses Hauses war.

Als dann 2002 selbst in der Forschungsevaluation über die Lehrerausbildung in Niedersachsen zu lesen war: Die ‚Hochschulleitung agiert [...] partikularistisch und konzeptionslos in einem schlechten Sinne politisch bis klientelpolitisch‘ (Bericht Eingang vom 4.4.2002), wurde das Ende dieses Spuks eingeleitet. Das ist nun lange her, es ist überwunden, wenn auch manche das Klienteldenken so internalisiert haben, dass sie es bis heute nicht lassen können, wie der Geschäftsführer des Hochschulrates.

Ja, meine Damen und Herren, das sind alte Geschichten – aber dafür sind wir Historiker zuständig. Wir sind zuständig dafür, dass nichts vergessen wird, in Klammern: dafür müssen wir schon deswegen sorgen, damit die Historiker nicht arbeitslos werden. Und mancher von Ihnen wird vielleicht denken, man müsste das ja nun nicht unbedingt bei einer solchen Gelegenheit wie heute sagen. Ja, das hätte ich auch unterlassen, wenn nur einer derjenigen, die damals zu solchen Methoden gegriffen haben, sich entschuldigt hätte.“

IM AKADEMISCHEN RUHESTAND

Es ist üblich geworden, bei Leuten, die nach der Pensionierung oder Emeritierung weiter tätig sind, von deren ‚Unruhestand‘ zu sprechen. In einem solchen befand sich, wie nicht anders zu erwarten, auch Achim. Die Tätigkeit in der universitären Selbstverwaltung war zwar ans Ende gelangt,[21] aber wissenschaftlich war er weiter in Forschung, Lehre und Heranbildung des wissenschaftlichen Nachwuchses engagiert. So habilitierten sich unter seiner fürsorglichen Leitung Michael Hirschfeld (2011) und Maria Anna Zumholz (2017), die Herausgeber dieser Gedenkschrift, und es fanden zahlreiche Promotionen mit Dissertationen, die bei ihm entstanden waren, statt. Er trat weiterhin als Autor von Büchern und Aufsätzen sowie als Herausgeber von Sammelbänden hervor, wie die von Maria Anna Zumholz für den vorliegenden Band erstellte Bibliografie eindrucksvoll zeigt. Illustrieren mag das die Schaufensterauslage mit Achims alten und neuen Büchern in der Buchhandlung Vatterodt im Februar 2013. Das Foto bildet das Ende dieses Beitrags.

Doch auch die hochschulpolitische Bühne, von der bis hier so viel die Rede war, verließ Achim nicht. Er wurde zum Sprecher der Emeriti gewählt. Vor allem aber war die Institution Ringvorlesung weiterhin ein Thema, das er in seiner Dankesrede von 2006 bereits erwähnt hatte.

1983 hatten wir sie auf den Weg gebracht – wir, das waren, wenn mich die Erinnerung nicht trügt, Edgar Papp und ich aus der Germanistik, Joachim Kuropka aus dem Fach Geschichte, Hermann von Laer aus der Wirtschaftswissenschaft und Karl Willigis Eckermann aus der katholischen Theologie. Ziel war es, in jedem Sommersemester Vechtaer Wissenschaftler aus den einzelnen Fächern unter einem Thema zusammenzuführen, miteinander ins Gespräch zu bringen, damit sie sich von einer anderen Seite her kennenlernten als nur aus Gremiensitzungen. Ein weiteres Ziel war, durch möglichst große Allgemeinverständlichkeit des Vorgetragenen auch Studenten und Zuhörer aus der Stadt und der Region anzusprechen. Das gelang in unterschiedlichem Maße. Auf die erste Ringvorlesung (1983 zum Thema „Martin Luther") folgten bis

---

[21] Er war in der Hochschule Vechta zwischen 1995 und 2006 in folgende zentrale Gremien gewählt: Senat (1995–2005), Konzil (1995–2003), Haushalts- und Planungskommission (1995–2006). Von 1995 bis 1997 und dann wieder 1998 war er Dekan. Außerdem gehörte er dem Promotions- und Habilitationsausschuss an. 2005/2006 war er Direktor des Instituts für Geschichte und Historische Landesforschung. Ab 1997 leitete er die Arbeitsstelle Widerstandsforschung, anschließend die Arbeitsstelle für Katholizismus- und Widerstandsforschung. Außerdem fungierte er als Vertrauensdozent der Konrad-Adenauer-Stiftung. Für die Zeit vor 1995 konnten keine zuverlässigen Daten ermittelt werden. – Bei der Ermittlung dieser Angaben war Franz-Josef Luzak, Archivar der Universität Vechta, hilfreich.

zum Sommersemester 2019 ohne Unterbrechung 36 weitere (2020 und 2021 mussten sie bedingt durch die Schließung der Universität wegen der Corona-Pandemie ausfallen). Zahlreiche Themen gehen auf Achims Vorschlag zurück. Mit einer Ausnahme wurden die Vorträge in Sammelbänden publiziert, und zwar in der Reihe „Vechtaer Universitätsschriften". Achim gehörte von Anfang an zu den Reihenherausgebern, betreute mehrere Einzelbände als Herausgeber und ebnete den Weg zu mehreren Verlagen. Inzwischen ist die Reihe auf 43 Bände in der Hauptreihe, sieben Sonderbände und einen Materialband angewachsen. Band 43 zum Thema „Populismus" mit den Vorträgen des Sommersemesters 2019 haben Hermann von Laer und ich als Band- und Reihenherausgeber unserem verstorbenen Kollegen und Freund Joachim Kuropka gewidmet.

In seinen Dankesworten spielt Achim auf den Versuch von Rektor Howe an, die Ringvorlesung zu verbieten. Das muss 1999 oder 2000 gewesen sein. Wir kümmerten uns aber nicht darum, und die Vorträge fanden wie geplant statt.

Ringvorlesung und Reihe gerieten 2016 wiederum unter Beschuss, diesmal unter Universitätspräsident Schmidt. Ihm passten Form und Inhalt der Vorträge zum Thema „‚Wir schaffen das!'? – Migration, Zuwanderung, Flucht" nicht, gehört hatte er allerdings keinen einzigen. Er weigerte sich, einen Druckkostenzuschuss der Stadt Vechta weiterzuleiten. Publiziert haben wir den Band trotzdem unter dem genannten Titel. In einer Vorbemerkung haben wir die Umstände beschrieben. Erweitert und aktualisiert erschien sie unter dem Titel „Am Geldhahn drehen: Meinungs- und Wissenschaftsfreiheit an der Universität Vechta" zusammen mit einer Stellungnahme von Universitätspräsident Schmidt, die wir unsererseits in einer Stellungnahme dazu in einem wichtigen Punkt richtigstellen mussten.[22]

Im Präsidium und im Senat wurden Überlegungen angestellt, wie mit der Ringvorlesung weiter zu verfahren wäre, man wolle nach einem anderen Format suchen. Außerdem sollte für die Publikationen der Universität ein Peer-Review-Verfahren verbindlich eingeführt werden. Ein besonderer Stein des Anstoßes war die Bezeichnung der Reihe als

---

[22] In: Wilhelm Hopf (Hrsg.): Die Freiheit der Wissenschaft und ihre ‚Feinde'. Berlin 2019, S. 174–191.

„Vechtaer Universitätsschriften". Diesen Namen hatte Hermann von Laer aber in weiser Voraussicht beim Deutschen Patent- und Markenamt als Wort-Bild-Marke eintragen lassen. Alle genannten Überlegungen verliefen im Sande.

„Schlicht eine Beleidigung"

Leser Kuropka verteidigt die Hauke-Kolumne

Ebenfalls eine Reaktion auf den Leserbrief von Monika Borger:

Frau Borger hatte also gehofft, dass die OV nicht weiterhin Kolumnen von Frau Hauke veröffentlicht und sie sagt es ganz offen: Der Inhalt gefällt ihr nicht! Das ist schon merkwürdig, wenn sie gleichzeitig betont, „Meinungs- und Pressefreiheit sind wichtig und ein hohes Gut der Demokratie". Wie also passt das zusammen?

Da hat Frau Borger eine interessante Begründung, wenn sie schreibt, „Muss aber die OV Frau Hauke eine Plattform für ihre oft am braunen Rand schwappenden Kolumnen bieten?" Frau Hauke und ihre Kolumnen in die Nähe des Nationalsozialismus zu rücken, ist völlig abseitig und schlicht eine Beleidigung – mit dem Ziel, die Meinungsfreiheit auf die ‚richtigen' Meinungen zu beschränken

mit der Methode, die Frau Hauke in ihrer Kolumne beschrieben hat: „der leiseste Widerspruch" (gegen die Politik der derzeitigen Regierungskoalition unter Frau Merkel) werde „mit dem Totschlagargument Faschismus gebrandmarkt". Das ist wirklich erstaunlich, dass Frau Hauke in den Leserbriefen zu ihrer Kolumne direkt bestätigt wird. Von der OV wünsche ich mir für meine Meinungsbildung weiterhin eine solide Berichterstattung und die Abbildung des breiten Meinungsspektrums unserer Gesellschaft – und nicht nur der Meinungen, die mir gefallen. Gerade die Meinungen, die mir auf den ersten Blick nicht gefallen, ermöglichen mir eine kritische Auseinandersetzung – auf die unsere Demokratie angewiesen ist.

Joachim Kuropka
Vechta

Wie eingangs ausgeführt, waren Leserbriefe für Achim eine Textsorte, derer er sich in öffentlichen Belangen gern bediente. Seine letzten Leserbriefe erschienen im Jahr vor seinem Tod in der „Oldenburgischen Volkszeitung". Thema war am 23. März 2020 die Presse-

und Meinungsfreiheit, die er durch die Äußerung einer anderen Briefschreiberin bedroht sah.

Auf die kritischen Gegenstimmen, die zu dem oben abgedruckten Beitrag erschienen, antwortete er in einem umfangreichen Text, ebenfalls in der „Oldenburgische Volkszeitung" (6. April 2020):

„Meinungsfreiheit ist ein Menschenrecht und grundgesetzlich geschützt

Joachim Kuropka reagiert auf Leserbriefe von Gabriele Lachner und Michael Sieve / Autoren diskutieren über Kolumne von A. Hauke

Bei allem Eifer von Frau Dr. Lachner und Herrn Sieve hätte es sich empfohlen, zunächst einmal genau hinzusehen und nicht zu Unterstellungen zu greifen: Weder ,blase' ich ,ins ähnliche Horn' wie Frau Hauke, noch habe ich ,das hohe Lied der Meinungs- und Pressefreiheit' (Sieve) gesungen, noch habe ich ,beklagt, dass jegliche Kritik an der derzeitigen Regierung mit „Faschismus" gebrandmarkt werde' (Sieve), noch habe ich ,Hauke zitierend' (Lachner) behauptet, dass jeglicher Widerspruch zur Regierungspolitik mit dem ,Totschlagargument Faschismus gebrandmarkt' werde.

Zu den Inhalten der Haukeschen Kolumne habe ich mich gar nicht geäußert, vielmehr darauf aufmerksam gemacht, dass Frau Borger einerseits die Meinungs- und Pressefreiheit als ,hohes Gut der Demokratie' bezeichnet, gleich anschließend aber von ,oft am braunen Rand schwappenden Kolumnen' Frau Haukes spricht und dazu auffordert, Frau Haukes Kolumnen nicht mehr zu drucken. Damit rückt sie Frau Hauke in die Nähe des Nationalsozialismus und bestätigt selbst die These vom ,Totschlagargument Faschismus' (Hauke).

Es bleibt offen, ob Frau Dr. Lachner und Herr Sieve sich dem Wunsch von Frau Borger anschließen, Frau Haukes Kolumnen nicht mehr zu drucken. Nahe gelegen hätte es, den einen oder anderen Punkt aus Haukes Kritik argumentativ aufzugreifen, doch Herr Sieve lässt sich lieber über Rechtspopulismus aus und stellt Frau Hauke in diesen Zusammenhang, während Frau Dr. Lachner ihr vorwirft, nicht über Rassismus und Terroranschläge der letzten 20 Jahre gehandelt zu haben.

Vielleicht ist in diesem Zusammenhang der Hinweis nützlich, dass die Meinungsfreiheit ein Menschenrecht und grundgesetzlich geschützt ist,

wobei es unerheblich ist, ob richtige oder falsche Meinungen und Be-
urteilungen geäußert werden, auch von herrschenden Vorstellungen
abweichende Meinungen sind geschützt. Für eine freiheitlich-demokra-
tische Staatsordnung ist dies schlechthin konstitutiv, hat das Bundes-
verfassungsgericht geurteilt.

Es muss schon sehr erstaunen, dass derjenige, der für die Meinungs-
freiheit in diesem Sinne eintritt, prompt in die Nähe einer missliebigen
politischen Richtung gerückt wird, wie Herr Sieve dies über mich arti-
kuliert. Ich kann das aushalten, denn zu persönlichen Verunglimpfun-
gen greift meist derjenige, dem die Argumente ausgegangen sind.
Joachim Kuropka
Vechta"

Man musste sich schon gut wappnen, um Achim argumentativ gewachsen zu sein. Er war hartnäckig, dabei höflich im Ton und konnte
dem Gesprächspartner gelegentlich ganz schön auf die Nerven gehen.
So auch uns, Hermann und mir, denen er in den letzten Jahren immer
wieder in den Ohren lag mit der Mahnung, wir müssten doch endlich
einmal die Geschehnisse bei den Auseinandersetzungen um die Universität in Vechta und unsere Rolle darin aufschreiben, sonst ginge das im
Gedächtnis der Nachfolgenden noch verloren. Achim war nicht nur ein
unerbittlicher Mahner, sondern auch geschickt im Delegieren: „Wilfried, mach du doch mal einen Entwurf oder wenigstens eine Gliede-
rung, du hast doch immer die Unterlagen gesammelt. Dann können Hermann und ich das auffüllen." Daraus wurde zu seinen Lebzeiten nichts
mehr, und jetzt musste es in aller Eile notdürftig nachgeholt werden –
ohne seine Mitwirkung, die sicher an vielen Stellen für Präzisierungen
und Pointierungen gesorgt hätte.

Achim starb am 22. Februar 2021. Am 20. September 2021 wäre er
achtzig Jahre alt geworden.

Joachim Kuropka im Winter 2013 vor der Buchhandlung Vatterodt in Vechta, in deren Schaufenster Publikationen der Arbeitsstelle für Katholizismus- und Widerstandsforschung der Universität Vechta sowie eigene frühere von ihm verfasste oder herausgegebene Werke ausgestellt waren. Foto: Wilfried Kürschner

Abkürzungsverzeichnis

AKIZ	Arbeiten zur Kirchlichen Zeitgeschichte
Anm.	Anmerkung
Aufl.	Auflage
Bd./Bde.	Band/Bände
Bearb.	Bearbeiter
bes.	besonders
Best.	Bestand
CDU	Christlich Demokratische Union
DAAD	Deutscher Akademischer Auslandsdienst
DDR	Deutsche Demokratische Republik
ders./dies.	derselbe/dieselbe(n)
Diss.	Dissertation
DM	Deutsche Mark
DNVP	Deutschnationale Volkspartei
erg.	ergänzte
EWTN	Eternal Word Television Network
FAZ	Frankfurter Allgemeine Zeitung
folg.	folgende
GDPV	Gemeinschaft für deutsch-polnische Verständigung
GKL	Gemeinsame Kommission für Lehrerausbildung
gen.	genannt/e/n
H.	Heft
HKOM	Heimatkalender für das Oldenburger Münsterland
Hrsg.	Herausgeber
HVHS	Heimvolkshochschule
IGL	Institut für Geschichte und historische Landesforschung
IRK	Institut für Regionalgeschichte und Katholizismusforschung
ISPA	Institut für Strukturforschung und Planung in agrarischen Intensivgebieten
JOM	Jahrbuch für das Oldenburger Münsterland
KAS	Konrad-Adenauer-Stiftung
KMF	Gemeinschaft Katholischer Männer und Frauen im Bund Neudeutschland

KNA	Katholische Nachrichtenagentur
KZ	Konzentrationslager
LWL	Landschaftsverband Westfalen-Lippe
MdL	Mitglied des Landtags
MT	Münsterländische Tageszeitung
ND	Bund Neudeutschland
NDR	Norddeutscher Rundfunk
Nds.	Niedersachsen
N.F.	Neue Folge
NS	Nationalsozialismus
NWZ	Nordwest-Zeitung
Oldb.	Oldenburg
OP	Ordo Praedicatorum (Dominikaner)
OSA	Ordo Sancti Augustini (Augustiner)
OV	Oldenburgische Volkszeitung
PD	Privatdozent/in
PH	Pädagogische Hochschule
PKW	Personenkraftwagen
RAF	Royal Air Force
Red.	Redaktion
S.	Seite
SPD	Sozialdemokratische Partei Deutschlands
SS	Sommersemester
u.a.	und andere
u.a.	unter anderem
USA	Vereinigte Staaten von Amerika
Vf.	Verfasser
vgl.	vergleiche
WDR	Westdeutscher Rundfunk
WN	Westfälische Nachrichten
z.B.	zum Beispiel
zit.	zitiert

AUTORENVERZEICHNIS

MICHAEL HIRSCHFELD (geb. 1971), Prof. Dr. phil. habil., Studium der Geschichte und Germanistik an der Westfälischen Wilhelms-Universität Münster, Erstes und Zweites Staatsexamen für das Lehramt an Gymnasien, Promotion (2001) und Habilitation (2011) an der Hochschule bzw. Universität Vechta, dort apl. Professor für Neuere und Neueste Geschichte und Lehrer am Gymnasium Lohne, Mitglied der Historischen Kommission für Niedersachsen und Bremen sowie der Historischen Kommission für Schlesien

WILFRIED KÜRSCHNER (geb. 1945), Dr. phil. habil., Universitätsprofessor (em.). – Studium der Germanistik und der Anglistik in Tübingen und Newcastle upon Tyne, 1973 Promotion in Tübingen, 1980 Habilitation in Freiburg i. Br. Seit 1980 Professor für Allgemeine Sprachwissenschaft und Germanistische Linguistik an der Universität in Vechta, 2010 emeritiert. – Forschungs- und Publikationsschwerpunkte: Geschichte der Sprachwissenschaft (spez. Antike), Grammatik des Deutschen (spez. Orthografie), linguistische Dokumentation, Sprache und Sprachwissenschaft für alle

MARIA ANNA ZUMHOLZ, Dr. phil. habil., Privatdozentin an der Universität Vechta. Promotion 2004 mit einer Analyse des Verhältnisses von Volksfrömmigkeit und katholischem Milieu, Habilitation an der Universität Vechta 2017 mit einer Studie zur historischen Bildungsforschung am Beispiel konfessionell geprägter Frauenbildung in Oldenburg. Weitere Forschungsschwerpunkte: Clemens August von Galen, der Kreuzkampf im Oldenburger Land, „Starke Frauen". Langjährige stellvertretende Leiterin der von Joachim Kuropka (†) gegründeten Arbeitsstelle für Katholizismus- und Widerstandsforschung an der Universität Vechta